高等院校公共艺术课程系列教材

Introduction to Traditional Creation and Lifestyle

传统造物与生活方式概论

徐 磊 荣树云 封万超 著

清华大学出版社
北京

图书在版编目（CIP）数据

传统造物与生活方式概论 / 徐磊, 荣树云, 封万超著. -- 北京 : 清华大学出版社, 2025. 2.
(高等院校公共艺术课程系列教材). -- ISBN 978-7-302-68356-8

Ⅰ. K203；C913.3

中国国家版本馆CIP数据核字第2025233GL4号

责任编辑：宋丹青
封面设计：傅瑞学
责任校对：王荣静
责任印制：沈　露

出版发行：清华大学出版社
　　　　网　　　址：https://www.tup.com.cn，https://www.wqxuetang.com
　　　　地　　　址：北京清华大学学研大厦A座　　邮　　编：100084
　　　　社 总 机：010-83470000　　　　　　邮　　购：010-62786544
　　　　投稿与读者服务：010-62776969，c-service@tup.tsinghua.edu.cn
　　　　质量反馈：010-62772015，zhiliang@tup.tsinghua.edu.cn
印 装 者：三河市人民印务有限公司
经　　销：全国新华书店
开　　本：210mm×285mm　　印　　张：14　　　字　　数：305千字
版　　次：2025年2月第1版　　　　　　　　印　　次：2025年2月第1次印刷
定　　价：59.80元

产品编号：105561-01

教育部教学改革项目——

"新文科背景下设计与工艺美术课程与教材建设"

总　序

美育是我国教育方针的重要组成部分。美育，就是审美的教育，是提高学生美的感受、美的体验、美的鉴赏、美的创造等各方面综合素养的教育。大学美育的主途径是课堂教育，以课堂上的艺术教育为主体。在高校开设公共艺术教育通识课程是推进美育工作的重要路径。

我国一直十分重视高校公共艺术教育工作。2002 年 7 月 25 日，教育部发布《学校艺术教育工作规程》，涉及学校艺术课程，课外、校外艺术教育活动，学校艺术教育的保障，奖励与处罚等内容。2006 年，教育部办公厅印发《全国普通高等学校公共艺术课程指导方案》，该方案明确指出，"公共艺术课程是为培养社会主义现代化建设所需要的高素质人才而设立的限定性选修课程，对于提高审美素养，培养创新精神和实践能力，塑造健全人格具有不可替代的作用"。2014 年，《教育部关于推进学校艺术教育发展的若干意见》指出，"普通高校按照《全国普通高等学校公共艺术课程指导方案》要求，面向全体学生开设公共艺术课程，并纳入学分管理。有条件的学校要开设丰富的艺术选修课供学生选择性学习。鼓励各级各类学校开发具有民族、地域特色的地方艺术课程"。2020 年 10 月，中共中央办公厅、国务院办公厅印发《关于全面加强和改进新时代学校美育工作的意见》，其中明确提出："坚持面向全体。健全面向人人的学校美育育人机制，缩小城乡差距和校际差距，让所有在校学生都享有接受美育的机会，整体推进各级各类学校美育发展，加强分类指导，鼓励特色发展，形成'一校一品''一校多品'的学校美育发展新局面。"这些方案、意见的出台为开展高校公共艺术教育提供了基础。

习近平总书记高度重视美育工作。2018 年 8 月 30 日，在给中央美术学院老教授的回信中，习近平总书记提出："美术教育是美育的重要组成部分，对塑造美好心灵具有重要作用。你们提出加强美育工作，很有必要。做好美育工作，要坚持立德树人，扎根时代生活，遵循美育特点，弘扬中华美学精神，让祖国青年一代身心都健康成长。"2018 年 9 月 10 日，习近平总书记在全国教育大会上指出："要全面加强和改进学校美育，坚持以美育人、以文化人，提高学生审美和人文素养。"2020 年 10 月 23 日，习近平总书记在回信中勉励中国戏曲学院师生："全面贯彻党的教育方针，落实立德树人根本任务，引导广大师生坚定文化自信，弘扬优良传统，坚持守正创新，在教学相长中探寻艺术真谛，在服务人民中砥砺从艺初心，为传承中华优秀传统文化、建设社会主义文化强国作出新的更大的贡献。"2021年4月19日，习近平总书记在考察清华大学美术学院时指出："美术、艺术、科学、技术相辅相成、相互促进、相得益彰。要发挥美术在服务经济社会发展中的重要作用，把更多美术元素、艺术元素应用到城乡规划建设中，增强城乡审美韵味、文化品位，把美术成果更好地服务于人民群众的高品质生活需求。要增强文化自信，以美为媒，加强国际文化交流。"习近平总书记关于美育的系列重要讲话，为开展大学美育指明了方向。

当前，我国的经济、文化、社会、教育等方面都在发生深刻的变化。在技术革命的推动下，人工智能、数字媒体技术等全面影响着我们的日常生活。新时代成长起来的大学生和以前有了很大不同。本教材面对的对象，是艺术类院校的本科大学生，尤其是出生在2000年之后的新生代大学生。当代大学生更为注重自我感受，性格更加独立，注重体验、个性鲜明、自尊心强烈，愿意追求和尝试各种新生事物，是未来中国新经济、新消费、新文化的主导力量。针对时代特征，通过开展公共艺术通识教育，提升当代大学生的美学素养，能够帮助他们更好地塑造人格，以便更好地走向社会。在一定程度上，这也正是大学美育的时代使命所在。时代的发展，艺术教育的进步，大学生性格特征的变化，都为我们编写公共艺术教育教材提出了新任务和新要求。

为深入贯彻落实习近平总书记关于美育工作

的重要指示精神，以及中共中央办公厅、国务院办公厅《关于全面加强和改进新时代学校美育工作的意见》要求，全面提高教学质量，培养高素质艺术设计人才，推进艺术院校公共艺术通识教育改革创新，山东工艺美术学院组织编写了本套公共艺术通识教育教材。本套教材包括《大学美育》《艺术导论》《美学导论》《马克思主义文艺观通论》《传统造物与生活方式概论》五册。

本套教材与其他公共艺术通识教育教材相比，显示出以下三方面特色：第一，视野广阔全面，涵盖美学原理、艺术学原理、马克思主义文艺观、传统造物原理等多个艺术教育领域，能够使学生获得全面的公共艺术通识教育；第二，特点鲜明突出，立足于中华传统造物艺术体系和中华传统造型艺术体系，结合我校民艺学研究传统，相关案例特点鲜明；第三，多学科交叉融合，涉及美学、文学、社会学、历史学、美术学、民俗学等多个学科，编写者来自不同的学科领域，教材内容明显具备多学科交叉融合的特点。

本套教材是编写组所有成员集体智慧的结晶。尽管编写者都认真负责，但难免会出现疏漏和不足。恳请各位专家、读者朋友批评指正。本套教材的出版得到了清华大学出版社的大力支持，我们对清华大学出版社严谨认真的编审人员表示衷心的感谢！最后，希望这套教材能够为艺术院校公共艺术教育事业的发展作出贡献。

2024年5月20日

前　言

习近平总书记在中国共产党第二十次全国代表大会上的报告中指出，"坚持和发展马克思主义，必须同中华优秀传统文化相结合。只有植根本国、本民族历史文化沃土，马克思主义真理之树才能根深叶茂"。中国有上万年乡土文明的深厚积淀，在中国人的传统生活方式和造物体系中有着大量可以古为今用、活态传承的文化资源，以习近平总书记的"两个结合"重要论断为根本遵循，对传统造物和生活方式进行重新审视和梳理，有助于推进优秀传统文化的"创造性转化、创新性发展"，为推进中国式现代化、实现中华民族的伟大复兴提供源头活水。

本教材名为《传统造物与生活方式概论》，意即将传统生活方式置于传统造物思想文化的语境中进行审视。众所周知，传统造物文化蕴含着丰富的民族精神、思想，也是中华传统文化的重要组成部分，在新时代它又可以成为我们涵养文化自信的载体。

"生活方式"是一个容易理解和接受的概念，中国传统社会充满秩序和温情的伦理型生活方式往往使人想起"郁郁乎文哉，吾从周"的感慨，而"造物"的概念则需要稍作梳理。"造物"，简单来说，是人类自史前时期至今所有制造物品的行为和结果，包含被不同文明阶段所惠泽的衣食住行用等。其动力和基础来自于古代手工业、近代的机器生产以及今天的高科技。[1]而"作为审美的意识，渗透于日常应用的物质形态，称作'造物艺术'"[2]，至于造物艺术的特征，可以总结为三个"统一体"，即"实用与审美"的统一体、"本元文化""科技与艺术"的统一体、"物质文明与精神文明"的统一体等。[3]

我国农耕时代物质生产、社会生活条件创造了独特的传统造物文化，20 世纪 80 年代之后，其传承与发展遇到一系列问题，蕴含于其中的民族、民俗精神遭到弱化，唯科学主义、工具理性、唯技术论盛行，对传统造物文化形成巨大冲击。

传统造物文化的内涵既指向国家制度层面，又包括世俗生活方面。从礼乐制度、仁义礼智信到民间信仰、追求以及宗亲、孝道等不一而足。它既有民族传统、价值观念的层面，又有着生活

---

① 张道一. 造物艺术的角度转换 // 新设计 5[M]. 中国美术学院设计学院，编. 北京：中国美术出版社，2007：1.
② 张道一. 造物艺术的角度转换 // 新设计 5[M]. 中国美术学院设计学院，编. 北京：中国美术出版社，2007：1.
③ 张道一. 造物艺术论 [M]. 合肥：安徽教育出版社，1999：150-158.

方式等层面。本教材将造物文化与生活方式进行交叉研究，就是要在学理层面弱化学科意识，加强交叉研究，强化古代造物知识体系化研究，挖掘本土学术语汇和概念，彰显东方精神内涵，凸显传统造物文化中对于亲情、爱情、人情及浸淫于其中的生活方式的研究。

目下工业化、城市化、商业化的发展对于传统造物思想、文化形成巨大冲击，传统造物文化在国家和社会秩序重建中的作用不可或缺，做好中华传统造物文化的现代性转化、创造性发展，对东方伦理型生活方式的重建有着重要意义。

著者

2023 年 8 月 7 日

目　录

第 1 章　文明初光：原始造物与生活

原始人的概念界定比较模糊，根据考古学来定，以千年为单位，地域以出土的文物为依据，所以，原始人的造物思想与生活方式之间的关系研究，更多的是建立在猜测与凭物想象的阶段，目前几乎没有哪个学者能明确地说出某个地区的器物的使用方式与符号的具体含义。只能从考古类型学与区系文化学、美术学的角度，来看待我们中国上万年的古人造物艺术与生活方式之间的内在关系。从目前出土的器物的地域类型来看，每个地方都有各自的造物类型，每个类型背后是不同地区的文化类型，讨论原始艺术的造物思想最好采用实证式、归纳式、对比式研究方法，将不同区域的文化类型展示出来，以窥探点滴悠远的原始生活方式。

对于中华文明统一体的历史概述，著名考古学家苏秉琦（1909—1997）将其概括为："超百万年的文化根系，上万年的文明起步，五千年的古国，两千年的中华一统实体。"[①]在没有文字记载的历史长河中，埋藏在深土中的器物是中华文明最好的解说资料，可以上溯到上百万年前的渔猎文化，也可以展现距今一万年以来的渔耕文化、草原文化、狩猎文化。

探求远古时期的器物与人们的生活方式之间的关系，有必要将远古文化按区系类型进行划分，一是从地理学的角度探索器物的形成与人们生存条件的关系；二是探求不同区系之间文化交流对器物造型的影响；三是从考古学的角度区分不同区系之间，器物演变的时空关系。科学是以逻辑思维反映客观世界，艺术是以形象思维反映客观世界。[②]可见，形象思维对于研究器物与生活方式之间的关系，比逻辑思维有优势。西方人类学家对无文字社会、蒙昧社会的原始艺术都从不同角度进行了考察与研究，如泰勒（Edward Burnett Tayor，1832—1917）的古典进化论、博厄斯（Franz Boas，1858—1942）的历史特殊论、马林诺夫斯基（Bronislaw Kaspar，1884—1942）的功能主义、列维 - 施特劳斯（Claude Levi-Strauss，1908—2009）的结构主义、阿尔弗雷德·拉德克利夫 - 布朗（Alfred Radcliffe-Brown，1881—1955）的结构功能主义、特纳（Victor Witter Turner，1920—1983）的象征主义，等等。这些人类学家将原始艺术置入他们生活的场景进行解释，将艺术与社会结构、文化类型、宗教信仰等勾连在一起，把原始人的艺术看成是文化体

---

① 苏秉琦. 中国文明起源 [M]. 沈阳：辽宁人民出版社，2011：152.

② 苏秉琦. 中国文明起源 [M]. 沈阳：辽宁人民出版社，2011：9.

系中的艺术，这样更有利于理解原始艺术的起源与发展，以及在人们生活中的作用。

对史前艺术的分期，从考古学上得到科学的认识，是从 19 世纪开始的。丹麦考古学家 C.J. 汤姆森（Christian Jürgensen Thomsen，1788—1865）于 1836 年提出了"石器时代""青铜器时代"和"铁器时代"的理论，依此奠定了史前考古学分期的基础。1865 年英国学者 J. 卢伯克（John Lubbock，1834—1913）又把石器时代划分成旧石器时代和新石器时代。英国学者艾伦·布朗于 1892 年将旧石器时代与新石器时代之间划分出一个"中石器时代"，更有利于后世对原始社会社会类型的划分。旧石器与新石器时代的区别在于从打制石器到磨制石器的转变。中石器时代作为过渡时代，使用细石器，没有陶器的发明，人们过着渔猎和采集的生活，其中一个显著标志就是弓箭[①]的出现，农业与养殖业的萌芽，少量局部磨光的石制石器。与旧石器时代和中石器时代相比，新石器时代文化要复杂得多。在人类步入文明社会之前，新石器时代的特征是农业、畜牧业生产方式的产生，磨制石器、陶器、纺织等技术工具的出现。

旧石器时代初期，人类开始创造石器工具，并体现出一定的智慧和才能，同时也包含着艺术活动的因素。比如，原始人把一件石器磨得平整，是为了使用便利；将箭头削得光滑，是为了增加击中率；使弩的形制对称，是求得射击的准确。平整、光滑、对称不仅由工具的物理性能和自然特征所决定，同时也是一种审美能力的表现。旧石器时代的人们并不是一开始就从美的角度来制作用具的，因为那时的生产工具是粗糙的、自然的石料。环境恶劣、生产力低下的原始社会，选择合适的石料的目的是实用。从考古遗物来看，旧石器时代的器物样式、外形以及颜色的选择等，也包含有一定的美的意识，但这种意识可能来自人们的"潜意识"。黑格尔（Georg Wilhelm Friedrich Hegel，1770—1831）将其称为"艺术前的艺术"，这时期作为纯粹审美意义的艺术活动还没有真正出现。

岑家梧（1912—1966）先生认为，旧石器时代中期是原始群向氏族制的过渡时期，到了旧石器时代后期，氏族制正式发生，这是由于当时社会生产力有了飞跃的发展。[②] 从考古学家发现的旧石器时代的遗物看，最早要算是旧石器时代晚期的山顶洞人，山顶洞文化层出土了打制石刀，燧石石片，骨角器（骨角、骨针、骨片等），装饰品（骨坠、穿孔的动物牙齿、有孔的介壳、鱼椎骨等）。这些人工制品的出现与当时原始人对"先进"工具的利用有关，表现在①规模较大的狩猎活动，使皮毛制造的衣服成为可能；②人工钻木取火技术的掌握，使原始人"炮生为熟"（《风俗通义》引《礼纬含文嘉》）"以化腥臊"（《韩非子·五蠹》），技术的进步促使山顶洞人由原始群进入氏族制。

探讨人类早期的造物活动、审美意识、图腾符号等诸问题时，从原始社会的造型艺术出发，就会发现原始艺术的产生、发展及其内容和形式等与原始人生活方式之间有着密不可分的内在关系。鉴于旧石器时代出土的实物有限，探讨其造物与生活方式之间的关系困难很大，因此有关石

---

① 弓箭是中石器时代后期或新石器时代早期出现的工具。1963 年，在山西朔县（今朔州市朔城区）峙峪村的旧石器时代晚期遗址中发现了一枚用燧石打制的箭镞。由此证明，中国先民最迟在距今约 28 万年，已经开始使用弓箭。

② 岑家梧. 中国原始社会史稿 [M]. 北京：民族出版社，1984：32.

器时代造物与生活方式之间的关系，本章着重从新石器时代展开分析。

1.1 作为史前造物语境的原始思维

1.1.1 原始思维下的集体表象

集体表象是法国著名社会学家吕西安·列维 – 布留尔（Lucien Lévy-Bruhl，1857—1939）在《原始思维》著作中提出的概念。布留尔否定了英国人类学家泰勒在《原始文化》以及詹姆斯·乔治·弗雷泽（James George Frazer，1854—1941）在《金枝》等著作中所用的大量调查材料，通过比较分析法，对原始人的信仰、风俗、神话等所做的结论。之后，布留尔提出了"集体表象"理论，他认为，代表原始人思想、生活概念或宗教观念的思维方式像"绝对命令"那样支配着原始人的思想、行动，并已构成其基本思维结构，从而成为一种社会化意识与社会性行为。

原始人的思维是一种以互渗为规律、以集体表象为形式的前逻辑式神秘思维，这种思维相信人与外界事物之间有着部分或整体的等同，二者可通过神秘的方式来彼此参与、相互渗透，形成极为独特的认识过程。原始思维的互渗律使原始人既无主体与客体之间的区别、又无想象与现实之间的差异[①]，这一特征乃成为原始社会巫术与图腾崇拜的思维基础和认识前提。

"集体表象"在原始人的知觉中占有非常重要的地位，从而使他们的行为感知力带上了神秘性。这种神秘性使原始人在面对最简单的事物和最寻常的活动中，显示了现代人的意识与原始人的意识之间存在着深刻的差异。布留尔认为这种集体表象是受互渗律支配的，致使原始人一方面趋向于更明确地意识到自己这个人的存在；另一方面趋向于在自己之外，在动物身上，在树木里、山岩里，或者在神灵的身上来想象类似的个人的存在。[②] 因而，当原始人在感知身边的任何客体时，他们不会把这些客体与他们内心感知的神秘属性分开。在这些观念的支配下，人们有了关于"洁净的""污秽的""不幸的""禁忌的""危险的""神圣的"等概念归类的区分。于是，原始人制作的生活中使用的雕像、陶器、武器、仪式用具等器物，都与被塑造的个体一样是实在的，充满了"敬畏""期许""亲切"。集体表象不同于万物有灵论，更多地倾向于原逻辑思维的形成，以及他们感知到的神秘性，它为我们研究原始人的造物艺术提供了思考依据。

1.1.2 万物有灵观与自然崇拜

万物有灵观几乎在一切原始民族中存在，并伴随于各种仪式、风俗以及巫术行动中。它被民俗学、人类学研究者定义为原始宗教的思想基础。这是因为原始人在面对雷鸣闪电、疾风骤雨、火山地震、水旱灾害、严寒酷暑等等威胁人们生命的不可遏制又不能解释的自然现象和自然力时，对自然的感知与恐惧，又在集体认知中产生了"超自然"存在物的共识。另外，原始人把对梦中之物的"对话""触摸""欢喜""恐惧"等，认为是客观实在的。原始人把自己的存在与自然都看成是"双重性的"，可见与不可见之物

---

① [法] 列维 – 布留尔. 原始思维 [M]. 北京：商务印书馆，1981：29–73.

② [法] 列维 – 布留尔. 原始思维 [M]. 北京：商务印书馆，1981：108.

都是客观存在的，他们对存在的形式有一套集体的认知，从而形成一种地域文化。

从考古资料以及相关学者的研究成果来看，万物有灵观起源于原始人对自然的认识与崇拜。原始人对生命来源的追问以及自然的变化与他们生活的关系，是直接的、时刻的。他们的衣、食、住完全是自然的供给。有什么样的自然界就有什么样的原始人，面对变化无常的自然现象与自然物，原始人就自然而然地形成了恐惧、崇拜、祈求等意识和情绪。只是这种意识和情绪在不同的地区表现形式各异。我国文献关于自然崇拜有很多记载。如《国语·鲁语》中有祭祀"社稷山川之神""天之三辰""地之五行""九州名山川泽"等，《卜辞》有很多关于"出日""入日"的记录。关于祭祀河神、火神等记载也很多，这都是原始宗教自然崇拜的延续。

原始人对自然的崇拜，不仅限于无生命之物，只要是与他们的生命密切相关的自然界中的动植物，都有可能是他们崇拜的对象。人兽结合的动物形象，是原始人对自然崇拜的表现方式之一。如《山海经》里对各种精灵的描绘，"其状如鱼而人面""其神状皆鸟身而龙首""龙身而人面"（《南山经》）；"有兽其状如羊而马尾""其状如人面而龙身"（《西山经》）等。

对于原始人的万物有灵观来说，不同时期不同地区，崇拜的对象也会发生改变。鱼、蛇、鸟、兽是渔猎时代主要祭拜的对象，日、月、星辰、山川、河流、五谷成为农耕时期主要祭拜的对象。

1.1.3 图腾崇拜

图腾是母系氏族社会的产物，它普遍存在于原始社会里，是母系氏族阶段的原始宗教，也是原始艺术产生的动因之一。

图腾崇拜和万物有灵的自然崇拜是有区别的，两者之间的区别是崇拜对象的"一般"与"特殊"之分。万物有灵观之下的仪式行为是对一般自然现象及普通动植物的崇拜；图腾崇拜不再是因对自然界的恐怖与惊奇而产生的一种精神上的"臣服"与"无奈"之举，而是将与某个氏族有特殊关系的动物或植物视为其祖先或保护神加以崇拜，这种自然物一般与某个氏族的起源及氏族生活资料的供应密不可分。几乎每一个氏族都将某种动物或植物作为自己氏族的祖先加以崇拜，如我国台湾高山族以蛇为图腾，瑶族和畲族以犬（槃瓠）为图腾，鄂伦春族以熊为图腾等。图腾是神化的祖先，也是氏族的标志。这也是原始社会为何有如此多的丰产巫术与生殖巫术的原因。

有学者认为，起源于旧石器时代晚期的图腾崇拜包括以下几个方面的特征：①相信群体起源于图腾或与图腾结合的祖先。②具有共同的群体图腾名称。③图腾群体成员相信自己与图腾存在血缘亲属关系，因而崇敬图腾，完全或部分地禁止给图腾物带来灾害。④相信图腾群体成员能够化身为图腾或图腾化身为人。⑤同一图腾群体成员之间，禁止通婚。⑥图腾群体成员要共同举行与图腾有关的重要仪式（繁殖仪式和成年仪式）。[1]图腾崇拜作为原始人群体生活方式的一种特性，必然通过具体的感知形式表达出来，而且只有借以可视可听可感的物质媒介，图腾的灵性才会发挥作用，这也是原始巫术与原始艺术产生的内因。比如，甘肃秦安大地湾仰韶晚期地画中

---

① 刘锡诚. 中国原始艺术 [M]. 上海：上海文艺出版社，1998：26.

的动物形象，仰韶文化、马家窑文化、龙山文化等考古遗址中挖掘出来的彩陶上的鱼纹、鸟纹、蛙纹以及壁虎纹，大汶口文化中的兽型器，后洼遗址出土的人鸟雕像，红山文化中的玉鸟、玉龙、玉龟等，都是原始人表象思维与图腾崇拜的产物。这为当代人解读原始造物艺术提供了一定的理论依据。

1.1.4 "灵魂不灭"和祖先崇拜

原始人从万物有灵论开始，就对"灵魂"有了直观反映与认知。诸如梦魇、幻觉、疾病以及濒死的生理体验，是原始人产生"灵魂"观念的直接原因。他们认为灵魂是独立于肉体的"事物"，可以离开身体去往另一个世界，并继续对活着的人发挥作用。原始人对作用于人的肉体以及心灵的神秘力量，认为是"灵力"所致，因而产生了崇敬和畏惧的心理。原始人开始重视死亡，甚至会用人、动物殉葬，还会举行祭祀等仪式。

我国旧石器时代后期，已有墓葬及随葬习惯，至新石器时代墓葬更为普遍。半坡人对成年人和小孩的葬法有所不同。成年人死后，一般集中埋在氏族的公共墓地里。坑位排列有条不紊，有单人葬或多人合葬，也有二次合葬制。小孩则用瓮棺葬。瓮上覆有一圆底钵或卷舌盖，中穿一洞，为死者灵魂出入之用。成年人尸体的头都是向西或西北，安排很有规律，根据民族志的记载，可能认为西或西北是死者的灵魂所要回去的地方。[1]

对于逝者的埋葬，早在旧石器中期已开始，但祖先崇拜，则至新石器时代即"对偶婚"发生

之后才开始的，这是因为没有相对定居的生活和由此固结的血缘关系，人类要想追溯他们的祖先是不可能的。

祖先崇拜是从母系氏族制开始的，这已被考古学和民族学所证实。世界各地发现古代雕像或壁画，多是女神。[2] 如庖牺时代的始祖母华胥，神农时代的始祖母安登……商族的始祖有娀，周族的始祖母姜嫄，都是受到敬颂的女神。[3]

父系氏族制之后，崇拜女祖先便被崇拜男祖先替代。我国青海乐都柳湾出土的陶罐雕像是一个裸体男像，陕西的客省庄、泉护村发现的一些陶制和石制的男性生殖器——陶且（祖）[4]，作为膜拜的对象，是男祖先崇拜的物证。

著名学者岑家梧认为图腾崇拜先于祖先崇拜。图腾崇拜体现的是原始人对自身与其栖息的自然界之间的关系的追问，从而产生的人类对自然界生物的"灵力"崇拜，祖先崇拜体现的是人类对自身祖先的灵魂的崇拜。它反映人类从崇拜生活资料本身，演进到崇拜获得生活资料的劳动经验，如把长辈看作自己生活的保护人和指导者，因为长辈有丰富的经验、有权威，死后便作为"有权威之神"而受到崇拜。随着原始公社氏族制的解体及阶级的出现，神也有了等级之分，男性氏族部落首领不仅生前拥有较大的权力，死后仍然是氏族的保护人。[5]

从原始人的原始造物思维来看，人类不是生

[1] 石兴邦. 半坡氏族公社 [M]. 西安：陕西人民出版社，1979：125.

[2] 岑家梧. 史前史概论 [M]. 北京：商务印书馆，1940：22.

[3] 岑家梧. 中国原始社会史稿 [M]. 北京：民族出版社，1984：129.

[4] 黄河水库考古队华县队. 陕西华县柳子镇第二次发掘的主要收获 [J]. 考古，1959（11）.

[5] 岑家梧. 中国原始社会史稿 [M]. 北京：民族出版社，1984：129.

活在一个单纯客观的物理空间，而是生活在一个充满符号的、具有象征意义的人神共存的空间，这个空间充斥着善恶、好坏、黑白、生死等"事件"，原始人通过运用语言、神话、艺术、宗教等智慧，应对漫长而艰难的生存环境，生发出阴阳相合促生万物的原始哲学——"人的哲学"，一直影响至今。

1.2 新石器时代的彩陶

著名考古学家苏秉琦先生认为，东亚大陆面向内陆的部分，多出彩陶和细石器；面向海洋的部分多出黑陶、几何印纹陶、有段和有肩石器。美国学者吉德炜（David N. Keightley，1932—2017）教授，把中国新石器时代文化划分为两个大的文化共同体，中国西北部和中原地区的西部作为一个共同体，东部沿海和中原地区的东部作为另一个共同体。无论是从地理位置还是从文化类型上看，中原恰巧都处于两大板块的交会地带。苏秉琦教授把黄河中游以汾、渭、伊、洛流域为中心的中原地区，称其为"在中华民族形成过程中起到最重要的凝聚作用的一个熔炉"①。我们可以从这些地区出土的彩陶文化来分析原始社会的生活方式。由此可见，陶器是新石器时代农业和定居生活的标志，也是人类设计史上的一个重要里程碑。

陶器因适应人们定居生活的需要而产生。随着制陶工艺的发展和人们对陶器需求的增长，以彩色纹样和主题造型相结合的彩陶出现了。早在

8000 多年前，黄河流域陕西华县的老官台文化发源地，开始出现彩陶的痕迹（宽带纹彩陶三足钵），是世界上最早出现彩陶的地区之一。

彩陶以泥质陶为主，质地细腻，制作精美，色彩绘于烧制前不易脱落。分为实用器皿与祭祀器皿。彩陶文化分布地域广，延续时间长，从距今 8000 年到距今 3000 年左右，绵延了 5000 多年，跨越老官台、仰韶、马家窑、大汶口、屈家岭、大溪、红山、齐家等文化类型，在世界彩陶史上的艺术成就最高。从制作工艺、艺术成就、历史价值等诸多因素看，陕、甘、宁、青的仰韶、马家窑、齐家文化彩陶和山东地区的大汶口文化彩陶最有代表性。

彩陶最早于 1912 年在河南渑池仰韶村新石器时代文化遗址中发现，其后在甘肃、青海、陕西、宁夏、河南、河北、山西、山东、江苏、四川、湖北等地陆续发现。彩陶因制作时间的不同，分布地区的不同，分别属于不同的文化类型。最早的陶器出现于何时何地，如何产生，是悬而未决的问题。但是从已出土的彩陶的器型、图案、符号、使用方法等都可以推断出原始人的社会组织、亲属制度、历法、祭祀、生产方式、生活方式等方面的信息。

1.2.1 新石器时代的彩陶文化类型

1. 仰韶文化——半坡类型彩陶

仰韶文化——半坡类型彩陶，因 1953 年发现于陕西西安半坡村而得名。以卷唇盆和圆底盆、钵及小口细颈大腹壶、直口鼓腹尖底瓶为典型器物，造型较单纯，年代约为公元前 4800 年至前 4300 年。其纹饰主要有：①动物纹。以鱼、蛙、鹿及鸟为装饰对象，尤以人面鱼纹、鱼纹、鱼鸟纹最为生动精彩。它变化多端，具有鲜明的

---

① 苏秉琦. 中国文明起源 [M]. 沈阳：辽宁人民出版社，2011：53-54.

时代特色。②几何纹。多从抽象化的动物纹、植物纹、编织纹演变而来，常见的有宽带纹、三角纹、曲折纹、斜线纹等。③编织纹。有线纹、篮纹、绳纹等。艺术风格具有布局灵活、笔触豪放的特点，代表作品有三鱼纹彩陶盆、人面鱼纹彩陶盆（图1-1）、四鹿纹盆、鸟衔鱼纹彩陶壶、鱼鸟纹彩陶瓶（图1-2）等。

图1-1　人面鱼纹彩陶盆，直径39.5厘米，仰韶文化半坡阶段，约公元前5000—前4000年，陕西西安半坡村出土，中国国家博物馆藏

图1-2　鱼鸟纹彩陶瓶，半坡文化，陕西省西安市临潼区姜寨遗址出土，西安半坡博物馆藏

2. 仰韶文化——庙底沟类型彩陶

仰韶文化——庙底沟类型彩陶，因1953年发现于河南陕县（今三门峡市陕州区）庙底沟而得名。出现于约公元前4005年至前2780年，是仰韶彩陶文化的繁盛期。分布区域以陕西、山西、河南为中心。器形以盆、碗、瓶为主，还出现了瓮、罐、小口尖底瓶等，不见圆底钵。风格类型与半坡彩陶区别很大，多为红底黑花，且这个时期出现了少量白衣彩陶。图案多出现在器表上半部和口沿处，全部为外彩。纹饰以点、线、面为基本元素，通过连续、反复、对称、共用等构图方式，组合成多种母题纹样。纹饰类型通常分为：①植物纹。以旋花纹、叶状纹、花瓣纹居多。②动物纹。有蛙、鸟、鱼、人面等纹饰，但数量少见。③编织纹。有线、篮、绳等纹饰。④几何纹。多由圆点、钩叶、弧线三角和曲线等图案组成带状花纹。代表作品有鹳鱼石斧图彩陶缸（图1-3）、三角花叶纹彩陶盆（图1-4）、龙纹彩陶钵（图1-5）等。

图1-3　鹳鱼石斧图彩陶缸，泥质红陶，高47厘米，口径32.7厘米，底径20.1厘米，公元前4000—前3000年，河南伊川出土，中国国家博物馆藏

图1-4　三角花叶纹彩陶盆，泥质红陶，高23.6厘米，口径35.3厘米，最大腹径36.5厘米，公元前4000—前3000年，1977年方山县峪口村出土，山西博物院藏

口沿及腹部用黑彩绘以圆点、勾叶、弧边三角形等组成的复合图案，是仰韶文化庙底沟类型的典型器物

图1-5　龙纹彩陶钵，庙底沟文化，公元前4000—前3000年，陕西省西安市高陵区杨官寨遗址出土，陕西省考古研究院藏

3. 马家窑文化——石岭下类型彩陶

1924年，瑞典地质学家兼考古学家安特生（Johan Gunnar Andersson，1874—1960）在甘肃临洮马家窑村发现一处代表华夏远古彩陶文化的遗址，并命名为马家窑彩陶。马家窑彩陶属于仰韶文化晚期陶器。当关中、中原一带的仰韶文化彩陶走向衰落之际，甘青地区的马家窑彩陶文化迅速崛起并臻于极盛，且为齐家文化的源头之一。马家窑文化距今约5000至4000年，大体经历了持续发展的四个阶段：石岭下类型、马家窑类型、半山类型、马厂类型。主要分布区域为青海、宁夏、四川等地。马家窑文化的彩陶，早期多以纯黑彩绘花纹；中期使用纯黑彩和黑、红二彩相间绘制花纹；晚期多以黑、红二彩并用绘制花纹。图案繁缛多变，线条流畅细致，形成了绚丽典雅的艺术风格，被誉为新石器时代"彩陶之冠"。

马家窑文化石岭下类型的陶器，以甘肃省武山县城关镇石岭下遗址为代表，分布于渭河上游及其支流葫芦河和西汉水、洮河流域，距今约5800至5400年。石岭下类型彩陶以泥质红陶为主，夹砂红陶和泥质灰陶次之，从内壁可看出是用泥条盘注法制成。陶色多橙黄色或砖红色，黑色彩绘。主要器型为小口双耳平底瓶、侈口细颈瓶、长颈圆腹壶，彩陶罐、小口尖底瓶和陶屋模型等。装饰部位集中在小口双耳平底瓶或者盆外壁的上半部，装饰纹样为：①几何纹。以弧边三角纹、圆圈纹、网格纹、草叶纹、平行条纹、波浪纹、锯齿纹等组合构成。②动物纹。以变形鸟纹和鲵鱼纹最具代表性，其具有简洁疏朗的艺术特点。鸟纹多表现鸟的局部形象，突出头颈。鲵鱼纹的演变从具象到抽象，晚期趋近几何化。代表作品有鲵鱼纹彩陶瓶（图1-6）、变体鸟纹彩陶壶、喇叭口平底鲵鱼纹彩陶瓶、网格纹彩陶壶、旋涡纹彩陶壶等。石岭下类型既保留了庙底沟类型的因素，又孕育了马家窑类型的主要特点，在中国的彩陶发展史中具有承上启下的作用。

图 1-6 双耳鲵鱼纹彩陶瓶，石岭下类型，高 38.4 厘米，口径 7 厘米，底径 12 厘米，甘谷县西坪出土，甘肃省博物馆藏

鲵鱼纹彩陶瓶小口、长颈、平底，腹上部有双耳，颈部有堆纹一圈。瓶腹绘黑色人首形的鲵鱼图样，一双短臂向外伸出，全身为斜格纹，尾部弯曲，具有原始龙的雏形，因而被学界认为是中华龙的起源之一

4. 马家窑文化——马家窑类型彩陶

据出土文物可见，马家窑类型彩陶由石岭下类型发展而来，并有迹可寻。出现年代约为公元前 3300 至前 2050 年。器形以盆、钵、罐、壶为主，另外还有如敛口碗、长颈瓶、小口长颈尖底瓶、小口瓮、带嘴锅等特殊器形。纹饰有：①人物纹。如著名的青海大通上孙家寨出土的多人舞蹈彩陶盆。②动物纹。有蝌蚪纹、蛙形纹。③几何纹。以水波纹、漩涡纹、圆圈纹、菱形纹、葫芦形纹、折线三角纹、锯齿纹、叶状纹为主。这些纹饰通常分布在器物的上部，花纹间加入锯齿纹作为特色。装饰面积大，构图繁密，具有回旋多变之动感。代表作品有多人舞蹈彩陶盆（图 1-7）、圆圈网格纹彩陶盆、圆点网纹彩陶瓶等。

图 1-7 多人舞蹈彩陶盆，高 12.5 厘米，口径为 22.8 厘米，底径 9.9 厘米，青海省同德县宗日文化遗址 157 号墓出土，青海省博物馆藏

5. 马家窑文化——半山类型彩陶

因发现于甘肃临夏州广河县的半山遗址而得名，分布于甘肃及青海东北部，距今约 4700 至 4300 年。半山类型的陶器以红陶为主，有少量的灰陶和白陶。彩陶出土量最高，有的遗址中彩陶占全部陶器的 85%，最高达到 90%。彩陶造型美观，图案具有华丽精美的艺术风格，多以黑红相间的线条勾画出各种图案。

器形有短颈广肩鼓腹罐、单把壶、敛口钵、敞口平底小碗等，年代为公元前 2650 至前 2350 年，纹饰有锯齿纹、网纹、平行纹，以及鱼、贝、人、蛙等形的纹样，以锯齿螺旋纹、波浪纹、锯齿纹最为典型，花纹一般饰于器物上腹。器形丰富多样，形体匀称，高低、宽窄比例协调。部分器物的盖钮还被塑成人首形，被视为中国原始雕塑的重要作品。大型贮藏器壶、瓮、罐等成为半山类型彩陶的主要器型，这也反映了当时先民农业定居生活的进一步发展。

代表作品有菱格纹彩陶罐、平行线纹鸡冠耳彩陶瓶（图 1-8）、锯齿弦纹罐、葫芦网纹罐、垂弧锯齿纹高低耳壶（图 1-9）、多层垂弧锯齿纹双耳彩陶瓮、圆圈网格纹彩陶鸟形壶等。

图1-8　平行线纹鸡冠耳彩陶瓶，半山类型彩陶，泥质红褐陶，高14.7厘米，口径6.9厘米，底径5.6厘米，临夏州博物馆藏

直口、长直颈、溜肩、圆腹渐下收为小平底，口沿部饰对称的双鸡冠耳

图1-9　垂弧锯齿纹高低耳壶，马家窑文化半山类型，高24厘米，口径9.8厘米，腹径24厘米，底径9.5厘米，临夏回族自治州博物馆藏

泥质橙黄陶，施黑彩，侈口，短直颈、溜肩、平底，颈、肩之间和腹中部置对称的高低耳，高低耳壶、大垂弧纹、细如毛发的锯齿纹，属于半山类型晚期的典型特征

锯齿纹主要流行于半山类型，结束于马厂类型早期，其来源众说纷纭，有学者认为其源自大自然中的棘刺，也有学者认为其是受中亚文化影响，结合本土文化而诞生。

马家窑类型锯齿纹为单一的黑彩，锯齿大而疏朗，呈大三角状，多装饰于壶的颈部。半山类型的锯齿纹为黑、红复彩。半山类型早期锯齿开始变小；中期锯齿变得窄长，齿尖锋利，锯齿斜向一侧；晚期锯齿已变得细小密集，如同毛发。到马厂类型，锯齿纹已很少使用，锯齿排列稀疏、粗大，普通的彩陶绘制粗率，只有个别的较规整，且多为黑色单彩。

6. 马家窑文化——马厂类型彩陶

马厂类型彩陶，1924年发现于青海民和县马厂塬，主要分布于青海、甘肃等地，分布范围与半山类型差不多，但更向西发展，并分为两支发展路线：一支以青海乐都县（今乐都区）柳湾为代表，主要分布于兰州以西及青海地区，此支后发展为齐家文化；另一支沿河西走廊向西北发展，以甘肃省永昌县鸳鸯池遗存为代表，逐渐演变为四坝文化，向西进入新疆中部，最后在新疆绝迹。其产生年代约为公元前2350至前2050年。马厂类型彩陶，陶器种类繁多，器型大部分脱胎于半山类型，主要有壶、瓶、罐、碗、盆、杯等，以瓶和罐的数量为最多。中晚期增加了一些新的器型，最具代表性的是单耳带鋬的筒状杯。陶器以红陶为主，有少量的灰陶和白陶。早期彩陶器表打磨光滑，晚期的彩陶器表比较粗糙，仅施淡淡一层红色陶衣而不饰彩的双耳壶十分多，并且出现了素面敛口瓮等新的器物。纹饰有同心圆纹、菱形纹、人形蛙纹、平行线纹、回纹、钩连纹等。代表作品有四大圈纹彩陶盆、卦形纹彩陶盆、回纹双耳彩陶罐、波折纹长颈、竖锯齿纹彩陶壶、圆圈网纹彩陶罐（图1-10）、变体神人纹彩陶瓮（图1-11）等。总体来说，马厂类型彩陶较马家窑类型和半山类型构图相对松散，艺术风格更加纯朴、豪放、神秘，有意味。

图 1-10　圆圈网纹彩陶罐，马家窑文化马厂类型，高 13.5 厘米、口径 11 厘米、底径 7.9 厘米，1955 年兰州市白道沟坪出土，甘肃省博物馆藏

图 1-11　变体神人纹彩陶瓮，马家窑文化马厂类型，高 44 厘米、口径 19.4 厘米、底径 10.8 厘米，土黄陶，兰州市土谷台出土，甘肃省博物馆藏

腹部绘变体神人纹和圆形网格纹

7. 大汶口文化彩陶

大汶口文化彩陶于 1959 年首次发现于山东泰安宁阳堡头村西，因出土陶器的遗址主要分布在山东宁阳堡头村西和泰安大汶口一带，故得名。大汶口文化分布范围包括山东全省、苏皖两省淮河以北和豫东在内的广大区域，在山东境内已发现有 500 余处遗址。大汶口文化彩陶（距今约 6100—4600 年）是在北辛文化基础上发展起来的，纹样图案的丰富性从早期至中期呈下降趋势，且中期纹样图案也有区别于早期；到大汶口文化晚期（距今约 5000—4600 年），彩陶数量已极少，进入龙山文化时期已经绝迹。

大汶口文化彩陶的典型器形有背壶、盆、钵、鬶、杯、大镂孔豆等。釉彩主要有红橙色（也有学者将其分为褐色、黄色）、黑褐色和白色三种组成，图案绘制在涂有泥釉的器壁上，器壁内侧无釉彩。装饰技法以彩绘、镂孔最具特色。纹饰以花瓣纹、几何形纹、勾连回旋纹为主。彩陶大多施以红色陶衣，颜色丰富，早期用色主要是黑彩，中期常见红赭和白色等，晚期黑白兼用，如以黑釉勾勒外轮廓的白色八角星纹陶豆（图 1-12）。八角星纹是大汶口文化中期彩陶纹样中具有鲜明特色的标志性花纹。常绘于彩陶盆和豆的上腹。八角星纹以白彩绘成，黑线勾边，星纹的中间为方形或圆形，陶豆上口沿处的纹饰非常特别，由三角与短射线组合而成，呈现出向四面八方扩张的感觉。学界对它的解释很丰富：有的认为是有着尖瓣的花；有的认为是放射光芒的太阳或星；有的认为是象征大地的四面八方。这是大汶口文化的先民对宇宙世界丰富想象而简括表达的体现。八角星纹除中原地区，在长江以南的崧泽文化等地延续时间较长，传播范围也很广，后世认为这是象征天穹中心的华盖（花盖）图案的起源。

值得注意的是阴阳花纹在大汶口文化彩陶中得到了完美的统一。在构图中，不同的图案之间巧妙地利用某些部件，从而使全图形成一个连续的不可分割的整体。

大汶口文化彩陶的器形、纹饰与河南庙底沟类型有相像之处，像江苏邳州市大墩子遗址的花叶纹彩陶钵（图1-13），纹饰采用了圆点、花瓣纹、三角弧线纹相组合的设计方法，体现了大汶口文化的最高水平。另外，郑州北部的大河村遗址出土的陶器反映了从仰韶文化早期到晚期的几种泥釉混合使用的彩陶变迁现象，显示出庙底沟文化与大汶口文化之间有交流的可能，据考古材料以及学者的分析，这种区域互动在新石器晚期愈发频繁。

图1-12 大汶口八角星纹陶豆，大汶口文化，陶制，高29厘米，公元前4000—前3000年，山东泰安大汶口出土，山东文物考古研究所藏

图1-13 双旋花叶纹彩陶钵，大汶口文化，陶制，高11.3厘米，公元前4000—前3000年，江苏邳州市大墩子出土，南京博物馆藏

8. 山东龙山黑陶文化

龙山文化，距今5000至4000年，是新石器时期，上承仰韶文化下启二里头文化的转折期。龙山黑陶的研究主要是指济南东部的城子崖遗址出土的灰陶、亚光黑陶、漆光黑陶。龙山陶器一般有灰、红、黑陶三种，其中最著名的是黑陶。器形以尖底瓶、罐、盆、鬲、豆、杯、鼎等（图1-14、图1-15）。制作方法基本为轮制，陶器的表面除了少数弦纹、划纹或镂孔，基本无纹饰。有的黑陶上留有轮盘转动时形成的刻线。从该时期的器型来看，这些陶器并非业余或季节性陶工所做，而是由技术熟练的专业工匠所做。从城子崖遗址中发现的城墙残垣，反映出这里超越了普通村落的社会居住形态，是具有真正的统治阶层意识的居住区。从黑陶的器型、使用特征、出土地之间的关系来推断，最为精致、端庄、细腻、典雅的黑陶一定具有超出日常生活所用的原始祭祀礼仪功能。这种黑陶，薄如蛋壳、陶胎纯黑、陶壁打磨光亮。制作这样的精致陶器，陶工要用快轮制作，且力量均匀，保证陶坯能经受住窑炉的高温不裂。

图1-14 蛋壳高柄黑陶杯，龙山文化，高26.5厘米，公元前3000—前2000年，山东日照东海峪出土，山东文物考古研究所藏

圆底、细柄、有喇叭形状的边沿杯体，仅50～70克，有些杯体与支架可拆分

图 1-15　黑陶单把杯，龙山文化，高 11.3 厘米，口径 8 厘米，足高 1.1 厘米，山东日照两城镇出土，山东博物馆藏

直口、长颈，腹微鼓，单把置于腹的一侧，三短足支撑器身，整器磨光并施黑色陶衣

史前先民发明陶器主要是为了满足日常生活的现实需要，从彩陶的器型来看，早期彩陶如大地湾文化只限于饮食器，仰韶文化则扩大到盛水的瓶、壶形器，到了马家窑文化进一步扩展到瓮类等储藏器。总之，在彩陶的发展历程中，器型不断增多，但万变不离其宗，总是集中在盛放水和食物的器类上。从出土位置来判断，它们有的在房址或灰坑中，有的作为随葬品而出土于墓葬中。马家窑文化中期以后，随葬品中的彩陶器增多，有时一个墓中竟随葬数十件彩陶。这些现象说明，彩陶不仅是人类生活中的常用物品，而且人们还以随葬精美彩陶的形式来寄托对死者的怀念与尊重。

1.2.2　原始彩陶的制作
1.彩陶产生的技术条件

第一，彩陶生产的技术条件之一是原始人对天然矿物颜料的认识。首先彩陶颜料的选择要求具有耐高温性能，在高温烧窑时不分解，如含量较高的赤铁矿。其次，需要掌握矿物的显色规律，和窑变特点——什么样的颜料高温烧制后会变成红色，或者变为黑色，并能运用自如地生产出理想的彩陶。最后，颜料加工稀释的方法与过程、颜料粉末的粗细程度、稀释的浓度，都需要原始人长期经验的积累。

第二，陶坯表面的光洁度决定颜料的渗透能力。这需要对陶土的筛选、淘洗以及拉坯成型后对器表反复打磨等技术。在考古中发掘的彩陶大多是泥质陶，器物表面都较为细腻，也有夹细砂陶质（大地湾文化陶器），器表均抹有较光滑的泥质层。

第三，陶器的烧制温度决定了颜料的附着力。通常烧陶的温度越高，颜料的附着力就越强，装饰纹饰越牢固。在彩陶烧制发展的过程中，人类通过不断的实践，慢慢改变了陶窑的内部结构，增加窑室的密封能力，以保证陶器生产对烧制工艺的要求。

彩陶制作至关重要的一个环节是绘彩，要想烧制出一个精美的彩陶，必须有以下几个步骤：

（1）认识绘制彩陶的颜料性质。先民们在长期的实践中了解到，所选矿物颜料必须耐高温，才能保持原有颜色。先民们还了解不同颜料的矿物成分和着色原理，比如：黑彩的显色元素是铁和锰，矿物质以磁铁矿与黑锰矿为主；红彩的显色元素为铁，矿物为赤铁矿；白色的显色物为石英粉，其主要成分为石膏或方解石等。

（2）掌握一套完整的彩绘技巧。首先，将开采的矿物颜料粉碎研磨至极细（越细的颜料附着力越高），注水调和成颜料浆，然后进行彩绘。生产彩陶的甘肃大地湾遗址中出土了上百件研磨石、研磨盘、石斧等研磨颜料的成套工具。其次，在绘彩之前先在陶坯上加施一层彩色陶衣，施陶衣之后，器表如同披上了一层华丽的彩衣，再用其他颜色绘彩，以形成黑红强对比的装饰性效果，仰韶文化中期以后各类型彩陶艺术中常见该类技法。也有陶器加陶衣后不再绘彩，通体饰紫红陶衣，仍显得华美耀眼，如大地湾四期出土的陶鼎。

陶衣原料一般为仔细淘洗过的细陶土泥浆，有时也调入其他颜料。加施陶衣时，将泥浆涂刷在器表或将器物置放于泥浆中蘸泡而成。马厂、火烧沟、辛店、沙井类型文化均流行红陶衣，原料是含铁量高的红黏土；仰韶、马家窑文化有少量白色陶衣，原料多为白垩土。

（3）绘彩时所采用的工具，因无实物出土，难以定论。根据对半山、马厂类型彩陶细密的网格纹、锯齿纹等纹样的观察和研究，贾建威发现许多彩陶花纹在不经意间留有尖细的笔锋，推测是用类似毛笔的工具所绘，不仅有硬毛制作的硬"笔"，还有用软毛制作的软"笔"。[①] 从细长流畅的线条可以看出，当时绘彩的"笔"很可能是用狼、鹿之类的毛制成的长锋硬笔，并具有较好的凝聚性。

（4）彩陶的绘制呈现出先民对于图案与器形、观看视角之间的关系的重视，并已注意到了图案在不同视角下所产生的视觉效果，力求在绘制时能够达到图案构成与器形相协调。如仰韶文化的盆钵，因观看视线局限于口沿与腹部，仅在视线所及部位绘彩；马家窑类型的盆，因大口浅腹、俯视内壁更佳，多以内彩为主、外彩为辅；仰韶文化、马家窑文化的瓶形器物造型瘦长、腹部斜直、器体不大，整体一目了然，所以采用大部分施彩或通体施彩；半山类型的瓮、大圆鼓腹

造型，因在置放于地面时下腹基本被遮挡，故在中部以上绘彩。

（5）匠人们依据器物的造型，对陶器口沿、颈部、腹部的花纹及内彩进行事先的设计与构思。确定了图案的位置后，将器物的彩绘部位根据需要加以划分、定点，然后进行绘画。绘画时先绘主题图案，再补充勾画与主题协调的辅助纹饰（图 1-16、图 1-17）。

有些研究学者认为，无论什么文化类型、何种器型、何种图案，陶器绘彩时总是遵循着从上到下、由点到面、先主体后其他、从整体到局部的程序和原则，这些规律开创了后世绘画艺术一般规则的先河。

图 1-16 锯齿漩涡纹

图 1-17 锯齿菱格纹

---

① 贾建威.马家窑文化彩陶特征及辨伪［J］.收藏家，2011（08）.

2. 彩陶的制作方法

依据考古资料，我国新石器时代的陶器制作方法大致可分为手制和轮制。从出土的陶器来看，新石器时代的彩陶多为慢轮和快轮旋转制成。最早制陶是没有陶轮的，距今约 7000 年前产生了慢轮，慢轮多见于仰韶文化时期，用于修整制品的口沿。距今约 5000 年前黄河下游的龙山文化才出现快轮。从出土陶器所在的遗址中，有陶轮、陶模、陶拍等制陶工具（图 1-18、图 1-19）。

图 1-18　制陶盆形垫与制陶托盘，大地湾四期文化，陕西历史博物馆藏

图 1-19　绘彩工具一组，半坡文化，陕西省西安市临潼区姜寨遗址出土，陕西历史博物馆藏

（1）手制陶胎可分为捏塑法、模制法、泥条筑成法。

捏塑法一般用模仿手法，将生活中常见的动物猪、狗、羊、鸟等捏成完整的小型器物形态，

有趣又有用，还有一类是将动物或人的头、耳、足、嘴等拼贴在陶罐、陶瓶的相应部位，增加器物的装饰性（图 1-20）。模制法即以模具为依托的陶器成型法。早期为模具敷泥法，多用于大地湾文化遗址中的彩陶器，而后期的模制法则盛行于黄河中游的庙底沟、龙山文化。泥条盘筑法是新石器时代使用范围最广、时间最长久的陶坯成型技术，一般用于大型生活陶器，是包括甘肃在内的黄河流域的主要制陶方法，这种方法是先将泥料搓成泥条，再用泥条按照预想的陶器形状一圈圈地筑成坯体，该盘筑法形成的陶器肌理与模塑法不一样，器物更具有流动性、原始性。考古学者认为，从距今约 7000 年前的甘肃境内的仰韶文化时期开始，直至青铜时代，泥条筑成法始终为制陶的主要方法。

图 1-20　人头形器口彩陶瓶，仰韶文化，陶制，高32 厘米，口径 4.5 厘米，底径 6.8 厘米，公元前4000—前 3000 年，甘肃秦安大地湾出土，兰州甘肃省博物馆藏

此类陶器的面部、头部有彩绘，头顶圆孔做器口，两耳各有一小穿孔，腹以上施浅淡红色陶衣，但器体上的图案与头部无关，有些学者推测，头部表现了巫师或村落中的特殊人物，或者是一种类似文身的习俗

（2）轮制法是用快速旋转的陶轮拉坯成型的工艺。

慢轮制陶主要工具有转轮、木拍、竹刮、石球等，用料主要以泥土加砂石料，成坯方法有脚趾拨动慢轮、手拨动转轮等方式。

大地湾、王家阴洼等在仰韶文化遗址出土的陶罐、葫芦瓶，底部出现修整时产生的正心涡纹，说明慢轮修整技术的存在。至今，甘肃省甘谷、秦安一带，山东沿海地区的栖霞砂大碗制作，有些村民仍然使用慢轮。明·钱祖训所著《百夷传》中记载：傣族"惟陶冶之器是用"。考古学家经调查认为，傣族传统慢轮制陶术是我国新石器时代原始陶艺的代表，傣族的慢轮制陶技艺于2006年申报为国家级非遗项目，为我们了解传统制陶工艺提供珍贵资料。

彩陶制作的方法和技艺，呈现于出土陶器上所留下的痕迹。手工捏制的陶器上会留有手指的印痕；泥条盘筑法制成的陶器，器壁会产生一圈接一圈的泥条痕；以慢轮修整的陶器，则会在器底和器口遗留下轮旋产生的同心圆；快轮制成的陶器因坯体快速成型，器壁会产生螺旋式拉坯指印，在底部留下切割产生的偏心涡纹。这些制陶工艺的手法，可以帮助我们看出陶器产生的年代、用途以及制造陶器的环境。

1.2.3 原始彩陶纹饰的分类、寓意与变迁

新石器时代是彩陶发展的鼎盛期，随着人们审美意识的增强，他们逐渐把自身体验到的运动、均衡、重复、强弱等节奏感转化为有意味的、规则的纹饰，有成排的剔刺纹、一圈圈的手窝纹、按压的绳纹等。这既增加了陶胎的坚实度，又美化了陶表面的装饰性，提升了人们的生活趣味，也使人们越来越注重对陶器的装饰，审美意识由此发生。

从出土彩陶的实物以及相关学者的研究成果来看，学界将彩陶的纹饰大体分为四类：第一类为几何纹，这类纹饰的产生来自编织物的模拟、生活体验中的节奏感、图腾的符号化、自然物的抽象化，比如漩涡纹、回纹、波折纹等。此类纹饰的组织形式多采用对比法与分割法，这两种方法的运用，可以看出原始先民已经对自然界中物的形态的大小、疏密、曲直、动静等艺术语言有了初步的认识，他们通过对几何线条有意识的排列，使其极富韵律与节奏感，并以此表达先民们对他们赖以生存的自然的敬畏与互动，此类纹饰数量最多。第二类为动物形纹饰。有鱼、鸟、蛇、蛙、羊、狗、蜥蜴等，此类纹饰数量不多，但极具特色，形象直观，寓意却让人捉摸不透。动物类纹饰均为与人和谐共处的常见动物。少见的人形纹也可归于此类纹饰，如人面纹舞蹈盆、人面鱼纹彩陶盆，辛店文化的放牧图等。第三类为花卉变形纹。这种纹饰的彩陶出土的数量较多，分布的范围很广，其中以仰韶文化的半坡、庙底沟类型和大汶口文化彩陶类型最多，关中地区的圆点勾叶弧边三角纹（图1-21）和庙底沟的连续带状花纹标志性最强；第四类为独特的、意义不明的、神秘而怪异的一些纹饰，如"山"字纹、八卦形纹等。又如马厂类型彩陶的下腹部无纹饰处出现了的墨绘符号，如"卍""○""×""+""–"等。考古学者认为，这些符号可能是当时某些氏族部落的记号。有的学者认为这是中国早期文字的雏形。

图 1-21　弧边三角纹彩陶盆，仰韶文化庙底沟类型，高 16.4 厘米，口径 39 厘米，底径 13.2 厘米，距今约 5500 年，秦安县大地湾遗址出土，甘肃省博物馆藏

　　关于原始纹饰的母题、组合以及位置的经营，以现代人的观看视角，或许存在猜想的成分，但是，大量考古资料以及学者的研究成果，可以对原始纹饰进行"深描"。"深描"是美国人类学家克利福德·格尔兹（Cliflord Geertz，1926—2006）提出的，它关系到"他者"的眼光、阐释者的认知、行为者（原始艺术家）的社会性与个体能动性。我们对其进行解释，从人类学的角度来说，只是一种与远古的"对话"而已。因为不同时代的观看者都能从中读出他们的新意，从而显示了原始艺术从一开始就具有的"能动性"。

　　从主题的选择来说，一类是满足人的生活需求功能的动植物，这是对美好的向往驱动下的心理需求，这种选择可以是单纯对美的形式的钟爱，但将具有生殖性质的动植物进行变形装饰似乎占据了原始彩陶纹样的大部分，因为在恶劣的自然环境下，繁衍后代是原始人与自然抗争的本能反应。从装饰的手法与经营的位置来看，原始人似乎懂得了"第一视线"的作用，他们将所要描绘的纹样在人眼最先接触到的地方进行装饰，运用对比、双关、分割等手法，将具象的原型进行打散与重构，使其纹饰符合他们的内心需求与群体审美意识。另一类是满足远古人精神

层面的某种信仰、崇拜的生物。不少研究者认为，在图腾崇拜时期，原始人相信人死后可化为图腾，甚至有的学者主张彩陶艺术源于图腾崇拜。比如，鱼纹是仰韶早期半坡部族的图腾，还有一些其他动物如蛙、鲵鱼、蜥蜴等均被视为某一文化的图腾。河姆渡文化遗址出土的鸟形象牙雕刻、圆雕木鸟以及器皿上的鸟纹装饰等都反映了当时人们对"鸟"的信仰，进而产生鸟图腾崇拜。仰韶文化晚期，蜥蜴在中原地区和甘青地区的部族被视为图腾，有的蜥蜴被塑造得栩栩如生（图 1-22），有的被抽象为几何纹样，还有的被描绘成蜥身人面像。鸟纹则是仰韶中期庙底沟文化的图腾。还有一些很特殊的图形，一时令人费解，同时又令公众感兴趣，并寻求各种解释。

　　彩陶器形在完善使用功能的基础上，造型样式千变万化，不同纹样和装饰代表了不同的文化、地域风格和时代特征。陶器的装饰性是器物造型的一部分，与人类上百万年的石器时代的劳动和生活方式不可分割。

图 1-22　蜥蜴彩陶盆，仰韶文化，陶制，口径约 36 厘米，公元前 4000—前 3000 年，陕西高陵杨官寨遗址出土，陕西省考古研究院藏

盆的口沿和上腹部施有一层红色的陶衣，红色陶衣上以黑彩绘制了一只蜥蜴。蜥蜴圆头尖嘴，身体呈长橄榄形，尾巴细长，四肢曲折。蜥蜴的背部通过地纹留白形成一个长条状纹饰，绘画手法简洁抽象，可能为该地区的图腾。该纹饰的彩陶盆在全国出土的彩陶器物中极为少见

1.3 史前装饰

从生产上来看，旧石器时代人类使用简陋的工具从事渔猎活动，而这一活动是采集生产的辅助手段。到了中石器时代以后，人们就能从事直接的生产，比如耕种，而不主要依靠采集天然的生活资料，从此，人类真正进入生产劳动的时代。不同时期不同区域的生产方式形成了该地区氏族共同体的生活方式和文化特征。从考古学来说，不同地区的文化面貌是氏族共同体形成过程中产生的特点，这些特点显示在物质文化以及器物的形态和纹饰上，被考古学家称为装饰艺术。岑家梧先生认为，到了新石器时代，造型艺术逐渐向装饰艺术发展。[①]从考古遗址看，装饰艺术在山顶洞人时期就已经出现。骨雕、文身、服装配饰、生活器具上的装饰物对于研究人类石器时代的氏族制度、生活方式、文化特质有重要的作用。

1929 年 12 月 2 日，北京大学地质系的裴文中（1904—1982），在北京周口店的山顶洞发现了第一个北京人的颅骨，与杨钟健（1897—1979）携手合作，谱写了中国史前考古学研究的第一章。而有关"北京人"的最早假说，是加拿大内科医生、体质人类学家步达生（Blach Davidson，1884—1934）提出的。

据碳 -14 测定，山顶洞人距今约 18000 年，是蒙古人种的祖先，山顶洞出土遗物包括打制的石器、骨器与牙制的装饰品，还有 54 种现在已经灭绝的古生物化石。其中，装饰品有研磨的石珠、穿孔砾石、砾石打击的斧状器和兽牙等，说明此时磨制工艺已经相当进步。此外，在较晚的文化遗址中，还发现有束发用的笄簪，耳坠，项链，指环，陶镯等饰物，反映了当时人们的生产力有了很大提高，出现了一定的审美观。

在骨片上刻画图案，出土较早的距今 28100 年左右，发现于 1963 年，山西朔县（今朔州市）峙峪遗址，上面带有人工刻画的简单符号。但最具有代表性的是 1961 年，河北兴隆县发现的刻有纹饰的鹿角，距今约 13000 年。该鹿角属于右角眉枝残断的赤鹿角，如今已成化石，表面被侵蚀，呈灰白色，但有一小部分表面保存了一层鲜亮的朱红色沉积物。由此可以推测，当时原始人将这件艺术品磨制后再雕刻，最后用红色颜料涂抹于刻线内，形成刻、染一体的效果。

刻画图案有两组刻在多叉鹿角表面以及椭圆形截面上，图案美观，纹饰繁杂。刻线是用石器刻画的，刻线的宽度、深度与两条刻线的间距都是匀称的。刻画方式为阴刻，分成三组几何形图案。一组由四组密集的曲线组成，每组有 4 至 7 条平行的波浪线。另一组由互相平行的曲线组成"8"字形。中间一组刻纹由直线、斜线和连弧纹组成，平行线与斜线相互穿插，形成对称性很强的图案。这三组图案的刻画与布局，都能看出原始艺术家不仅极好地掌握了几何形图案的间隔与排列规则，而且能使之有机地统一在有限的空间之内。这件艺术品是中国目前所发现的最早的属于旧石器时代晚期的雕刻装饰品，它的发现为研究中国史前艺术提供了珍贵的实物资料。

此外，旧石器时代晚期，在河北迁安爪村遗址中出土了一件骨锥，通长 161 毫米，厚 12 毫米，柄宽 28 毫米。考古资料显示，锥尖用坚硬的利器从四面刮削成梯形横断面，且刮削痕迹平齐。残缺的锥柄上有四组刻痕，每组刻痕排列整

---

① 岑家梧 . 中国原始社会史稿 [M]. 北京：民族出版社，1984：133.

齐、长短一致，但数量有多寡，多者 14 道，少者 8 道。纵观考古学界的研究资料发现，在贵州桐梓县马鞍山的旧石器时代遗址中，出土过一件带有刻纹的骨棒。玉雕、牙骨雕艺术品此时也有出现，如山东大汶口出土的透雕象牙梳、象牙筒，是我国目前发现最早的象牙雕刻。

这些带有刻纹的艺术品，均是在兽骨上进行刻画的，虽然刻纹的内涵与寓意不清晰，但"刻"的技巧在人类的造物史中确实是发展最早的。这种技巧产生的根本原因在于尖状石器的使用，石器与艺术创造的关系曾受到许多人的注意。不管对"艺术"的理解如何，有一点是肯定的，就是艺术的产生必须以工具的创造和熟练使用为前提。[①]

1.4 石器文化

迄今所知我国最早的石器发现于山西南部黄河中游左岸附近距今 180 万年的西侯度遗址。到新石器时代，成熟的磨制技术出现较晚，但并未完全取代制造石片的打制方法。约在最近一个地质期（全新世）之初，约 12000 至 10000 年前，中国几个区域的采集者和狩猎者开始尝试制造磨制石器。磨制的石刀、石镰、石簇、石斧、石臼等农具普遍出现，作为原始人劳动工具的重要组成部分在青铜时代继续使用。除了生产中的石具外，被艺术史家称为石器艺术的，主要是指非生产类的用于祭祀或者原始崇拜的石料。

1.4.1 红山与良渚文化的玉石

软玉石料制成的物品从新石器时代的遗址中发现，红山与良渚两个地区的玉石器类型相对丰富，造型精致，独具特色。玉石不同于陶器，其文化功能突出，占有并分配玉器这种稀有资源体现了鲜明的统治阶级意识、充满寓意的造型及其纹饰反映了该时期社会结构与人们的生活方式逐渐多样化的情况。

考古发掘证实，东北地区辽河流域的红山文化与以太湖为中心的良渚文化的玉石雕刻，呈现出各自独特的地域文化特色。

第一，从文化断代来看，红山文化玉石雕刻属于公元前 5000 至前 3000 年左右，与华北、西北的仰韶文化同期，良渚文化玉石雕刻属于公元前 4000 至前 3000 年左右，与山东大汶口文化晚期同时。

第二，从玉石的造型来看，红山文化的玉器造型简洁，寓意丰富。鸟形、龟形、抽象的卷曲形、云形配饰只有象征性的外轮廓。1971 年在内蒙古翁牛特旗三星塔拉出土的"玉龙"（图 1-23），雕琢精美，造型生动，称为"中华第一龙"。2013 年 8 月 19 日，国家文物局将新石器时代红山文化玉龙列入《第三批禁止出国（境）展览文物》。良渚文化遗址中出土的玉器，功用类型丰富。有适合男女身份的身体饰物，包括项链、手镯、板饰、头饰等。还有具备礼仪功用的石钺、斧钺、玉琮、玉璜等。这些玉器有组合使用的情况。良渚文化中的玉雕雕刻细致，阳刻与阴刻相结合。无论这些大小不一的器型与非同寻常的复杂细微的装饰背后有怎样的实际使用功能，都可以显示出该文化类型兴盛时期的特殊效用。墓葬出土的玉璧、玉琮，有火烧过的痕迹，有学者推测，当时可能实行火葬，在丧葬仪

---

① 陈兆复. 原始艺术史 [M]. 上海：上海人民出版社，1998.

式中，玉璧放入墓内，焚烧，尸体置于火上，然后玉琮摆在死者的周围。玉制的斧钺从材质来看不易做武器或工具，其外形与普通石钺相似，但其文化意义不同，斧钺在当时可能是统治阶层或武士身份的标志。

第三，从玉器的制作过程来看，不同于陶器，不能仅仅依靠家庭作坊。寻找石材、开采及运输矿石、精工细作与玉器的数量要求必须有大量劳力的作坊，精雕细作的工匠师一定长期从事生产，其他的工序则需要聚落中的居民来协调完成。玉器制作的分工协作，以及如何影响人们的生活方式，虽因历史久远不得而知，但却十分有意义。

图 1-23　红山文化玉龙，内蒙古翁牛特旗三星塔拉出土，中国国家博物馆藏

这件玉龙为祭器礼器，高 26 厘米，身体呈"C"形，吻部前伸，嘴紧闭，有对称的双鼻孔，两眼凸起成梭形，眼尾细长上翘，额上及额底均刻有细密的方格网格纹，龙须及背脊上刻有长鬣，长 21 厘米，占龙的三分之一以上，龙脊钻有一圆孔，通过实验发现，以绳系孔悬挂之，龙的头尾恰好处于同一水平线上，被誉为"中华第一龙"

1.4.2　母神石雕像

母神雕像在世界各地分布广泛，在欧洲、亚洲和美洲都有发现新石器时代的母神雕像。在西伯利亚的玛尔塔旧石器时代的遗址中，也有妇女小雕像出土。中国的母神雕像大多属于新石器时代，最早于 1963 年，在内蒙古赤峰西水泉的红山文化遗址中发现了一件小型陶塑妇女像。20 世纪 80 年代中期，陆续在辽西东山嘴——牛河梁发现了红山文化女神庙、祭坛、积石冢，出土了多件祭祀类母神雕像。头部真人大小，面涂红彩，双眼镶嵌青色玉片。1983 年在河北省滦平县金沟屯后台子遗址挖掘出"石雕母神" 8 件，其中，1 件为猴头形人兽合一雕像，其余均为石雕裸体孕妇像，被考古人员称为"滦平石雕母神像"。这些石雕人像形体适中，造型古朴，孕妇形象极其鲜明，以蹲踞临产姿态为最大特色。石料为辉长岩或辉绿岩。1984 年于内蒙古西县西门外遗址出土了两个花岗岩石雕女裸体像。大的通高 67 厘米，小的通高 40 厘米。二者形态基本相同，椭圆形的头部与躯干直接相连，面部扁平，双目与嘴是挖陷下去的空洞，但嘴较眼睛浅显含蓄，鼻子隆起。躯干部分突出乳、腹部位，双臂交叉分别置于腹乳之间，下肢没有具体刻画，仅仅是把石料加工成锥形。这两个雕像属于兴隆洼文化，距今已有 7000 多年的历史。

普列汉诺夫（Георгий Валентинович Плеханов，1856—1918）说："氏族的全部力量、全部生活能力决定于它的成员的数目。"[1] 氏族社会所依存的重心在于人类自身的生产，这就决定了妇女的重要地位，也就是对生命的礼赞。所发现的母神雕像大多强调女性生育的特征，代表原始人对母性的崇拜以及永不枯竭的生命之泉（图 1-24）。

---

[1]　陈兆复. 原始艺术史 [M]. 上海：上海人民出版社，1998：85.

母神雕像的意义，除具有生育崇拜一说之外，尚有种族、血族的祖先像或祖母像，家或家族的守护神，炉灶守护神，以及萨满教或其他原始宗教的偶像等。目前发现的女性小像大多和居室有关，因为它们所在的位置都是房屋内，而且往往在火炉旁，有的则是岩洞的守护神，显示了它们对家庭的重要性。

诞生于红山文化早期的母神雕像构成了原始艺术的一个起源，她们既是原始氏族社会的崇拜物，又是母系氏族社会组织形式的标志，还是原始先民对渔猎、耕田的生活方式和繁育子嗣的生命价值观体现形式。

图 1-24　石雕母神，滦平县石雕母神，头大身子小、双耳突出、鼻梁隆起、眼眶稍凹，整个石像下端是圆锥形

新石器时代的社会组织为父系氏族世袭群，以世袭为基础的社会，是"无首领"社会。当地的头人作为一群有世袭关系的近亲们的首领，拥有更高的权力。在父系氏族社会中，艺术品关系着领导者身份价值和社会地位，是不可缺少的元素。世系越大，社会力量越强，艺术品的使用就越多，等级越明显。

1.5　原始村落社会组织与居住类型

我国幅员辽阔，在史前文化中，和居民生活息息相关的建筑主要有：以居住为功用的屋舍，以聚落形成的城市，以祭祀为主的神庙和祭坛，以敬畏祖先为主的墓葬。由于当时的社会生产力水平低下，人们的日常生活都是围绕着衣食住行展开，同时由于受到自然环境的影响较大，原始人建筑的首要功能是保护与防御作用。而伴随着原始人产生美的自觉，原始建筑开始具有艺术价值，最典型的就是开始注重屋舍的功能分区，开始装饰建筑外墙，注重有仪式感的祭祀神庙与葬礼墓地。原始社会末期，建筑艺术开始萌芽，主要表现在人们开始注重建筑的颜色和装饰，以及开始对建筑环境合理地规划布置。如中国宁夏固原遗址建筑的墙面涂有红灰色条纹，中国陕西临潼姜寨遗址的建筑住房入口泥壁上有刻纹图案等。

1.5.1　屋舍

在原始社会，原始人的生活主要考虑的是扑杀猎物，解决温饱问题，居住则主要考虑抵御野兽、防风避雨这样的实用功能。据考古学家考证，天然的岩洞、洞穴是目前我国境内已知最早人类的居所，而早期的建筑雏形主要是黄河流域黄土地带的穴居和长江流域沼泽地带的巢居。在中国的许多省、自治区、直辖市，比如吉林、山东、浙江、河南、湖北、广东、广西、贵州，以及北京附近均有旧石器时代人类居住洞穴遗址。古籍中也有关于巢居传说的记载，《韩非子·五蠹》记载"上古之世，人民少而禽兽众，人民不胜禽兽虫蛇，有圣人作，构木为巢，以避群害。"《孟子·滕文公》中说"下者为巢，上者为营窟。"穴居和巢居的形成与南北方的气候、地理、材质有着密切联系，在黄河流域有广袤丰富、土质均匀、富含石灰质的黄土层，坚固不易倒塌，有利于挖成洞穴，而长江流域潮湿多水，植被丰富，森林茂密，适宜巢居的建造。

原始人类在不断的探索中对生活的居所进行改造，黄河流域穴居的发展过程为：原始横穴居、深袋穴居、袋形半穴居、直壁半穴居、地面建筑。原始的横穴居是人类对自然洞穴的简单模仿，即在黄土上凿出横穴。横穴的挖掘操作简单、经济适用，如今黄土高原上的窑洞就是横穴的现代形式。由于横穴的挖掘需要天然的岩壁支撑，需要穴顶有较厚的黄土，因此，在不断的尝试和演变下，深袋穴居出现了。深袋穴居因其穴型像袋状而得名，具体为从地面开凿一个小口，垂直向地面下挖出超过一人高的深穴，然后在内部扩充空间，并在穴底和穴壁增设支柱和梯架，顶部设有椽木，并用茅草、树叶封住。袋形半穴居的出现是为了更好地防风避雨，同时避免深袋穴居出入不便的问题，在穴口顶部将草木扎结成型，形成活动的顶盖，活动顶盖又演化成固定顶盖，此时原始人的居所渐渐有了小窝棚的形状。由于棚架制作技术的提高，更稳更大的棚顶出现，于是竖穴变浅，直壁半穴居出现，原来的袋型穴则主要为储存之用。直壁半穴居的居住环境更易于通风和防潮，原始人的生活空间也渐渐由地下转移到地面，考古发现的西安半坡村遗址就反映了从直壁半穴居到地面建筑的转变。穴居形态的发展及类型展现了原始人类生活方式以及居住环境的改善和提高。在对自然的探索和发现中，人们生产力进步了，居所更加稳定，抵御野兽的能力增强，建造更加适宜居住的地面房屋建筑，地面建筑代替竖形洞穴是技术的进步，人们的居所由地下转移到地面，使建筑的形态更加丰富和多样。

仰韶文化与龙山文化是黄河中游原始社会晚期文明的代表。仰韶时期，原始人类在半洞穴至地面建筑时期就开始将房屋进行分区，陕西临潼的仰韶村落遗址就发现了由五组住房形成的村落，以大房子为中心，小房子呈环形围绕空地和大房子建设。在陕西西安半坡遗址中就发现了明显的居住区、墓葬区和制陶作坊区。居住区和窑场、墓地之间由一条壕沟隔开，壕沟还会起到防护作用。区内又被分为两部分，每片中心均有1座大房子，大房子可能是氏族的聚会处。周围由半洞穴式和地面建筑的小居室围绕，房子之间还有储藏用的窑穴。仰韶时期的房屋分为方形和圆形两种（图1-25、图1-26），并且有了区隔单独空间的格局，室内有烧火的坑穴，屋顶还设有排烟口，呈现出较早的"前堂后屋"布局。在仰韶文化时期，房屋建筑由地下逐渐转移到地面，木架建筑技术也达到了一个新高度，说明原始人在不断地改善居住环境和生活方式，以期获得更好的生活。同时，有些遗址中还发现原始人在房屋

图1-25 大地湾遗址出土的圆形半地穴式房址

图 1-26　大地湾遗址出土的圆形半地穴式灶膛地面

地面和墙面上涂抹白灰，比如甘肃秦安大地湾遗址，说明原始人开始产生美的自觉，有了房屋装饰的意识。

此外，在仰韶文化遗址中，发现了以彩绘装饰的房屋，比如在甘肃秦安大地湾遗址中就发现30座居住面上有红色颜料，这是我国发现得最早的建筑绘彩。在陕西彬县水北遗址一个近五边形的地面建筑的墙壁上涂有紫红色矿物颜料。在河南灵宝西坡遗址，室内居住面、墙面有使用辰砂涂成朱红色的痕迹。在陕西宝鸡福临堡遗址的灰坑、地层中也发现涂有红色颜料的墙皮残块。

在龙山文化时期，住房已经出现家庭私有的痕迹，出现了两室相连的套间式半穴居，室内室外均有烧火的位置，功能分别为煮食物和烤火。与仰韶时期将窖穴设在室外不同，龙山文化用于储藏的窖穴设在外室的同时广泛地在地面上涂抹白灰面层，不仅能防潮，还能使室内明亮、清洁，不仅如此，在河南安阳后岗龙山文化的房屋遗址中，还发现了用土坯砖建设的房址。套间的布置说明原始人的生活已经开始以家庭为单位，此时的人们更加注重生活的舒适、居所环境的整洁美观，我国已知最早的室内装饰也在这一时期出现，是在山西襄汾陶寺村龙山文化遗址中发现

的白灰墙上的图案。

与黄河流域黄土穴居遥遥相望的是长江流域沼泽地带的巢居，大约 7000 年前，长江流域水系发达，遍地沼泽，气候温暖湿润，巢居就以特有的优越性成为这类地区的主要建筑。巢居大致可分为单树巢、多树巢、干阑建筑三个发展阶段。原始巢居由于最初形状像一个大鸟巢而得名，主要运用树的枝干、枝杈等材料构筑成一个窝，经过不断演化，又有了顶棚。为了更宽阔舒适的居所，人们便开始在几棵相邻的树之间寻找合适位置建造屋舍，随着人口增加、需求增多，单纯依靠原生树木构筑的居所已经不能满足人们的需求，于是人们开始人工栽桩立柱，手动建造房屋。在浙江余姚河姆渡遗址中就发现了大量遗留的干阑长屋木构，说明当时榫卯技术已经比较成熟。居住在长江流域的原始人的生活方式显然同黄河流域的原始人不同，长江流域水系发达，潮湿、多雨，树木茂密，动物野兽在平地不容易防御，而干阑式建筑能有效地防水，又能防止野兽的攻击，抵御风险。

原始穴居建筑的土木混合构筑方式、巢居中木构技术都对中国此后的建筑有深远的影响，今天建筑使用的钢筋混凝土结构可以说是原始土木混合构筑方式的延续和演变，而木构建筑的巢居变化万千，干阑建筑中的榫卯技术为中国古代居民建筑、园林建筑、皇城建筑奠定了基础，如今我国西南、东南等少数民族地区仍然能见到使用此方法构建的房屋。

1.5.2　城市

远古时期的人们采用群居的生活方式，随着人口不断累积，多建筑组合而成的聚落形成。在目前发现的母系氏族时期，人们对于聚落的选

址、分区、布置和防御都做了规划，聚落是城市的雏形。到了父系氏族公社中后期，聚落的密度和面积较快发展，初步形成了早期的城市。聚落是由不同的小家庭组合在一起而形成，在一定的区域内相对集中。原始人因地制宜，因地理位置、规模大小的差异，早期的古城呈现圆形、矩形、梯形等多种形状。

由于聚落的壮大，城市的诞生，防御野兽已不是原始人的生活重点，而部落之间的对抗和斗争则成为主要矛盾，为了更好抵御外敌，人们在城市的基础上修建城垣防护外敌，这种城池的修建模式得以发展。早期的古城，城垣一般内坡缓外坡陡，或者直接建在高地上，再在周围修建城垣，古城根据规模大小在两面开两门或四面建门，影响了中国此后的城市造型和模式。

陕西神木石峁遗址，在城址外城东门曲尺形的'瓮城'的一段墙体地面上，有 100 余块壁画残块，墙体上还有部分壁画，壁画以白灰为底，绘有红、黄、橙、绿、黑等颜色的几何图案。据相关人士推测，是二里头文化时期的遗迹，而且这也是我国发现的最早用绘彩来装饰城墙的遗址。

1.5.3 祭坛或祭场

古代先民的日常生活，对自然依赖较强，无论是农作物的生产与收获，还是日常的打猎繁衍，都同自然的气候密切相关。自然的千变万化、宇宙的浩渺无垠，使他们深感无常，因此十分敬畏自然，他们相信在天上有神灵的存在，以祭天礼地、春秋祈报为主要作用的祭坛、神庙应运而生。

位于浙江余杭瑶山和汇观山的两座祭坛，用土筑成，为长方坛。在内蒙古大青山和辽宁喀左县东山嘴有三座祭坛，用石块堆成，形状为方坛和圆坛。这些祭坛都远离居住区，据相关人士推测应为聚落所共有。

东山嘴祭坛是红山文化的一部分，"整个建筑布局按南北轴线分布，方圆对应，有中心和两翼主次之分。南北 60 米，东西宽 40 米，南端为空旷场坪，中央为卵石铺砌的圆台，北侧为一方形祭坛，分内外两重，内置许多密排立置的长条列石，相聚组成。"[①] 在遗迹周围，还发现了大片红烧土面和黑灰土堆积。此处祭坛是一组大型的宗教礼仪场所，由祭台、祭坛、祭场几部分组成。据相关专家推测，此处祭坛主要是用于祭天、祭地。在农业社会，先民心中，天地是最大的神，是世间万物的主宰。祭天地，以祈求风调雨顺、作物丰收。农业民族的宗教仪式，都是为了此目的而开展。此外，像辽西胡头沟、三官甸子也有类似的祭祀场所。

红山文化的另一支宗教礼仪性建筑，在辽宁西部的建平县牛河梁，由坛、庙、冢组成，南北走向，布局讲究，高低错落，丘顶有平台形状的祭祀场，周围有石堆砌。中国最古老的神庙遗址即位于此，是一座"女神庙"，有多重空间组合，单室、多室均有，多室建筑还有主室、侧室、前后室之分，南北共 18.4 米，东西残存 6.9 米，神庙内有成组女神像，根据残留的像块推测，主像的尺度约为真人的一两倍，其中一个非主像的完整头部和真人相当，形象逼真，神庙内已经采用彩画和线脚来装饰墙面，"彩画是在压平后经过烧烤的泥面上用赭红和白色描绘的几何图案，线脚的做法是在泥面上做成凸出的扁平线或半圆

---

① 李锦山．农业文明与史前宗教礼仪性建筑 [J]．农业考古，1998（03）：193-208.

线"[1]。这一组祭祀建筑是封闭性建筑和露天建筑相结合的，祭奠的对象不仅有天地之神，还有图腾保护神、女祖神、农神等。

在内蒙古包头市大青山西段，已发现十几处新石器时代遗址，聚落多为石器房屋，已发现祭祀宗教性建筑三处，其中莎木佳遗址和黑麻板遗址都建在高出地面数十米的地方，遗址中都有用石块堆成的祭坛，据推测，祭祀的对象是太阳神，这同农业民族对太阳的崇拜密切相关，太阳代表了温暖、热情和力量，太阳的光和热对农作物的生长十分重要，在西汉时期，居住在这一地域的匈奴人就有"拜日之始生"的习俗。另一处宗教建筑遗迹是阿善遗址，其"东台地为聚落区，西台地南端有一条长 80 米，东西宽 30 米的山梁，其上分布一组人工堆筑的石堆，南北一线排列，全长 51 米，共计 18 座。最南端规模最大，底径 8.8 米，存高 2.1 米。各堆间距 1 米。沿山梁的三面边缘分布一道垅状低矮石垣，最南侧则为三道石垣，呈陛状，主石堆与南石垣间形成一空旷场坪。整个祭场较为对称，主次分明，排列有序。"[2] 在阿善遗址中，很明显出现了神的等级划分，主石堆象征着太阳神，其他石堆则象征了祖山、山神、河神等。

长江下游以太湖地区为中心的良渚文化也是原始文化中重要的一部分，迄今已发现了 20 多处大型宗教性建筑，主要以人工堆筑的高大祭坛墓地为特征，有赵陵山、张陵山、瑶山、福泉山等遗址。

赵陵山遗址中心部位为一人工堆筑的大型土

台，东西 60 米，南北 50 米，高近 4 米。在土台的南面有数十平方的土层，几十厘米的厚度，在其下方有人骨发现，说明当时有人祭现象。围绕这个中心，形成了少卿山、张陵山、草鞋山等农业聚落。浙江余杭的莫角山，出现了在土岗上夯筑而成的台庙式建筑，遗址四角有贵族墓地。在莫角山的东北 4 公里和西北 2 公里外，还有瑶山、汇观山露天祭台。在常州市东北部的寺墩遗址，有直径 100 多米，高 20 多米的祭坛，四角仍有贵族墓地，周围环绕河道和围沟，墓地外形成聚落。位于上海青浦重固镇的福泉山遗址，呈方形大土墩，祭台在其墩顶平台的中心，南北长 7.3 米，东西宽 5.2 米，从北向南，自上而下，台阶三级，分布平整，周围用土块堆积。此外，在杭州湾的海宁也发现大汶墩祭坛，在长方形土墩顶上由内而外用四种不同土质构成。

从这些祭坛的形状和内容来看，史前人们对祭祀天地、祖先越来越重视，围绕这些祭祀建筑而形成聚落，人口和财富越来越集中，逐渐形成城市，祭坛成了原始人的精神信仰。人祭的出现，更显示了人们对自然、天地、祖先敬畏之情愈发强烈。祭坛的布局也显示了原始人对自然的认知。比如圆形的地坛与方形的聚落配套而建，有天圆地方之理念显现。比如祭坛与方坑的位置，祭坛在墩顶朝南，方坑则处于墩北低处，是早期宗教天阳地阴，天神居上地在下观念的彰显，也说明了原始先民对天地、天地与人关系的认识，以及对宇宙奥秘的猜测。

1.5.4 墓葬

在中国古代文化中，尊生重死观念十分浓重，人们相信灵魂不灭、死生轮回等观念，因此，墓葬建筑成为中国建筑的一部分。在史前社

① 潘谷西.中国建筑史(第六版)[M].北京：中国建筑工业出版社,2009：20.
② 李锦山.农业文明与史前宗教礼仪性建筑[J].农业考古,1998(03)：193-208.

会，墓葬建造与设置的规模差异体现出社会的分化，以及对祖先的宗教祭祀性质。

在半坡遗址中，就发现成人和小孩的墓葬是分区而建的。在良渚文化遗址中，墓葬围绕祭坛而建，比如在赵陵山祭台西北角就有 19 座小墓，这些墓葬是为祭祀而建，说明当时的人祭现象。在浙江余杭的莫角山遗址中，台庙四角周围分布有贵族墓地，在瑶山和汇观山露天祭台的周围有序排列数十座贵族墓地。上海青浦重固镇的福泉山遗址中，贵族墓地建于坛上，一般成员埋葬在山下平地。祭祀是部落时代最重要的宗教礼仪性活动，将墓葬放在祭祀场所的周围，显示出先民对天地、神灵的虔诚和敬畏，而贵族墓葬、贫民墓葬的差异分布，说明尊卑高低的等级制度在当时就已经存在。

在河南省濮阳市西水坡村发现了一座仰韶文化中期的"山"字形墓葬和 3 组蚌壳摆塑的虎、龙、鹿、蜘蛛等动物形象。根据发掘简报，墓葬平面呈"山"字形，是竖穴土坑式。墓主人为一壮年男性，葬于墓室正中。其他三人，分别在东、西、北三面的小龛内，整体呈"山"字形。

此外，在墓葬周围或封土上堆积石块是墓葬建筑的一部分，即所谓的石圈墓和积石冢。在墓葬上用石头堆积成各种形状，与墓葬形成一体，推测是具有祭祀的作用。内蒙古赤峰市的白音长汗遗址在一些墓葬的周围有呈椭圆形的石头圈或积石，墓葬四壁和墓底铺有石板。辽宁省阜新县胡头沟遗址中，其中一座石棺墓上部发现一处石围圈和排列有序的彩陶筒形器组合遗迹，形状为圆形，在石围圈下压一层泥质红陶片，在保存较好的东部外侧还下压一排立置的彩陶筒形器，筒形器口，在器内还有卵石。

红山文化中的牛河梁遗址是积石冢的典型，郭大顺总结过红山文化积石冢的主要特点：一、积石冢都置于山冈顶部，尚未发现有置于平地者。一般一岗一冢，也有一岗双冢、一岗多冢的情况。二、积石冢内设有中心大墓。三、一冢多墓。较大的有土圹，墓底筑大型石棺，小墓无明显土圹，但都有石棺。墓有成行排列的规律。四、积石冢上都有地面建筑，即在墓上封土，土上积石，从而形成地上建筑。冢顶积石以石块堆砌，似无规律。冢的周围则砌筑讲究，以经过加工的石块砌出冢界，一般为三层叠起，冢界平面有方形、长方形、圆形、前方后圆形。积石和石棺所用石料以硅质石灰岩为主，形成白色冢体。五、积石冢大都不是一次形成的，而是有一个相当长的过程。六、冢内墓葬一般只葬玉器，同时葬陶器者极少，尤其是随葬玉器较多的大型墓尚未有随葬陶器的。七、陶器很少在墓内随葬。陶器大量置于冢上，是紧贴在冢上石砌台阶内侧竖置的成排筒形陶器。这种筒形陶器都为泥质红陶，腹部一侧绘黑彩，其最大特点是皆无底部。八、冢坛结合。积石冢的冢体本身就应具备祭坛功能。[①]

本章小结

任何社会中的造物艺术，都产生于一定的社会场景中，并且其背景体现在特定的信念和价值体系中，无论是旧石器时代的艺术还是新石器时代的艺术，都具有一定的社会角色。因此，原始社会中艺术品的使用，表达了一种与其社会关系

---

① 郭大顺. 龙出辽河源 [M]. 天津：百花文艺出版社，2006：97-108.

相对应的形象体系。对艺术品的研究应该放入与其社会背景相对应的表格中。不同地区的艺术主题所蕴含的社会行为或文化逻辑将会派生出各式各样的生活方式。

旧石器时代的造物艺术出土的数量相对少，不同领域的研究者普遍认为，打制石器、简单的装饰品、母系氏族社会组织等简单的证据不足以看清他们的生活方式，被看成旧石器时代的划分标准。这个时期洞穴艺术同时显示出猎人与被猎动物之间的共生现象，这些共生现象除了使用目的外，还有象征意义。人类学家发现，旧石器时代的先民可能把自然物种及其之间的关系，用来象征他们自己的社会关系——生殖礼仪、成年礼、狩猎仪式等。随着生态环境的变化，狩猎巨兽文化的转变，人类对水中资源和野禽的利用，此时期器物形成了各种地方性的适应。磨制石器、弓箭的应用，成为新石器时代之前中石器时代的主要生活特色——游耕、猎耕方式。新石器时代中原始社会人的保护关系、封地拥有制度、婚姻交换、亲属关系、物物交换、神话的认知原则等交织形成了不同的社会体系并在其中发挥着不同的作用。如艺术品的出现就意味着社会分层的产生，如果只对造物艺术品的纯粹形式的跨区域对比研究，如果只是物质环境的差异造成的，就不能分析社会生活的内部动态。那么社会发展的方式或保持均衡的方法就成为分析"艺术品如何起作用的必要内容"。一旦一种新的生产方式和交换概念在社会生活中产生，社会关系就会经历一场先进的变革，直到他们不再稳定，产生新的社会体系和生活方式，这证明了艺术品是如何参加到社会的变化过程和持续的变化中。[①]

[①]　[英]罗伯特·莱顿. 艺术人类学 [M]. 李东晔，王红，译. 桂林：广西师范大学出版，2009：53.

以华北为中心，公元前 6000 至前 5000 年的磁山文化、裴李岗文化和大地湾文化，已形成一定规模的聚落和成片的氏族墓地，并已种植粟、黍一类耐旱作物。磨光石器发达，细石器仍有残余。以三足钵为代表的陶器，具有一定的原始性，其纹饰有素面、绳纹、蓖纹，甚至到了晚期还出现个别纹样简单的彩陶。公元前 5000 至前 3000 年仰韶文化时期，农业、畜牧有了更稳步的发展，农作物依然是粟、黍两种。其后的龙山文化时期家畜的数量增多了，出现了羊、牛、马等品种，制陶工艺空前发达，不仅使用轮制，还出现胎壁薄达 2 毫米的蛋壳陶。此时社会分工明显，阶级分化开始萌芽，已处在文明的前夜。至于长江流域及华南的农业活动与华北显然不同，如公元前 5000 年的河姆渡文化即以种植水稻为主，后来南方的一系列文化都承袭了这一农业传统。

新石器时代的陶器以及其他艺术品往往与信仰礼仪相关。制作地母神作为崇拜的偶像，建造巨石纪念物，是为了体现宗教的理念或对祖先的怀念。陶器是新石器时代的主要艺术品，它既是祭祀用品，又是生活必需品。因此陶器几乎遍存于各大洲，从中东经过北非跨越地中海到达欧洲和不列颠群岛。陶器通常是朴素的，用简单的装饰纹样，或刻或画在陶器的表面上。由于人们生活的地域差异、自然环境的区别与文化的不同，所创造出的陶器造型与纹样丰富多彩。因此，陶器艺术品堪称新石器时代艺术的代表作。同时，永久性定居点的出现，使巨石艺术的产生也成为可能。

纵观新石器时代各地艺术的诸般现象，可以发现许多共同特征，而装饰艺术和制陶工艺是其中最突出的特征。例如，日常生活用品上的装饰几乎随处可见，其中最多见的是各种形制陶器上的装饰。这些装饰大多是几何形图案和极其概括的动植物形象。装饰的发展反映着人类的抽象思维、综合能力的发展和对形式美的追求，人们学会运用圆、直线、曲线、"之"字形等线条，发挥了关于对称、节奏、均衡、齐整等形式的美感。显然，这类装饰图案的产生首先得益于自然界中各种形状和纹路的直接启示，再通过抽象思维和综合能力的作用。但新石器时代器皿上的装饰，各地又都有着自己的独特面貌。

思考题

1.试述原始思维与原始艺术之间的关系。

2.简述新石器时期的彩陶文化类型以及艺术特色。

3.谈谈对"灵魂不死"与祖先崇拜的认识。

4.试述原始人的居住空间与村落社会组织。

延伸阅读与参考书目

［1］苏秉琦.中国文明起源[M].沈阳：辽宁人民出版社，2011.

［2］陈兆复，邢琏.原始艺术史[M].上海：上海人民出版社，1998.

［3］刘锡诚.原始艺术与民间文化[M].北京：中国民间文艺出版社，1988.

［4］袁广阔.中原古代文明研究[M].北京：人民出版社，2018.

［5］岑家梧.中国原始社会史稿[M].北京：民族出版社，1984.

［6］[法]列维 – 布留尔.原始思维[M].北京：商务印书馆，2017.

［7］[美]弗朗兹·博厄斯.原始艺术[M].上海：上海文艺出版社，1989.

［8］[英]爱德华·泰勒.原始文化[M].连树声，译.桂林：广西师范大学出版社，2005.

［9］[英]罗伯特·莱顿.艺术人类学[M].李东晔，王红，译.桂林：广西师范大学出版，2009.

第 2 章　青铜时代：从礼器到生活

夏、商、周三代作为朝代的接续，不同于后世王朝体系直线发展的兴灭过程。夏、商、周作为三个不同的氏族集团建立的国家，并非单一的文明中心，而是不同地区的文明中心在形成过程中多元发展，彼此影响、不断汇合，形成不同时代的文化共同体。

夏商周封建社会的政治格局，是从原始社会的氏族、部落中形成的。其间发生过两次重大的社会变化，一是夏代的建立，标志着由原始社会过渡到了奴隶制社会，一是在东周之际，奴隶制社会向封建制社会的转化。每个时期政治、经济、文化都有相应的发展与变革。在夏商时期加入"联盟"的邦国，都是由原始部落自然形成而相对独立的氏族部落，按其大小分为公、侯、伯三等。至周代则大有变化。周初，周公为拱卫姬姓周王朝的存在，有意识地将周王朝所控制的领域，分封给姬姓子弟和部分功臣，按血缘亲疏和立国的功劳大小，各自建立等级不同的诸侯国，即"封建亲戚，以藩屏周"（《左传》）。如汉代班固在《汉书·诸侯王表》中记载："昔周监于二代（夏商）三圣（周文王、周武王、周公）制法，立爵五等（公、侯、伯、子、男），封国八百，同姓五十有余。"

国家政权一旦建立，就必须有一种维系其存在的力量。作为确定政治制度、经济制度和处理人际关系及国家事务的纲纪，夏、商、周时期的国家纲纪被称为"礼"。《荀子·修身》云："人无礼则不生，事无礼则不成，国家无礼则不宁。"天子、诸侯、卿、士大夫、平民都必须遵"礼"不逾。从器物的物质性来说，其视觉性比"文本"更适合明示家族位置、社会地位及财富多寡等社会性质，某一特定的等级身份可能通过口头或文字的形式来授予个人，但是这一身份地位若要被广泛长远的认可，便需要以器物的形式从视觉上加以"规约"。在等级分明的商周时代，青铜器作为礼器来表明权威和等级，其造型与纹饰是拥有相当权力的贵族成员为祭祀特定祖先而有意设计的，成套器物所具有的意义，充满了隐喻，如安阳妇好墓、安阳殷墟郭家庄 160 号墓等出土的器群，显示了特定语境中的人工制品的物质性，被视为在社会及宗教生活中使用它的人群建构或传播文化的一个积极组成部分。如社会学人类学家莫斯所指出的，物品具有维持社会关系及管理文化秩序的能力[1]。

夏、商、周造物艺术的发展有两个高峰，一是商代后期至西周前期，一是东周时期（春秋后

---

[1]　［英］杰西卡·罗森.祖先与永恒 [M].邓菲，等，译.北京：生活·读书·新知三联书店，2011：109.

期至战国时期）。两个高峰的出现与社会的变革、思想文化的变迁有着直接关系，体现在衣、食、住、行等物质文化的多元形态。

研究青铜时代的造物思想与生活方式间的关系时，不能将其限制在夏商周三代所在的时间、空间，必须对其时代有个定义，了解与夏商周并行的其他地区的文化类型，才能不至于过于片面的看待这个时代的造物思想的形成。

古人云，"入夷则夷，入夏则夏"，是看到中原的夏和四周的夷，各有各的根。周边民族与中原民族并不是老死不相往来，而是"夷""夏"进出，互通有无。文明的传播肯定不是细节的传播，而是一些有机的整体，它的风格、审美习惯、社会组织和宗教生活都在结构上互相联系，脱离某一文化，并入另一文化。从宝鸡斗鸡台墓地出土的瓦鬲来看，周王朝时期，秦人已在陇西兴起，东进至宝鸡，并带来素面袋足鬲、屈肢葬、铁器等文化因素，因此证明商、周、秦各有来源，并在宝鸡地区同时立体交叉存在过。

史学界称中国古文化为"鼎鬲文化"，尤其是鬲，世界各地都没有见过此类器物，而在中国古文化中，又是普遍存在的，是中国古文化的代表化石。苏秉琦先生在《瓦鬲的研究》中（图2-1），将宝鸡斗鸡台遗址出土的瓦鬲标本，分为四个类型，分别称为：A型袋足鬲（图2-2）；B型联裆鬲；C型折足鬲；D型矮足鬲。[①]

鬲，在《晋书·四夷传·肃慎氏》中有记载："无井灶，作瓦鬲，受四五升以食。"其起源大致在彩陶之后黑陶之前的四五千年间，比鼎起源晚，消失在公元前5至前4世纪孔孟之间的百年内，这一时间，人们对"礼"的看法发生了很

① 苏秉琦. 中国文明起源 [M]. 沈阳：辽宁人民出版社，2011：9.

大的变化，"礼崩乐坏"的时代就是鬲消失的深刻社会背景。

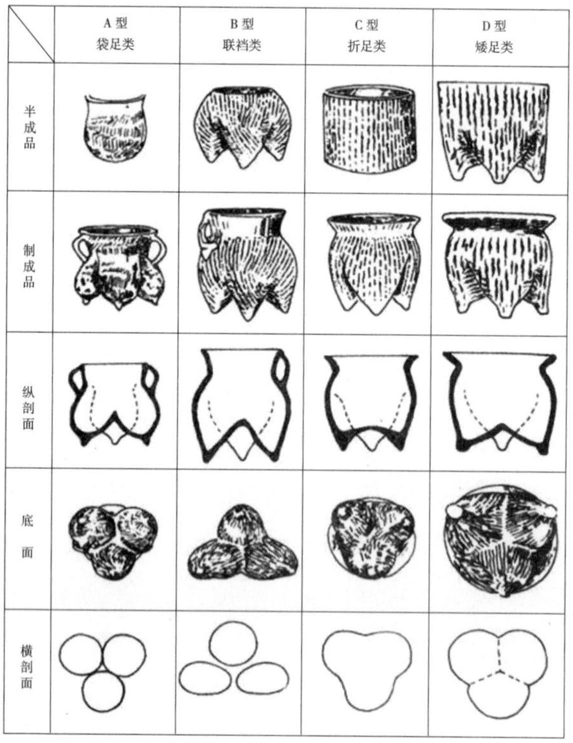

	A型 袋足类	B型 联裆类	C型 折足类	D型 矮足类
半成品				
制成品				
纵剖面				
底面				
横剖面				

图2-1 瓦、鬲的分类

图2-2 高领袋足鬲，陕西省宝鸡市石鼓山西周贵族墓三号墓出土

从考古学上证明，夏商之际，鬲从南到北分为四个区系类型，有分布于西辽河与海河水系地带的锐角裆的袋足鬲以及后来的矮足鬲；以陕西关中地区为中心的联裆鬲与折足鬲；生活在北

方的燕山南北的地带的"燕式鬲"；以及南方的
江汉平原地区的人们使用的鬲。江汉平原地区的
鬲基本没有脱离其原型（罕）的基本结构。在东
方，活动于山东一带黄河下游的人们使用的多种
袋足类器物如：鬶（一种形状像鼎的陶制炊具）、
盉（商朝和周朝时期用于盛酒和盛水的器皿）、
甗（古代炊器，下部是鬲，上部是透底的甑，上
下部之间隔一层有孔的箅），与以上的宝鸡台出
土的鬲的类型不同。[①]

　　宝鸡地区瓦鬲已经显示出先周文化有两个来
源，一是自西北而来的姬姓成分，一是关中土著
的姜姓成分。

　　从瓦鬲的考古类型学分析，在宝鸡地区存在
过商周文化的立体交叉时期，也存在过周文化与
先秦文化的交叉时期。

2.1　夏、商、周三代的造物思想

　　我国传统文化讲究"形而上者谓之道，形
而下者谓之器（《周易·系辞上》）"，传统工艺
由于属于与生活密切相关的实用性造物而被视为
"形而下"的"器"，被世人看成"雕虫小技"，
文人士大夫不屑于关注"工艺"的发展，因此我
国古代很少有系统的工艺理论著作。但是，传
统工艺造物具有精神与物质的双重性特征，这使
它成为文人士大夫讲述深刻道理的比附对象。所
以，我国古代关于工艺造物思想的论述散见于历
代思想家论述国家政治、经济、文化发展的著述
中，如《周易》《考工记》《吕氏春秋》等，还有

一些思想家都对传统造物提出自己的看法，如春
秋战国时期的儒、墨、韩等诸子思想，他们通过
论述工艺造物的社会价值和社会功用，来达到对
社会治理精神与物质的追求的统一，主张自然与
装饰的中庸和谐，注重工艺造物活动的整体有机
性，力求达到天时、地利、材美、工巧的"四
合"境界。这些睿智的造物观使我国工艺造物的
发展时刻保持了鲜明的理性特征，没有陷入纯功
能主义或装饰主义的泥沼。

2.1.1　礼乐文化

　　礼乐文化主要是指周礼文化，彰显了中国
文化的特质，是周人建国治国的系统理论。孔子
曰："郁郁乎文哉，吾从周"，意指"周礼"作
为国家大法，被孔子重视。"礼"之为制，首创
于夏，承继于商，即《礼记》所云："三代之礼
一也，民共由之，或素或青。夏造殷因。"然而
"礼制"在夏、商、周三代传承中并非一成不变，
而是各有损益，故孔子云："殷因于夏礼，所损
益，可知也；周因于殷礼，所损益，可知也。"[②]
礼乐文化是对远古以来原始仪式的一种质的提
高，其由夏而商而周，得到了不断的发展和完
善，周礼是三代礼乐文化的顶峰，主要体现在以
下两个方面。

　　第一，礼乐文化是一种天下观的文化。在
夏、商以中央之国面对与四方国共处的基础
上，周代实行了分封。分封造就了一个全新
的"溥天之下，莫非王土，率土之滨，莫非王
臣（《诗·小雅·北山》）"的天下局面。而分
封是以礼乐的形式进行的，这是文献上讲的周公
"制礼作乐"。礼分五大类：一是吉礼，即祭礼之

① 苏秉琦.中国文明起源[M].沈阳：辽宁人民出版社，
2011：10.

② 薛国中.对夏商周三代社会性质的认识[J].社会科学
论坛，2012（2）.

礼；二是凶礼，包含荒礼和丧礼两大类；三是军礼，即与征战相关；四是宾礼，即天子诸侯觐见之礼；五是嘉礼，即饮食、婚冠、宾射、燕飨、脈膰贺庆之礼。第一、二类处理人与宇宙、自然的关系，前者祈福，后者止祸；第三、四类处理中央与地方的关系，前者止祸，后者求吉；第五类处理人生重要时刻和日常重要时刻。周礼把个人、家族、天下、宇宙进行了一种文化的编码而组织了起来。

第二，礼乐文化是一种等级制度的文化。周代的礼乐文化是为了家国天下的秩序而设计出来的，是一种彰显等级性的文化。这种等级首先是中央与地方的等级，然后是家族之间的等级。这种等级体现在城市空间、建筑形式、祭祀规格、重要器物、人物服饰、舞乐形式等一切方面。

比如，在城市设计上，天子王城、诸侯之城、大夫的都，其空间尺度都是不同的。城隅高度上，王城九雉，诸侯城隅七雉，都五雉；道路的宽度，王城九轨，诸侯城七轨，都五轨（《周礼·考工记》）；器物上，如鼎"天子九鼎，诸侯七鼎，卿大夫五鼎，元士三鼎"；又如簋"天子八簋，诸侯六簋，卿大夫四簋，元士二簋（《公羊传》）"；服饰上，头上之冕，"天子十二旒，诸侯九旒，上大夫七旒，下大夫五旒，士三旒（《礼器》）"；服饰纹样上，天子有五：华虫、作缋、宗彝、藻火、山龙；诸侯有四：作缋、宗彝、藻火、山龙；子男有三：宗彝、藻火、山龙；大夫有二：藻火、山龙；士仅一：山龙（《尚书大传》）。手执之物上，"王执镇圭，公执桓圭，侯执信圭，伯执躬圭，子执谷璧，男执蒲璧"。在舞乐形制上，"天子八佾，诸侯六佾，卿大夫四佾，元士二佾"。这些都是实体性

的，在仪式过程中都有系统性的规定。通过这些规定，社会地位上的尊卑高低等级就以一种感性形式表现出来，达到君君、臣臣、父父、子子的家国天下的井然有序性。

从礼与乐的功能来看，礼是外在规定，乐是内心情感，礼在于区分，乐在于和合。当礼进行强调规定时，用乐来增加内在感受，当乐达到内心的融和时，又不要忘了礼的区别。所谓"乐者，天地之和也（《礼记·乐记》）"，又如《通志·乐略·乐府总序》所说："礼乐相须为用，礼非乐不行，乐非礼不举"。

2.1.2 百工文化

春秋晚期齐国人编著的总结百工技术的专著《考工记》，是世界上第一部记述古代工艺观念、工艺组织、规范与技术经验的著作，涉及"攻木""攻金""攻皮""设色""刮摩""抟埴"六大门类、三十个工种。作为古代科学技术的重要文献，历代经学大师都有研究，近代学者夏鼐（1910—1985）、那志良（1908—1998）、孙机（1929—2023）、闻人军（1945—　）等进行了解读。

各门类艺术的制作者称为"百工"。"百工"这个名称在文献应用中比较笼统，它既包括指挥生产的工官，也包括直接从事生产的工匠。其身份介于奴隶和庶人之间，由官府提供其生产原料和设备，并供给工匠的生活用度。工匠们制作器物按官府提出的规格要求进行生产，不可有自己的创作个性。有的手工业奴隶要为奴隶主贵族殉葬，有的手工业氏族整族作为赏赐物被分配给诸侯国，匠人没有改行、转业、移居的自由，一切依属于官府。匠人家族以世代相传的形式，形成产品的风格特色，并保证技术的延续和发展。

春秋、战国时期，"工商食官"的格局出现，为促进都市的繁荣、生产力的发展，开始出现了私营手工业的作坊。各门类手工业生产部门仍是官府手工业作坊，而新的生产门类不断增多，专业分工比以往更细，并有严密的组织和规格标准。在产品上，"物勒工名"以昭信誉，且资考核。"百工居肆"，私营手工业出现之初，规模一般不大，不足与官府手工业相抗衡，却使生产关系出现了性质上的变化，并促进了竞争，刺激了生产的积极性与创造性。虽然具有高超技艺的工匠在社会中具有的地位、在手工业生产门类中的分工情况都尚不清楚，但在东周时代，百工技术是受到社会重视的。《考工记》记载："知者创物，巧者述之，守之世，谓之工。百工之事，皆圣人之作也。"鲁国大匠鲁班被后世木工、建筑工人奉为"祖师"，这种现象是前所未有的。

春秋、战国时代，百工和工奴的社会地位也有了局部的改善。有的诸侯国家，工官可以干国政，工匠可以由军功而出仕，标志着工匠与庶人、商人已开始获得自由人的地位。

"拨尔而怒"出自《考工记·梓人为笋虡》，是全书唯一专述青铜器物纹饰题材、造型审美的内容。《考工记》是在宗法环境愈趋成熟的历史时段中产生的，所以，对《考工记》中有关器物设计的艺术效果的考察也必须放回到历史的原点去进行。

"拨尔而怒"主要是针对商周时期"天下大兽五"装饰题材的描述，提出两类造型产生的艺术联想各有不同。

一类是："恒有力而不能走，其声大而宏。有力而不能走，则于任重宜；大声而宏，则于钟宜。若是者以为钟虡，是故击其所县，而由其虡鸣。(《考工记·磬氏·车人》)"

另一类是："恒无力而轻，其声清阳而远闻。无力而轻，则于任轻宜；其声清阳而远闻，则于磬宜。若是者以为磬虡，故击其所县而由其虡鸣。(《考工记·磬氏·车人》)"

这是按"钟""磬"两类乐器为标准进行的分类，然后对"大兽五"造型要求和审美意象加以总结。"凡攫杀援簭之类，必深其爪，出其目，作其鳞之而。深其爪，出其目，作其鳞之而，则于眡必拨尔而怒。苟拨尔而怒，则于任重宜，且其匪色必似鸣矣。爪不深，目不出，鳞之而不作，则必颓尔如委矣。苟颓尔如委，则加任焉。则必如将废措，其匪色必似不鸣矣。(《考工记·梓人》)"

显然，这段结论中要求和推崇的造型形式是"深其爪，出其目，作其鳞之而"。"深其爪"，即拳其爪，是把爪拳缩的样子，在出土实物的兽面纹中可以看到。"出其目"是突出其目，在青铜器纹饰的动物题材中，无一不是凸出着一双巨目的。"作其鳞之而"，作，是振起、竖立的意思。"之而"在清代哲学家戴震看来，"之""而"是指"颊侧上出者曰之，下垂者曰而，须鬣属也。"

在今人眼中，这种形象状态也许是"恐怖"之象，但把它放回到它的历史原点中考察，在古人的艺术感受中，就不是"恐怖"，而是力量雄强盛大之状。在三代春秋战国时期狩猎是日常经济生活方式之一，对动物的熟悉程度超越今人。他们要搏杀动物，感受不是恐怖，而是勇猛；那种"深其爪、出其目、作其鳞之而"的动物搏斗前的临战状态，正是一种勇猛之形，充满着强壮力量。这种强盛振奋力量的"感受"，在当时的艺术语言中就是"拨尔而怒"。

2.1.3 儒家"实用与修饰"并重的造物观

儒家的造物思想主要贯穿在孔子、荀子等关于"仁"与"礼"的学说之中。孔子造物思想观的核心是"文质彬彬",即讲究人与事物内在美和形式美的统一,实用与修饰的统一。

在《论语·雍也》中,孔子说,"质胜文则野,文胜质则史。文质彬彬,然后君子"。"质"指事物的本质,也可指内容,"文"含有外在形式美或纹饰、修饰的意思。在孔子看来,"质胜文"或"文胜质"都是不好的,前者让人们仅保持不饥饿,维持基本生存需要,就会回到早期社会的原始温饱状态,不符合以"仁"为核心的"礼"的状态;同样,后者"文"虽然重要,但是这种审美形式如果超出了内容或本质,外表漂亮但内在虚浮,也是不可取的。所以,孔子并不像墨子那样以节俭为由否定艺术和装饰,而是肯定乐器、乐律、舞技、服饰、诗歌等声色之美,前提是要符合"礼""仁"的要求,不能只重形式而忽略内在。这一思想延伸到设计批评上,是指造物需要有必要的美化和外在装饰,但要保持在一定的限度之内,不能超越"质"即实用的范围。

儒家设计批评思想不仅提倡修饰与实用并重,可贵之处更在于强调二者的融合与统一。孔子把舟车白马、雕琢刻镂之类的造物艺术称为"文",即必要的修饰,"文"能区分出"礼",体现礼乐之美,进而达到"仁",从而具有实用、"善"(即"质")的功能,因此,外在美的形式和内在实用的功能并不冲突,二者是融为一体的。儒家学说认为形式美是具有实用功能的,并不是为美而美,也就是说,美与善的"合目的性"是融为一体的,这与我们通常理解的美善具

有更多的内涵。

儒家思想的另一位代表荀子对这一观点表达得十分清晰。《荀子·富国》中说"故为之雕琢刻镂、黼黻文章,使足以辨贵贱而已,不求其观;……为之宫室台榭,使足以避燥湿、养德、辨轻重而已,不求其外"。他认为,在各种器物上雕琢刻镂,在衣服上缝染华丽的纹饰,是为了分清贵贱,而不单是追求它的美观、花哨;修建宫室房屋,是为了能有一个避免燥湿、修养德行、区别贵贱的居住条件,而不仅是追求它的外表。

2.1.4 道家"物物而不物于物"的造物观

《庄子·山木》中的"物物而不物于物,则胡可得而累邪?"意思是利用物而不受制于物,就不会沉溺于物而身心受牵累,这集中体现了道家的造物观,即造物要为人所用,而不能因造物而迷失人的真正需要,这样反而会为物所累,背离造物的初衷。

在道家的观点里,"人与人造物是对立的,人过于贪求对美物的占有,就会成为'物'的奴隶。庄子及后学者多次感叹人们对器物追求而本末倒置的错误态度。""今世俗之君子,多危身弃生以殉物,岂不悲哉!"人虽然离不开"形而下"的器物,但是不能"丧己于物",否则就会时时刻刻离不开外物的控制,受外物的折磨,处在与得失不对称的心理失衡当中,身心劳苦不堪。人与器物的正确态度是"于物有宜而莫知其极""物物而不物于物",即既不抛弃物,又不为物所支配。这告诉我们,既要肯定造物设计对生活的正面作用,使其为民众所用,又不能过于追求"奇""巧"之美,偏执地陷入关注造物形式

美的魅惑之中。超出造物本来的基本属性与功能，导致既耗费了大量心力、物力，又偏离器物的本来目的，还会浪费自然资源，激发人们的贪恋之欲、盗贼之心，造成人与自然、人与人的对立。

如何做到利用物而不受制于物呢？道家提出了两条殊途同归的造物思路，一是"大巧若拙"的设计思想，二是"技近乎道"的设计观念。两者达到的共同目标是，还原为人服务的造物目的，顺应自然规律，以最少的投入获得最好的造物效果，达到人与自然的和谐相处。

关于"大巧若拙"的造物观与《道德经》中的"绝圣弃智""大音希声""大象无形，道隐无名"以及《庄子·内篇·大宗师》中的"雕刻众形而不为巧"等意思相同，真正巧妙的设计看起来笨，但顺应自然，是不露痕迹地实现造物的直接目的，实现合目的性与合规律性的浑然天成。

关于"技近乎道"，以梓庆"削木为鐻"（《庄子·达生》）为例，梓庆为了做好这种乐器，斋戒七日以达到心无杂念的平和境界。斋戒三日去除升官求赏的私欲，斋戒五日忘记是非荣辱、美丑巧拙，斋戒七日连自己的身躯四肢都忘记了。在完全专注于制鐻的忘我状态下进入山林，观察树木的形体与特性，找到适合的木材进行加工，以人的天然加上树的天然，即"以天合天"，就能制成"惊犹鬼神"的完美之作。这个例子说明，造物的最高境界是忘却非天然的私心杂念，按符合自然规律与特点的方式设计制作。

2.1.5　墨家以"功能与节用"为核心的造物观

墨子是我国古代重要的思想家，同时也是一位杰出的工艺思想家，他详细阐述了鲜明而富有特点的重"实用"的设计批评观。作为工匠，他从本阶层的立场出发，提出儒家和贵族阶层提倡的繁文缛节是对社会资源和人力资源的浪费，要想使民众有更好的生活，必须在造物中秉承功能第一的思想，减少多余的装饰，追求天下的利益。

墨子与弟子禽滑釐有这样的对话："食必常饱，然后求美；衣必常暖，然后求丽；居必常安，然后求乐（《墨子·说苑·反质》）"。在他看来，食物、衣服、住所的首要目的是吃饱、保暖和安身，至于美不美，那是其次。墨子在《辞过》里也强调，"坚车良马不知贵也，刻镂文采不知喜也。何则？其所道之然"。他认为，车马、服饰最重要的原则是功能和实用，所以漂亮的装饰和刻镂只是外表，并不值得惊喜。在此文中，墨子分别以宫室、服饰、烹饪、车船制造等例子，强调功能是造物的本质属性。

墨子在《七患》里解释"三患"为："先尽民力无用之功，赏赐无能之人，民力尽於无用，财宝虚於待客。"之后又说："故曰，以其极赏，以赐无功，虚其府库，以备车马衣裘奇怪，苦其役徒，以治宫室观乐，死又厚为棺椁，生时治台榭，死又修坟墓，故民苦於外，府库单於内，上不厌其乐，下不堪其苦。"从中我们可以看出墨子反对耗费民力建造华丽的宫室台榭、精美的车马器、织备奇丽的衣裳，认为长此以往，上乐下苦，国家就陷入忧患。

2.1.6　《吕氏春秋》：春秋战国时期百家思想的总结

战国末年是中国历史上一个新旧交替的时代，战争频发的社会环境、大刀阔斧的制度变革、日新月异的手工业发展与百家争鸣的学术之风都影响着战国时期各个诸侯国国势的发展。"战国七雄"中的秦国开始展现出一统天下的大势，《吕氏春秋》也由此应运而生。《吕氏春秋》的诞生反映了以下两方面社会现象：

一是富庶开放的物质文化环境的出现。战国末年，秦国土地面积的扩大促使牛耕和铁农具大量出现，农业产量呈现出大幅度提升趋势，"万石一积"的粮食随处可见，"粟如丘山"的场景比比皆是。《吕氏春秋》在书中也将农业立为国之根本，并总结农业生产经验，汇集成《上农》《任地》《辩土》《审时》四篇专门论述农业的文章，指导农业生产。农夫要"以粟易械器"，手工业者要"以械器易粟"的交换方式，使得手工业有了长足发展。秦国国内除了官营手工业外，民间手工业也已兴起，大者取木、冶炼、锻造，小者自设坊肆，亦产亦销。手工业发展中首推的就是冶铁业，考古发掘中出土的战国秦铁器不胜枚举，大到军用武器小到生活用器，无不显示出秦国富饶的矿产资源与精湛的冶铁技术。除此之外，秦国的漆器、织造、皮革等手工部门均有了较大发展，青铜器工艺造型精巧，编钟音乐已达到相当高的水平，这些都佐证了秦国手工业发展水平的迅速。

二是百家争鸣的多元文化。战国时期大量的兼并战争使得各国统治者开始广纳贤良，争士、养士、用士成为世风。"夫争天下者，必先争人""入国而不存其士则国亡矣"的观念深入人心。此时出现了所谓"入楚楚重，出齐齐轻，为赵赵完，畔魏魏伤"的社会政治现象，士族阶级的壮大带来了研学之风的炽盛与学术思想的空前繁荣。私学师门之多、师承来源之异、个人崇尚之别形成了家门学派的不同，各门派"各引一端，崇其所善"，纷纷通过各种方式提出自己的救世良方。在思想文化领域里，儒、道、墨、法、阴阳、农、纵横等诸子学派则共同营造出"百家争鸣"的景象。这加剧了各国人才之间的频繁流动，直接影响了各国文化的交流与融合，各个学派不再"予岂好辩哉，予不得已也"，而是本着"天下大同"的共同目标相互忍让与通融，这种包容并蓄的文化氛围也为《吕氏春秋》的成书提供了必要条件。

《吕氏春秋》作为一本治国策略的书籍，是对春秋战国时期百家思想的总结。书中所提及的"物以致用""天人合一"思想，对秦汉时期、唐宋时期、明清时期的造物乃至当代设计的发展有着不同程度的影响。

在"物以致用"思想中，《吕氏春秋》强调造物的原则应满足"致用利人"与"致用利国"两点，将器物的使用价值放在了评价器物的首位。秦朝装饰朴素的青铜器皿，西汉造型独特的青铜灯具，明代使用朴素的家具都将追求器物的使用功能放在首位，在此基础上将美学融入其中，共同造就了不同朝代独特的器物之美。特别是随着时代发展，实用器工具、兵器的发展，更是将物以致用思想立于根本之地。

在"天人合一"思想中，《吕氏春秋》强调人通过器物的使用，应达到人法自然与人仁社会的效果，以此才达到天人合一的目的。这种将器物作为媒介追求与天合一的做法，在造物中屡见不鲜。

《吕氏春秋》中"物以致用"思想与"天人合一"思想，强调人类的主观能动性，更加肯定人的价值，同时在满足器物的使用价值与遵循自然法则追求天人合一的基础之上，对人的行为作为规范。

2.2 藏礼于器

青铜器，诞生于人类文明的青铜时代，是由青铜（红铜和锡的合金）制成的各种器具。学界大多数的学者倾向于将属于夏代的二里头文化作为中国青铜时代的开端。青铜器在世界各地均有出现，所以也是一种世界性文明的象征。中国青铜器以商周器物为代表，制作精美，在世界各地青铜器中堪称艺术价值最高。

青铜文化呈现给世人的不仅仅是工具的形态、器物的造型纹饰，更是当时人们的社会经济结构、思想观念、日常生活方式的呈现，是那个时代历史的缩影，是当时文明的见证。容庚（1894—1983）先生曾指出："在青铜艺术领域内就以彝器[①]最为发达。在冶炼、熔铸、造型、装饰各方面都达到很高的成就。到了周代更发展了殷代的宗教观念，制定了祭天和祭祖的制度，于是产生了所谓'礼治'，青铜礼器除供祭祀之用外，还作为一种礼治的象征，作为古代贵族政治的藏礼工具，为统治阶级服务的儒家有'藏礼'之说。"[②]

2.2.1 立国重器：青铜器的政治功能

从原始氏族社会延伸下来的敬神祭祖的宗教观念，到了奴隶制时代，为贵族阶层所掌握，与国家政权相结合。由此，青铜便被制造成用于祭祀与象征及保障政权的礼器、兵器。如《左传》成公十三年说："敬在养神，笃在守业。国之大事，在祀与戎。"可以认为，青铜礼器是用于"养神"之"祀"，因此，鼎，在上古时代就被视为"立国重器"，是国家和权力的象征；而青铜兵器则用于"守业"之"戎"，俱为"国之大事"。

历商至周，定都或建立王朝称为"定鼎"。立国建都以"定鼎"，而国灭族亡则"鼎迁"。《左传》记载："桀有昏德，鼎迁于商；商纣暴虐，鼎迁于周。"《孟子·梁惠王下》记载："毁其宗庙，迁其重器"。鼎，在中国传统文化中就意味着镇国之宝，它的得与失，往往是一个国家兴衰的标志。因此，青铜器不是宫廷中的奢侈品或点缀品，而是政治权力斗争中的必要手段。

邹衡（1927—2005）曾指出："从礼器制度来看，真正的'周礼'大概是从穆王时代才开始的。"[③]周穆王时期形成的宗法礼乐制度，具体表现在青铜礼器上，形成了一套以鼎和簋为组合的列鼎制度。

《考工记》："圆者中规，方者中矩。"是就"方"之形体的鼎而言的，既是方鼎形体的概括，又是统治者权力的象征，即方鼎之专称。[④]青铜方鼎是商周时期青铜鼎的主要形制之一，它在青铜礼器中占有很重要的位置。出土于墓葬之中的方鼎，在形制、大小和数量上都存在着某种差异，形制大小和数量多少直接反映了墓主身份的高低。

西周晚期新器型的出现，是统治阶层的有意之举，这一变化彻底将西周划分开来，这种划分有助于确定周中心区与不受周王朝直接控制的南方地区建立联系的时机，如河南南部和湖北。中原地区的青铜器型（礼器）随着周贵族成员以及工匠的南迁，从西安到达湖北，刺激了与西周后

---

① 青铜礼器在器铭中常自称为"彝"。《说文解字》："彝，宗庙常器也。"

② 江林昌．亚细亚所有制形式与夏商周社会若干问题——读马克思《资本主义生产以前的各种形式》[J]．学术研究，2000（6）．

③ 郑振香．安阳小屯村北的两座殷代墓 [J]．考古学报，1981（4）．

④ 杨宝成，刘森森．商周方鼎初论 [J]．考古，1991（6）．

期成套礼器直接相关的青铜器铸造技术，其中成套相配的簋和鬲代替了鼎以及大型壶、豆、盘。

列鼎制度的建立过程，始于周初，成于穆王时期，发展于西周晚期和春秋时期。[①]

2.2.2　铸鼎象物：青铜器的宗教功能

原始初民，崇拜天神，并认为万物有灵，因而产生了以生活中所见的动植物为媒介以达到沟通天地的巫术效果。至夏商周奴隶制时代，这些原始巫术观念由于受阶级分化的影响，由原来氏族部落全体成员共同享有，变成了统治阶层的独占。殷商时代，用于礼器的青铜从一开始就具备了体现统治阶层特权的文化特质。

殷商时代，统治者通过"神权"使自己成为维护天下众民利益的"代理人"，并形成一套符合统治者意愿的神鬼信仰理念。在这种鬼神信仰影响下的三代青铜器艺术，体现在统治者的丧葬礼俗中。《荀子·礼论》记载："丧礼者，以生者饰死者也，大象其生以送其死也。"说明丧葬制度映射了人们在世生活的社会等级制度。

多数商代前期的随葬青铜器组合，基本以酒器觚、爵搭配为主，这说明商代墓葬中的铜礼器从一开始就是"重酒组合"。商人把这种喜好附会于诸神身上，酒成为了酬神祭鬼不可缺少的物品，酒器也就用作祭神的礼器，寄托了商人的精神崇拜。不同祭祀、礼仪场合所使用的器物群不同，其艺术效果会对参与祭祀的人在心理上形成非常大的震撼，从而产生一种庄严和神圣气氛，使人进入一种迷幻状态，如《左传·宣公三年》记载"……铸鼎象物，百物而为之备，使民知神奸。故民入川泽山林，不逢不若，螭魅魍魉，莫

能逢之，用能协于上下，以承天休。"这种造物思想决定了该时期祭祀类青铜器的造型与纹饰类型，也证明了张光直（1931—2001）先生认为的，青铜器上的动物纹样，是巫术观念里用以通天的工具[②]。

2.2.3　从祭祀到日常生活：青铜器的造物文化与形制

夏商周三代青铜器按照用途不同，一般分为食器、乐器、酒器、水器、兵器、工具和杂器等几类。从设计目的来看，夏、商代青铜器以祭祀为主，强调宗教神性的意义。周代青铜器注重食器的组合，是以礼器为主，反映了社会等级制度与人事管理。春秋战国时期，青铜器逐渐失去祭祀和礼器的特性，转向日常生活器物。

1. 通天绝地、礼以为纪：夏代的青铜文化

有学者认为，夏代是一个半神话的社会，所以它的历史传说、艺术品都带有一层神秘的气息。公元前21世纪前后，今晋南、豫西一带的一些原始社会氏族部落，最先由原始公社向阶级社会过渡。夏族由禹开始，建立起中国第一个奴隶制王朝，禹之子启继位废除"禅让"制度，开始了"家天下"的时代。

根据考古学资料来看，夏代的器物样式能反映出由原始社会向阶级社会过渡所引起的内在社会属性的变化。

以陶器为例，明显表现出两种发展趋向：一部分仍然作为日用品继续生产，并由于生活需要的扩大而不断衍化出新的品种和造型样式，其装饰手法比较简单；另外一部分陶器则因贵族的垂

①　杨宝成，刘森淼. 商周方鼎初论[J]. 考古，1991（6）.

②　江林昌. 亚细亚所有制形式与夏商周社会若干问题——读马克思《资本主义生产以前的各种形式》[J]. 学术研究，2000（6）.

青，向着精巧、华美、重装饰方面发展，逐渐演变成有礼器性质的器型。考古学者研究，夏代青铜器的铸造与陶器的烧造技术有直接的关系。在偃师二里头遗址出土的陶器中，陶鼎是仅次于夹砂罐的主要炊煮器，种类很多，多为扁足。鼎腹则有盆、钵、罐、瓮、盘等多种样式。

夏族活动地区的黄土平原适宜农作，生产的粮食大多被贵族用于造酒，并形成饮酒的风气。酒器和饮酒的器物，在夏代艺术品中占很大比例，被广泛应用于贵族生活场景和祭祀鬼神祖先。

2. 尊神、重鬼、重富：商代的青铜文化

20 世纪以来，随着考古学家对河南安阳殷墟、湖北黄陂盘龙城、河北藁城台西、郑州商城、江西新干等商中、晚期遗址的发掘，人们对于商代的社会、文化、制度、宗教、艺术等有了新的认识。尊神、重鬼、贵富、重罚，是商代社会思想的重要特点。《左传·成公·成公十三年》记载，"国之大事，在祀与戎"，战争、丧葬、宴乐、朝聘，是商代比较频繁的社会活动，这些活动在祭祀的过程中完成，并且成为王室贵族的生活样式。可见，商代依然承袭着原始社会的万物有灵论，保留着多神信仰的习俗。

商代的器物制作，由王室或方国统治者直接控制，派百工管理的工匠作坊制造。用于祭祀的礼器作为一种特殊的器物应运而生。主要代表有青铜器、玉器、象牙器等，居于主导地位的是青铜礼器，它直接使用于祭祀、礼仪等场合，并成为政权和神权的象征物。这时期青铜器器型多样、形体厚重、铜质优良、造型雄奇。商代早期就有圆形鼎、四足方鼎、圆形扁足鼎、方形扁足鼎之分。商代后期的青铜器制作进一步精细，青铜铸造有了较大的发展，除继承前期的类型之外，又出现了新的种类，食器主要有盂、豆等；酒器主要有壶、角、方彝、鸟兽尊等；水器有盘，乐器有铎、铙、钟（从南方引进的）、铃、钲，此外有兵器、车马器等。这时期成套的青铜礼器和乐器体制已全面形成。另外，还有大量仿生动物造型的青铜礼器出现。

3. 功成作乐、治定制礼：西周的造物文化

公元前 11 世纪，武王灭商，迁九鼎于洛邑（今洛阳），成王即位，周公辅政，迁殷遗民，营建新都洛邑，称为"成周"或"新邑"。周公营建洛阳后，依据周制，参酌殷礼，建立了一套完整的宗法等级、世袭制度。西周中期，逐渐形成了等级严密的典章制度和礼仪规定，体现在贵族祭祀、礼仪交往、宴飨宾客所用的礼器数量和规格上，所谓"藏礼于器"。河南发现的很多西周遗物，证实了西周严密的礼制。如"匍"雁形铜盉（图 2-3）。

图 2-3　"匍"雁形铜盉，西周中期，1987 年河南平顶山应国墓出土，河南省博物院藏

盉盖内的铭文记述了盉的主人"匍"作为应国的使者赴邢国探访，邢公赠送了他一些礼物，他用邢公所赐的铜做了这件盉以作纪念。其形状是根据西周严格的等级制度所造，像"匍"这种卿大夫一级的贵族，只能用雁之类造型的器物。

周代统治者认为"殷鉴不远"，十分重视从商王朝衰亡中汲取历史教训，从社会结构和思想统治两个方面重新建构了西周社会的统治秩序，体现在人与自然的关系上，提出了"天"的观念，把天视作有意志的、人格化了的实体。人间的统治者是"天子"，"天子"的行为是执行"天命"，把奴隶主政权进一步神化了。体现在宗法制的设置上，与之相配合的是"礼乐制度"。礼乐的物化形式是"礼器"，《礼记·乐记》（十九章）载："故钟鼓管磬，羽龠①干戚，乐之器也。屈伸俯仰，缀兆舒疾，乐之文也。簠簋俎豆，制度文章，礼②之器也。升降上下，周还裼袭，礼之文也。"可见，礼器的作用是维持社会生活的正常秩序，实际上是强化个人统治的地位。周代礼器类型不同于商代的显著之处是，食器的种类、数量上升，在社会活动中占据重要位置，而酒器种类、数量大减。

西周中期随着"井田制"破坏，宗法制动摇，作为社会精神支柱的礼乐制度也已黯然失色。这一时期工艺美术作品的创作，理性因素得到了增强，由神的世界开始向人的世界回归。以青铜器为例，器型和纹饰出现了很多新的

式样，其中包括大丰簋、大盂鼎、禹鼎、裘卫器、毛公鼎、克鼎克钟、史墙盘、铁簋、龙纹簋（图2-4）等，这些最能代表西周青铜器的艺术成就。大型壶、豆、匜出现，水平瓦纹簋代替侧面成S型的簋，饰以条纹的平沿鬲代替了高领鬲等。器壁不如商代厚实，开始以轻灵之感示人。此时的一些器物纹饰摆脱了商代半神半兽的样态，出现了对现实人物的描写。

图2-4　龙纹簋，陕西省宝鸡市石鼓山西周贵族墓四号墓出土，陕西省考古研究院藏

4.天道远，人道迩：东周的造物文化

公元前770年，周平王迁都洛邑，东周王畿式微。而各诸侯国随着人口数量的增加，区域经济的发展，以及为富民强国实行的变法运动，几个大的封侯国内出现了大型城市。中国历史进入东周时期，即"春秋""战国"两个时期，也是我国历史上的动乱时期。由于特殊的政治、经济、军事环境，各诸侯国之间战乱不断，人民生活疾苦，但不同诸侯国区域性文化的相互影响、融汇，对代表礼乐文化的青铜器的纹饰与形制产生了很大影响，打破了西周时期严格礼制制度下的相对稳定统一的青铜器样式，这一时期出现了新的非仪式或祭祀类的青铜器。

东周时期，礼崩乐坏以及士阶层的兴起，打破了夏商以来形成的神本主义的神秘宇宙观。春

---

① 龠是中国上古时期的一件关乎音律音阶的起源乃至华夏礼乐文明源头的神秘吹管乐器。其形制据汉代以降的历代文献记载，是一种如笛、似笛的"单管"乐器，是中国笛类乐器的先祖，其形制及吹法并未真正失传，至今仍生生不息地活在民间。

② 李松.文·素之变——夏商周美术略论[J].美术研究，1991（6）.

秋时期，《左传·昭公十八年》记载："天道远，人道迩，非所及也，何以知之？"这段文字反映了该时期人与天、地之间关系的改变。从此，我国产生了民本主义思想。在政治领域出现了"民为贵，社稷次之，君为轻《孟子·尽心下》"的治国策略。表现在器物上，出现了越礼现象，此时诸侯使用九鼎八簋进行陪葬的现象司空见惯，卿大夫也居然使用了七鼎六簋的规格。就连一般平民也在使用着仿铜陶礼器[①]。由于各诸侯国对礼乐制度的僭越、民本思想的产生以及制范技术的改进，人们对器物的审美观发生改变，孔子提倡"文质彬彬"，墨子秉持"节用"，韩非子主张"好质而恶饰"等。

在此造物思想影响下的青铜器出现多元艺术风格，一类继承了商周贵族体现身体高贵的造物之"道"，尽显繁、丽、奇、巧；一类注重器物造型的新意，出现逼真的动植物形象，如有名的新郑立鹤方壶，风格清新，造型标新立异，体现新时代精神的变迁。还有一些新的器型在经历了技术和装饰的高峰期后，许多纹饰变得越加单调乏味，突出实用性。一些用于墓葬礼器的青铜器为了和漆器或彩绘陶器搭配，在器表出现施彩的现象。

这一时期艺术创造和工艺制作技术都不断提高，高水准的器物种类繁多，除了青铜，还有金、银、玉石、漆木、丝织等各个门类的艺术品，并出现独立的绘画作品帛画，书写文字的简册、木牌、盟书等。其中楚国墓葬保存下来的漆绘木雕作品、丝织品数量最多。

2.2.4　夏商周青铜器造型与纹饰的艺术特色

受历史文化、社会制度以及工艺技术的制约与影响，商中晚期、西周、东周的青铜艺术表现出不同的审美特色，商代艺术突出表现为神秘、威严、庄重之美；西周侧重于理性化的朴素、秩序之美；东周则追求世俗的、满足人本主义的感性美。

1. 商代青铜器的造型与装饰

二里头文化（夏）的早期青铜礼器形体单薄，纹饰简单，由陶鼎演变而来，由于技术原因，易圆而方，出于社会性需求，加强了装饰性，弱化实用性。有学者认为，青铜器中的盉也是由原始社会后期的陶盉借鉴而来，有人推断这类器物就是古代用于裸祭的礼器——鸡彝[②]。此时，考古实物较少，有爵、斝、鼎等，难以总结出固定风格。

商代早期青铜器的器型与纹饰受到夏的影响很大，主要是由商代的社会结构、经济水平以及思想文化决定的。作为奴隶社会的兴盛期，商、西周时期的青铜器成为奴隶社会美术的典型代表。商代的青铜器，根据生活用途的不同，大体可分为烹饪器、食器、酒器、水器、杂器、兵器、乐器、工具等八类。商早期新出现的青铜器如鬲、尊、簋、方鼎等器型，依然模仿生活中的陶器形制。这一时期出现了高达一米的巨型方鼎以及大型青铜酒器组合群，纹饰也趋于复杂。方鼎的柱形足由夏代以来的锥形足演变而来，并影响了后代圆鼎的器型。商代中期，青铜器的器型出现了分化现象，形态相差不多，但是名称不一样，功能也被细化，也许是为了适应商代礼制制

---

① 倪玉湛. 夏商周青铜器艺术的发展源流 [D]. 苏州大学，2011.

② 李松. 文 - 素之变——夏商周美术略论 [J]. 美术史研究，1991（2）.

度逐步完善的器物表征，比如爵与角、鼎与鬲、尊与罍、簋与盨等。由于制作技术与铜料的局限性，夏晚期至商早期的青铜器艺术，造型简洁肃穆，轻盈单薄，纹饰均为凸起的单层带状，结构简单，严整规矩，整体上给人一种古拙粗犷的审美感受①。

商代中后期，青铜器器型逐渐增加，技术成熟，样式摆脱了对陶器的模仿，达到了青铜时期的繁盛期。器型分化为盛酒器、温酒器、饮酒器、食器、水器、乐器。从出土的器物来看，酒器比食器数量多，出现与使用者身份相对应的爵与觚鼎、簋的组合。贵族的墓室里出土了司（后）母戊方鼎、四羊方尊（图2-5）、妇好三联

图2-5 四羊方尊，商代，高58.3厘米，长52.4厘米，湖南省宁乡市黄材镇出土，中国国家博物馆藏

四羊方尊可以说是中国存有商代青铜礼器里面最大的一件，重量达34.5千克。自古以来，"羊"总是有"吉祥"的寓意，而羊身上有着善良知性、孝顺有加的品性，被人们所看重。因而"羊"在祭祀中也占据着至高无上的地位。该方尊上的羊造型生动稳重，长颈，高圈足，颈部高耸，四个边上都存有各种各样的花纹，可谓与众不同

甒等巨型青铜器。同时创造了适应于不同材质、不同形状器物的纹饰，一般分为两类，一类是充满想象力的饕餮、夔纹、龙纹、鸟纹等动物类纹饰，又称为"兽面纹"，有独立兽面纹、连体兽面纹、分解兽面纹、歧尾兽面纹。一类是以云雷纹、三角纹、乳钉纹、回纹等几何花纹为辅衬的"三层花"纹样。商代还出现了铭文装饰，早期为单个铭文，后期为多个铭文，有学者认为，周代的铭文承继于商代晚期。

从出土的青铜器来看，鸟兽尊被视为商代青铜器的特色，其造型来自猪、牛、羊、鸥鹑、犀、象等鸟兽形象，有的是写实，有的是多种动物特征的综合体，按照使用者的意愿，制作出充满神性的器物形象（图2-6、图2-7）。由于集中了不同动物的特性，加之器身上满满的纹饰，给人造成一种神秘的幻象，使器物具备了超凡的象征力。这类器物有的纹饰多达一二十种，形成一种过繁的装饰，但工匠能够紧紧地把握造型的整体感，用细密的云雷纹、地纹加以统驭。浮雕纹与平面纹饰主次分明，繁中有简，井然有序。不

图2-6 豕形猪尊，商代，高40厘米，长72厘米，1981年湘潭九华船形山出土，湖南省博物馆藏

猪尊作野公猪形状。有盖，盖上捉手残缺，根据残存情况复原成凤鸟形。双眼直视，獠牙外露，两耳竖立，四肢粗壮，尾下垂。肘部前后各有一圆形管孔，经过尊腹，直通另一肘部。猪尊的器身大面积用鳞甲纹，前后肘部饰夔龙纹

---

① 倪玉湛 . 夏商周青铜器艺术的发展源流 [D].苏州大学，2011.

图 2-7　鸮鸮尊，晚商，高 31.8 厘米，明尼阿波利斯
艺术博物馆馆藏

鸮的形象是古代艺术品经常采用的，商代的玉器、石器、陶
器、青铜器中都有精美的鸮形，通常用于祭祀。西周中期以
后，鸮类题材的作品大幅度减少，尤其是青铜器，几乎再未
见到。该尊完全依照鸮鸮造型设计，生动传神，整体作站立
形，两足与下垂尾部构成稳定支撑点，构思奇巧

过，鸟兽尊中也有造型十分单纯的，如小臣艅
铜犀尊（图 2-8）在表现手法上一反既往，不加
纹饰。造型小中见大，体积感强，而且生动传
神。这类青铜器比之同类材料的礼仪性青铜器更
为生动、活泼，是商代造物艺术风格的另一个侧
面——非庄严性。

图 2-8　小臣艅铜犀尊，旧金山亚洲艺术博物馆藏

总体来看，商代中期以后的青铜器，造型
均衡稳定，敦实厚重，器表的扉棱、立体附件和
"三层花"的纹饰极为华美，铭文古朴端庄，整
体上给人以凝重繁丽的审美感受。[1]

2. 西周时期青铜器的造型与装饰

周代的社会政治特点为分封制、世袭制和等
级制，这种森严的等级制度直接体现在周代的青
铜器中。由于周代重礼，礼器多成系列，造型渐
趋向简洁轻便，向实用性过渡。周代早期依然延
续商代的青铜器样式，周人也和商人一样，是从
政权与神权之象征和财富的意义上去规定青铜、
玉等艺术品的价值的。

《诗经·大雅·荡》中记载"殷鉴不远"，周
代统治者比较重视从商王朝的灭亡中汲取历史
教训，周代礼器类型有一个与商代显著不同之
处是酒器的种类、数量大减，而食器的种类、数
量上升居于重要位置。为了符合周代审美标准，
以"礼"为"贵"即"适度"的要求。"文"与
"素"成为两个对立的审美范畴。成康以后，才
开始形成周代的独特风格。周代的青铜器，进入
一个尚质的阶段，器体较薄，装饰趋向简单，朴
素。其精神内涵由神的世界逐渐向人的世界，不
断增添了理性色彩。纹饰不再限于饕餮、夔龙等
神秘图形而抽象为富有规律性、秩序感的几何纹
饰，如窃曲纹、波带纹、重环纹、目雷纹、弦纹
等。装饰手法也由繁趋简，体现出以朴素雅正
为美的新风尚。著名的毛公鼎（图 2-9）、青铜
甗、单五父壶（图 2-10）等更以素雅、简括见
长。该时期的青铜器纹饰通过一个母题，组织
成带状的二方连续纹样，产生一种秩序感。这
种秩序与周代的礼治要求有一种间接的联系。

① 倪玉湛. 夏商周青铜器艺术的发展源流 [D]. 苏州大
学，2011.

图 2-9　毛公鼎，西周晚期，台北故宫博物院藏

直耳，半球腹，矮短的兽蹄形足，口沿饰环带状的重环纹。毛公鼎铭文 32 行 499 字，乃现存最长的铭文，被誉为"抵得一篇尚书"，是研究西周晚年政治史的重要史料

图 2-11　三年兴壶，西周中期，高 65.42 厘米，重 26 千克，宝鸡市扶风县庄白村一号窖藏

该器形体庞大，造型庄重，纹饰古朴，在其腹、腰、颈用两条素带相隔，装饰波曲纹，宽疏有序，线条流畅，是西周中期青铜壶器的典型作品

3. 东周青铜艺术的造型与装饰

春秋中期，日益强大的诸侯国不断发展自己的国力，周王室却持续衰弱，中原地区的齐、鲁、晋、郑等诸侯国与周边小国形成了各自的文化圈。这个时期的青铜器一反西周传统，舍弃朴素典雅、神圣庄严的崇高之感而崇尚错彩镂金竞相攀比的豪华感，形成具备地域特色的青铜器形制与艺术特色。

《史记·礼书》记载："周衰，礼废乐坏，大小相逾。管仲之家，兼备三归，循法守正者见侮于世，奢溢僭差者谓之显荣"。可见，春秋时期以来的青铜艺术已经成为一个独立的发展阶段，其造型与审美观念开启了两汉以后的艺术新风尚。春秋中期至战国的青铜器组合，仍以食器为主。其中，食器中的敦、酒器中的镵、水器中的鉴等是新涌现的器物。壶是春秋战国时期重要的盛酒器，形式丰富，数量多，有方壶、扁壶、圆壶、瓠壶等，如新郑李家楼出土的莲鹤方壶、龙耳方

图 2-10　单五父壶，西周晚期，高 59 厘米，重 25 千克，眉县杨家村窖藏

该壶为古代盛酒器，器盖、器腹、圈足处以数条造型各异的龙纹装饰，表现出变化多端的龙的形态。这对铜壶造型优美，纹饰绮丽，技艺精湛，堪称精品

例如，扶风庄白家一号青铜器窖藏的三年兴壶（图 2-11），具有鲜明的西周时代风格。其装饰手法虽也属于繁体，但活泼流畅的纹饰和优美典雅的造型，反映着西周时代新的审美倾向。

壶、太原金胜村瓠壶，造型奇特、纹饰新颖。

　　春秋中期以来，物质财富的迅速积累与各类手工技艺的提高为青铜器的发展提供了物质条件。工匠们为了满足贵族统治者的标新立异，将统治者凸显自己诸侯国势力的追求表现在青铜器上，既促进了新器型的出现，又使器物造型日益娴熟。用于冰镇酒食的鉴的出现，说明青铜器的造型和功能已经完全适应不断提高的生活需求。[①]还有供贵族观赏用的鸟兽器，造型生动，纹饰精美，一改商周时期鸟兽器的礼仪祭祀功能和使用功能。如利用失蜡法铸造的曾侯乙青铜尊盘（图 2-12），该尊盘构思巧妙，制作工艺复杂，被视为中国古代青铜器铸造工艺的巅峰之作，当今的现代技术仍然难以复制。又如中山国墓出土的金银错青铜器——银首人形灯（图 2-13），是金、银、铜等多种金属材料与玉、石、牙、骨、玻璃等材料的拼镶、嵌错的典范。还有楚国的铜镜，其纹饰与同时代其他青铜器纹饰基本一致，其中，联弧纹铜镜、山字纹非常特别。铜镜的发展史十分具有时代特色——薄胎、卷边、双层纹、桥形钮。当时还有比较偏重于机械性能的设计，变静态为动态结构，有的还引入光和声音，给人一种矜奇立异之感。如雕塑形态的灯具、带铃的酒器、可以奏乐的铜人，其着眼点在于技巧而不在于审美，这种追求无助于造型艺术的成熟和发展，但也并非全无意义。

　　春秋战国时期，随着青铜铸造技术的提高与外来文化的多重影响，周代流行的窃曲纹、环带纹、垂鳞纹等逐渐被雕镂、盘绕、烦琐、严谨的蟠虺纹、蟠螭纹所替代。蟠螭纹和蟠虺纹多以绹索纹和贝纹作分界，围绕器壁作二方或四方连续

图 2-12　曾侯乙青铜尊盘，战国早期，湖北随州市擂鼓墩出土，湖北省博物馆藏

尊置于盘中，盘与尊可以拆分。尊口有附加镂空蟠虺纹装饰，颈饰细密的蟠虺纹，周围有四吐舌伏兽。鼓腹，与圈足皆饰蟠虺纹，沿上有四镂空蟠虺纹装饰，可用作抠手，其下各有二扁形立雕夔龙。腹外又有四立体蟠龙装饰，底下有四龙形蹄足。尊盘为失蜡法铸造，纹饰繁缛，极为富丽，堪称绝技

图 2-13　银首人形铜灯，战国，高 66.4 厘米，河北省平山县中山王墓出土，河北省文物研究所藏

该灯由人俑、蛇、灯杆、灯盘和方座组成，男俑头为银质，眼为黑宝石镶嵌，余为铜制。银首人形铜灯是战国时代灯具中的杰作，其结构和装饰技巧均十分完美，是我国古灯中的珍品之一

①　倪玉湛.夏商周青铜器艺术的发展源流 [D].苏州大学，2011.

式分布，形成形象简洁、结构复杂、装饰韵味强的时代特色。春秋战国时期除了蟠螭纹和蟠虺纹外，还有大量的几何纹，如回纹、斜线纹、云纹等填充器物的空白区。

工匠通过带状分割的方法对整个器物表面按照故事类型、人物动作进行有主次的划分。春秋中晚期的青铜器上出现了颂扬先祖、祈福家族兴旺之类的铭文，战国之后的铜器上记有督造机构名、职官名和制器者的名字，如《礼记·月令》中记载："物勒工名，以考其诚"。此时，铭文的布局、章法、字体结构以及雕琢工艺极具艺术性。如郭沫若（1892—1978）先生所指出的"中国以文字为艺术品之习尚当自此始"[①]。

战国时期，图画式题材是青铜器装饰的一大特色。其内容多表现战争、戈射、宴饮、狩猎、采集、捕鱼等生活场面（图2-14）。比较有名的战国宴乐水陆攻战纹铜壶，表现了战国时期生产、生活、军事、礼乐等丰富多彩的巴蜀文化。该壶采用的是先进的嵌错工艺，壶身纹饰分为4层，刻有200多个不同形象的人物，壶盖上有三只小鸭形状的钮。

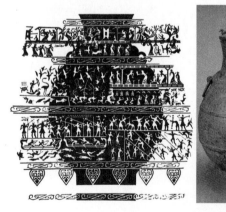

图2-14　战国宴乐水陆攻战纹铜壶及纹饰，1965年成都百花潭出土，中国国家博物馆藏

有学者认为，春秋时代的青铜器艺术特色的转变是从晋国开始的。战国中后期，楚、秦两国的艺术品在对外征战交流的过程中融汇了外来的血液，显出自己强烈的个性，既具有多元性又有鲜明的地域性。与《楚辞》一样，楚国的青铜艺术充满浪漫主义色彩，极富想象力，雄放又活泼，代表如楚王大鼎、攫蛇铜鹰、虎座飞鸟、虎噬鹿器座等。秦国的青铜艺术直承商、西周传统，具有写实风格，青铜器的形制、纹饰、铭文书体等，都反映出一种严守法度的执着精神，如战国晚期青铜犀尊、镶嵌几何纹方壶等。

2.2.5　制作工艺对青铜器艺术风格的影响

中国青铜制作虽晚于西亚，但是其制作水平却闻名世界。在冶金方面，不但生产出庄重精美的青铜器，而且对其器物的质量和制作制度都有专门的监管人员（梓师）和奖罚制度。如《考工记·梓人》中记载："凡试梓饮器，乡衡而实不尽，梓师罪之"。关于青铜器的原料配比在《考工记·攻金之工》中有详细记载，"金有六齐：六分其金而锡居一，谓之钟鼎之齐；五分其金而锡居，谓之斧斤之齐；四分其金而锡居一，谓之戈戟之齐；三分其金而锡居一，谓之大刃之齐；五分其金而锡居二，谓之削杀矢之齐；金、锡半，谓之鉴燧之齐"[②]。这种关于青铜器原料配比的著录，被认为是世界最早的。

商周代表性的成型工艺多为"模"和"范"的合范法，春秋战国为失蜡法。这些工艺与青铜器的结构、造型有着本质的关联，影响了器物的尺度、样式和纹饰。

① 郭沫若.青铜时代[M].北京：科学出版社，1957：324.

② 闻人军.考工记译注[M].上海：上海古籍出版社，2008：43.

合范法中模、范需要分别制作。首先用细泥制作泥模，在模上雕刻，贴塑凹凸的纹饰，然后烘干备用。范又分为内范和外范，外范是将细泥捺在已有的模子上，使纹饰被压印在泥片内，待干后分成若干块并在相邻的泥块之间设计榫连接；内范是从已有的泥模上刮去与青铜器壁厚度相当的一层，也可以另制。模、范二者都具备后便可以合范，为了防止内外范之间错位，专门设计了子母扣，而且还用泥土加固外范。经浇铸、脱范、打磨之后就形成了最终的器体。商代和西周早期，匠师采用一模一范（即一个模子只翻范）的方法铸造器皿，使每件青铜器产品都具有了不同的个性。

不同的成型工艺决定了器物的不同风格。西周时期，因分工的细化和制造技术的成熟，整体铸造逐渐被分铸方式取代，器身和耳、足等附件被分别铸造成型。这不但使器壁变得更薄，富有了变化，还提升了生产效率和器物的标准化程度。从西周至春秋时期，还盛行一模多范、分模分范、分铸焊接的方法，例如先设计出一个母模，再翻出一组范，或者在母模的基础上做出一系列比例依次缩小的子模后再翻范，由此形成了标准化、大小不同的同类产品。

当然，在成型工艺发展创新的过程中，器物造型也具有一定的传统延续性。从殷墟出土的后母戊方鼎到陕西淳化史家塬出土的圆鼎，可以看出商代厚重的祭器风尚一直延续到了西周。虽然在祭神和祭祖宗的意义上二者有所区别，但同样重器的成型工艺使二者都具有了雄浑刚健、稳重端正的造型。

青铜器上的装饰工艺主要有雕印、错金银和鎏金，雕印能使器物上的纹饰由平雕发展成浮雕，进而形成立体镂空、繁缛的效果。错金银和鎏金的装饰手段，则能使青铜器一改神秘凝重的面貌，展示出一种清新活泼、华贵富丽的风格。

雕纹和印纹是指在泥模上雕刻和压印纹饰。商周时期普遍采用雕纹，到了春秋时期印纹工艺则有了较大的发展。二者相比，印纹可以一模多用且连续使用，不但省工时，更重要的是它能在装饰上形成上下左右连续反复的纹样。正是由于雕和印的效果不同，所以商代青铜器常以中轴对称的单独纹饰为主，西周以左右反复的二方连续多见，而春秋战国时期的刻镂工艺，能够在器壁很薄的壶、鉴、奁等器具上，绘制出细如发丝的四方连续刻镂图像，使细密、繁复的纹饰成为了统一的整体。

错金银流行于战国时期，是将金银细丝嵌压在浅镂的纹饰中，然后磨错，以使图纹与底显现出不同的金属光泽和色彩，并使华美且精细的金色纹饰更加生动（图 2-15）。

鎏金又叫作"火镀金"或"汞镀金"，出现于春秋战国，是指先将青铜器物表面修整光洁，然后细磨抛光，以汞镀金。它改变了长期以来青铜器单调的青灰色面貌，令其焕发出了光彩夺目、富丽华贵的金色，并为秦汉时期鎏金器物的设计奠定了基础。[①]

纵观夏商周三代青铜器艺术风格的形成，既有"制器"层面的工艺技术的因素，又有"尚道"层面的社会文化思想的影响。如著名学者李济认为："技术与艺术说起来好像是两种不同的人工创造，实在只是同一精神活动的两面，最高的技术成就也代表最高的艺术境界。"[②] 殷商时

---

① 朱怡芳，宋炀 . 中外设计简史 [M]. 北京 : 中国青年出版社，2012：26.

② 李济 . 殷墟青铜器研究 [M]. 上海 : 世纪出版集团，上海人民出版社，2008：10-11.

图 2-15 勾连纹错绿松石豆，战国，齐，高 25.8 厘米，最大直径 18.4 厘米，山东省长清县（今济南市长清区）岗辛出土，山东省文物考古研究院藏

青铜器通体雕刻勾连云纹，纹饰精美，线条流畅，在纹饰中间采用镶嵌法布满了绿松石

期，对青铜器物的技术的改进，通过器型的丰富与纹样的精美，都能体现出来。比如三足类器物的底范与柱形蹄形足的产生、圈足泥芯撑与圈足部位的孔洞、分铸法与弯曲外张的附耳、外范分型与器表纹饰的分布、模范合作纹与三层花的样式、单元纹饰范拼兑技术与四方连续的蟠螭纹和蟠虺纹、失蜡法工艺和蟠转纠缠的纹饰结构、多种表面装饰工艺与富丽华美的风格等[1]。

2.3 三代服饰与等级制度

一个时代服饰的发展与当时的社会制度、身份等级、生产方式、生活方式以及社会风尚等有

---

[1] 倪玉湛. 夏商周青铜器艺术的发展源流 [D]. 苏州大学，2011.

着密切的关系，而服饰的功能、形制、审美，反映了当时人们的生活方式和价值观念。

约公元前 1600 年至前 771 年间，随着从商代到西周的朝代更替，服饰文化也不断发展。为了符合封建专制制度皇权至上的观念，出现了用以区分阶级的上衣下裳的形制以及冠服服章制度。这些服饰的逐步确立反映了国家制度的不断完善。商代服饰大多为丝织棉麻所制，少量为皮革，色彩厚重因为高超的纺织技术，商代还有极其精细的绸制服饰，装饰有提花或几何形状，又称纹锦、绮和绞织机的罗纱。

商周时期，九州多地的丝织麻纺皆很发达。据《尚书·禹贡》记载，冀州"岛夷皮服"；兖州"桑土既蚕，……厥贡漆、丝，厥篚织文"；青州"厥贡盐、絺"；徐州"厥篚玄纤缟"；扬州"岛夷卉服，厥篚织贝"；荆州"厥篚元纁、玑组"；豫州"厥贡漆、枲、絺、纻"，很多地方蚕丝及丝织产品为贡纳物品。其中染织工艺，当属齐鲁地区最为发达。据《史记·货殖列传》记载显示，齐鲁的"齐纨"和"鲁缟"是当时人尽皆知的优秀产品。"太公望封于营丘（临淄），地潟卤，人民寡，于是太公劝其女功，极技巧，通渔盐，则人物归之，繦至而辐辏，故齐冠带衣履天下。"这段文献可以看出，在物产与资源受地域限制的情况下，工匠若得到上层领导的鼓励支持，发挥出自己的能力，当地工艺还是能够得到发展，说明一个地区生活方式是由客观因素制约下的主观能动性决定的。通过文献记载，还能看出，当时全国不同地区的桑麻蚕丝的品类各有特色，等级不同。商周纺织技术的飞速发展，为人们制作衣服提供了多种不同的面料，直接促进了服饰形制的形成。同时，商周时期的社会文明程度不断提高，人们对自己身体的保护和装饰的意

识不断提高，商周的服装逐渐形成了上衣下裳的样式，衣长齐膝也成为一种固定形制。

商周时期的衣服材料主要是皮革、丝、麻，其中受纺织技术快速发展的影响，商周人穿着的衣物大多采用丝、麻制作。丝布和麻布的染色一般用野生植物作为染料，主要的有槐花、栀子、橡斗、蓝草等，其中兰草染作青蓝色，茜草和紫草专染红、紫诸色。只有奴隶主和贵族才能穿着染色并织绣花纹的布匹所作的衣物，并用宽花带子束腰。而奴隶或平民，则穿本色布衣或粗毛布衣。从河南安阳殷墟出土的商周时期的玉、铜、陶人形俑可以看出，贵族男子和平民的服饰均有差异。贵族头上常戴用丝绸做成的帽子，一般为平顶筒子式，此形制一直流行到春秋战国不废。而平民或奴隶则佩戴裹巾子，形式有羊角旋斜盘向上的，有包头以后再平搭折成一方角的，样子和现在西南居住的苗、瑶族头巾相似。周初实行邦国制度，把全国分划成各个地方邦国，并设一统治者。地方邦国统治者只能由王族子弟、有功之臣和前朝遗孙担任。例如燕的召伯、鲁的周公父子皆为周朝的王族子弟，齐的姜尚和楚的熊绎为有功之臣。三者身份高低不一，所封邦国面积大小和距离王土的远近也有差距。邦国统治者受封之时，周王会按照其身份高低，赏赐一定数量的奴隶和精美玉器以及一些青铜兵器，另外还有用以代表阶级身份的青铜祭器、日用饮食器、车马旗帜和华美文绣丝绸衣服。

西周时期，随着等级制度逐步确立，服饰作为等级的象征，规格内容也有着极其严苛的标准。周王曾专设用以掌管王室服饰的"司服""内司服"等官职来加强皇室成员在穿着上的规范。大量出土和流传的文献文物都带有此类相关内容。中国等级森严的冠服制度，初步建立

于夏商时期，到周代发展完善。春秋战国时期，冠服制度甚至被纳入礼制的内容范围。王室公卿在不同礼仪场合所佩戴的顶冠和穿着的衣裳形制皆尊卑有序，以示其身份。《尚书·益稷》曾记十二章服的具体的形制内容如"日、月、星辰、山、龙、华虫作绘，宗彝、藻、火、粉米、黼、黻绣，以五彩彰施于五色作服。"等。后世的历代帝王所着的上衣下裳的服章制度也沿用此十二章纹，一直到清帝逊位、袁世凯复辟称帝。

据《诗经·豳风·七月》记载："七月鸣鵙，八月载绩。载玄载黄，我朱孔阳，为公子裳。""一之日于貉，取彼狐狸，为公子裘。"春秋战国时期是农村多种桑植麻，纺纱织造技术也传播广泛，农家制作的衣物多不做自家穿着。捕获的皮毛也同样如此。如此的记载反映了当时的社会生活样态和劳动关系都有着明显的等级分化。历史上等级分明大致是从西周开始的，称"周公制礼"，衣分等级和不同用场。而后等级观念逐渐固化的同时，日益宽大的服饰与穿着人的身份逐渐画上了等号，服饰文化从而被当成一种新的制度看待。当时的统治者位居高位，占有大量奴隶的同时，向平民征收布匹和粮食作为税款。按照律法，所有成丁人口需要每年贡布二匹和粮食若干。另外，上贡的布匹有明确规格，私民不可出售，只能用以贡税。

商周时期，行祭天礼地和婚丧大事时，帝王和大臣都需要身着袍服。按照文献记载，袍服的颜色庄严且各异，以区分不同等级，从而用等级间的差距来表现穿者的尊贵和威严。另外，天子出行时，不仅衣服的颜色有要求，车马的颜色和方向也有固定的标准，要按照出行的时令确定。同时，社会有严格的等级观念，服饰便是身份的

象征，高等级的统治者穿着珍贵的狐、獭、貂鼠等皮毛衣服，低等级的人员不能逾越制度穿着。猎户所猎得的皮毛一律上献，不可私自使用或进行买卖。一般的百姓被要求只能穿本色麻布或粗毛布制作的衣服。尽管按照周代制度年龄逾七十的平民可以穿着丝绸和吃肉，但是事实往往并非如此。平民几乎无法负担丝绸制作的衣物，其至有许多贫民只能穿着草编的"牛衣"。

西周时期的服饰比较多变，主要表现在武将的穿着上。例如，武将作战时所穿的"甲"在种类上增加了犀甲、合甲、练甲以及后来的铁甲；犀甲用犀牛皮做成，最为贵重。因为西周晚期以来兼并战争的增多，作战工具得到了重视与改良，兵器也愈加精利，出现新兵器剑、弩机，盾甲更加坚固，矛也十分锋利，"坚甲利兵"的成语由此而来。

春秋战国时期的服饰越来越讲究，不仅统治者常需着华服，即便是从臣客卿也穿珠履、腰佩金玉、出入高车驷马。此时儒家有关"玉"的说法影响到了社会各个方面，即玉具有七种做人不可缺少的品德，于是产生了"君子无故玉不去身"的论调，所以贵族的男女，都必佩戴玉于身。当时贵族们还会为了展现勇武以及出于自卫的目的而佩戴一把镶嵌金玉的玉器剑。带钩在此时也十分流行，各种材料样式皆有，如铁镶金嵌玉、五彩玻璃珠等，十分精巧夺目。即便是新发明的剑与戈矛等兵器上也有许多复杂精细的装饰，用细金银丝镶嵌成各种纹样，并包含有吉祥寓意。再如男子戴的冠，由于其本身就十分引人注目，装饰也更加华美，精细的用薄如蝉翼的轻纱，贵重的用金玉，也有加高如灯台的样式，屈原就曾在文章中描写过此类别致的奇服与高冠。鞋子是用丝绸、小鹿皮或细草编

成，精美的还坠上珠玉，鞋底软硬不同。冬天则穿白狐裘的皮衣，价格十分昂贵却轻便保暖，部分女子还将白狐皮镶在袖口衣缘处以作出锋用以装饰。

统治者的审美也时常能引领风尚，国人全身着紫衣源于齐桓公好紫衣；楚王爱细腰，女性就流行将腰部扎的极细，甚至影响到邻近国家。

女性发式也有了新的变化，如楚国的梳辫，在头发的中部做两个环，余发下垂；髻子也有多种，有梳成喜鹊尾式，有做元宝式的。女子也戴帽子。也有垂发在耳旁的蝎子尾式。

春秋战国时期，最为流行的是深衣样式，将传统的上下衣裳连在一起，且不开衩、加长衣襟，在背后缠绕成三角状系在一起，长度及脚踝或地面，有雍容高雅的美感。

此时，不同诸侯国的日常服饰形制也表现了独特性。从考古学资料来看，战国时期出现了以下几类服饰形制。楚墓出土的文物显示，一种为缠绕的穿戴方法，其特点是衣边多且宽、缚根宽腰带、缘为锦类，为传统样式，与文献中"锦为缘"的类型十分相似。另一种是袖的比例过大，超过膝盖，应属于某种礼服，穿着效果正式严谨。还有一种为体现不同职业的人的穿着方式，奏乐者爱戴风兜帽、舞者衣袖长及数尺、打猎者衣物贴身，方便行走运动。

中原的山西、河南地区的细刻花纹铜器上有一种服饰样式，头上戴鸥角或鹊尾冠，穿小袖长裙衣和斜露臂褶的下裳，并且下裳做成斜下襞折式样。山西地区出土的陶范上刻绘的人物衣服样式为，人物身穿齐膝的花衣、戴平顶帽，腰间系一丝绦，系有连环扣，带头上还缀有两个小绒球，男女都有穿戴。

综上可见，商周时期礼乐制度的建立与不断

成熟，促使服饰成为古代礼乐文化的重要物态形式，是别贵贱、辨尊卑的重要载体，体现着"器以藏礼"设计美学思想。如《尚书·皋陶谟》记载道："天命有德，五服五章哉"。西汉经学家孔安国对此解释："五服，天子、诸侯、卿、大夫、士之服也。尊卑采章各异，所以命有德。"唐初十八学士之一的孔颖达进一步明晰："天命有德，使之居位，命有贵贱之伦，位有上下之异，不得不立名，以此等之，象物以彰之。先王制为五服，所以表贵贱也。服有等差，所以别尊卑也"。由此可见，"五服五章"是天子、诸侯、卿、大夫、士间用以强调尊卑的象征，而服饰的形制、图案、色彩等，都是"德"的体现。所以地位与德行愈发高尚的人其衣物更加精美，于是便成就了吉服以繁缛富丽为美的审美标准，有了"为人主上者不美不饰不足一民也"与"必将雕琢、刻镂，黼黻、文章，以塞其目"的说法。但是，从墨子的"节用"思想来说，"冬服绀缎之衣，轻且暖；夏服缔绤之衣，轻且清，则止（《墨子·节用》)"。古代圣王制定做衣服的法则是："冬天穿天青色的衣服，轻便而又暖和；夏天穿细葛或粗葛布的衣服，轻便而又凉爽，这就可以了。"其他种种只增加费用而不更加利于民用的，圣王不去做。这说明春秋战国时期士人对"器物"的看法，有不同的思想，墨子的"节用"思想是对富贵奢华的物质追求的反对。

2.4 三代建筑与祭祀遗址

2.4.1 城郭

从建筑史来看，夏商周时期是中国古代城

郭建设的早期阶段，当时的城郭大多有抵御外族入侵，保护君主和百姓的生命安全之用。《礼记·礼运》有载："今大道既隐……货力为己，大人世及以为礼，城郭沟池以为固。"体现了城郭的军事防御作用。历朝历代君主选择城郭地址时，需要考虑合理的地理位置，注重生态环境的考察，以保证人们生产便利、生活便捷。例如，周武王营建洛邑的时候，也是经过深入思考的。《史记·周本纪》中，周武王曾"我南望三涂，北望岳鄙，顾詹有河，粤詹雒、伊，毋远天室"，这才确定了新都的选址。战国《墨子·明鬼下》有关城郭建造要求如下："昔者虞夏、商、周三代之圣王，其始建国营都，曰：'必择国之正坛，置以为宗庙；必择木之修茂者，立以为菆位。'"可见，夏、商、周三代的圣王建国营造都城，一定要选择国内正中的地基，在其上建宗庙，一定选择茂盛的树林。三代时期，从事修造城池建造城郭的时间是有考究的，人们通常会在夏初、秋收和初冬时节建造城郭，这是基于春种秋收和对预防外敌入侵的考量。《礼记·月令》有云"孟春之月""毋置城郭"，"仲春之月""毋作大事，以妨农之事"，"季春之月""周视原野，修利堤防，道达沟渎，开通道路，毋有障塞"，也说明了城郭修建的时间。由于分封制的盛行，夏商城郭由原先的规模有限，到周代激增，特别是春秋战国时期，诸侯国拥有的都城面积竟比周王城还多，甚至数倍于后者。[1]

但是根据考古资料看，在中国古代聚落形态的发展史中，城市的最初形态由一些相关的变化显现出来，城郭的出现是其中的一种。如商代二里冈期与殷墟期聚落形态，它们的反映因素通常

---

[1] 刘继刚. 关于夏商周时期城郭筑造问题的几点思考 [J]. 中州学刊，2010（3）.

有如下几项：

　　（1）夯上城墙、战车、兵器；

　　（2）宫殿、宗庙与陵寝；

　　（3）祭祀法器（包括青铜器）与祭祀遗迹；

　　（4）手工业作坊；

　　（5）聚落布局在定向与规划上的规则性。[①]

　　殷墟甲骨文的卜辞显示和《诗经·绵》篇等文献资料都清楚表明这种城郭是统治阶级利益的工具，而不是聚落自然形成的结果，这也决定了聚落布局的合规律性。如《周礼·考工记》所记"匠人营国……"这种规律渊源悠久，从三代到汉一直有所变化。从整体看，堰师二里头的建筑群有着二里冈城郭的相关特征，在一定程度上维护了统治阶级的权利。我国古代城市的雏形伴随着阶级社会、文明、文字、国家等相关因素的出现而形成。

　　夏商周时期的建筑代表有郑州商代二里岗城址、湖北黄陂盘龙城以及河南偃师。商代城垣的平面形状为长方形，城墙用黏土筑建，采取分段版筑法逐段伸延夯筑，每段长度各不相同。城体结构基本相同，但能细分两个部分：城墙的中部——"主墙"，主墙的内外两侧——"护城坡"。墙基的宽度不同，底部有口大底小的墙基槽。墙上设门，结构复杂，入道较窄。但是门的安放数量，根据各城郭建造的时代和位置而发生变化。根据现有资料来看，偃师商城有城门七个，郑州商城有缺口十一个（性质还不能确定），黄陂盘龙城有城门四个。城郭内部布局，也是井然有序。譬如：偃师商城的每个城门之间形成棋盘式的格局，道道相通，纵横交错。三座商城城外的布局也不尽相同：郑州商城城外的南、西、北三

面分别设有手工业作坊，城南有一处铸铜基址，城西铭功路有一处制陶基址，城北面的紫荆山北有一处制陶、铸铜基址。

2.4.2　宫殿

　　由于氏族贵族有着强大的政治权力，宫殿的空间规模巨大，建筑材料厚大结实，建造工程也十分浩大。宫殿的底座坐落在高台之上，是基于建筑基底加固和防潮作用的考虑。这样夯筑高台的应用，最初出现在二里头宫殿遗址中，到偃师商城、郑州商城时期进一步发展，直到春秋战国时期达到鼎盛。列国的统治者都以高台建筑为荣耀，因此，战国已发掘的赵国的"邯郸城"、齐国的"临淄城"、楚国的"纪南城"、燕国的"下都"等城郭宫殿的遗址都是坐落在高大的台基上。建筑高潮在秦始皇吞并六国后大修阿房宫时达到顶峰，也积累了相关的建造技术。

　　商朝初期城郭内的宫殿布局和建造结构都与以往不相同。根据考古材料显示可分为两种主要建筑形式：一为四合院式样的宫城建筑，二为回廊式样的宫殿建筑。四合院式样的宫城建筑主要是以偃师商城内的小宫城为代表，这里的宫城，分别坐落在大城的南、东南、西南和西北部，以正殿为主体，东、西、南三面有回廊，四面有围墙的四合院式的小城。庭院在建筑群的中间部位，四周围以殿、庑。在正殿的南面是南门，门道上面堆满路土，它是该宫殿出入的主要通道。而回廊式样的宫殿建筑，宫殿遗址代表如湖北盘龙城和郑州商城。大多集中在城内东北部，是由多座单体的回廊式建筑组成的建筑群。

　　夏商周时期，我国南方地区普遍流行一种"干栏式"房屋建筑，这种建筑最早发现于新石器时代的大溪文化时期，由于为木质结构，所以

---

① 张光直. 关于中国初期"城市"这个概念 [J]. 文物, 1985（2）.

很难保存下来。我国古代劳动人民用板瓦和筒瓦盖屋顶的历史始于西周，出土的地区多为北方的陕西岐山、扶风周原、河南洛阳湾以及北京琉璃河董家林等遗址。南方的长江三峡地区也有劳动人民用板瓦和筒瓦覆盖屋顶的历史，但是略晚于北方。它改变了自远古以来用草料覆盖屋顶的历史，是建筑史的一大变革。

商代晚期和两周时期的国都建造承袭了周代之前的结构和布局，随着时代的推移和技术的积累，建筑的规模日趋宏大，技术水平也日趋完备，逐步成为我国独具风格特色的城市格局与民族形式的城郭建筑。

总之，建筑遗址是古人智慧的结晶，也是我们得以了解古代历史文化信息与文明程度的重要手段。建筑一般有两类：一类为百姓日常生活的起居建筑，一类是作为宗教活动场所抑或社会、经济、政治、文化活动场所的公共建筑。这些活动场所的建筑，加上手工作坊、防御设施等建筑构成了一个人们生活起居的聚落。探讨各类建筑的结构、规模、选址等能反映出当时的社会组织、社会制度以及古人的生活方式。

2.4.3　祭祀遗址

夏商周时期正处在国家形成的初级阶段，血缘和地缘组织结构杂糅其间，不再是石器时代以血缘为主的生存和管理模式，也不同于后世以地缘为主的成熟国家形态的管理和统治方式。这一时期的考古遗迹、遗物不仅体现出各族群的自有特点，同时还受限于所在地域的自然条件而呈现出较多的差异性。

夏代河南偃师二里头遗址被考古学家认定为二里头文化的中心区，发现的祭祀遗存数量较多而且集中，同时期其他地区的发现都非常稀

少，已知的有陕西商洛东龙山、山东桓台和安徽蚌埠禹会遗址等地曾分别发现有与祭祀相关的遗存。商时期祭祀遗存集中分布在商文化中心，也就是在商政权直接控制区内的河南地区。特别是郑州、安阳、偃师等都城，已经发现的祭祀遗存数量巨大，种类繁多，与夏时期形成了鲜明的对比。商代其他地区的祭祀遗址有湖南宁乡、江西清江吴城遗址、四川广汉三星堆遗址。两周时期祭祀遗存的分布区域较商代更为广泛，东到海岱，西及陇右，北达燕山，主要与西周王朝的分封以及北方地区文化的发展有关。南方和西南地区大体与商代的分布相当，很大程度上是区域文化传统在祭祀方面的延续。周王朝祭祀遗存主要分布在都邑遗址——关中、洛邑，发现数量较少，部分封国祭祀遗存数量相对较多。成周洛邑为姬周王室的定鼎之地，但祭祀遗存屈指可数。整体观察，西周时期的周王朝核心区祭祀活动，较商代而言规模、频次、用牲、用器等都出现了明显的下降趋势。两周诸侯封国以及周边地区诸文化都有祭祀遗存发现，数量多寡不同。

其形制、特征均无规律可循，三者互不相同，与商王朝统治中心和控制区内的祭祀遗存也无一致性。吴城台基虽为宗庙祭祀，但构建长条形开放式的广场和台基组合，是在中原腹地较为少见的。湖南宁乡等地青铜器祭祀坑大多散布于山岭水畔。三星堆的祭祀坑，规整而巨大，埋藏的祭品数量和种类之多、品级之高，可谓独一无二。三者的共同特点是没有发现完整祭牲。三星堆虽见大量象牙，但非属祭牲。后两地都重视祭器的祭祀现象，又与吴城的祭台遗迹更见差异。这三处祭祀遗存发现情况表明，商王朝外的政权祭祀各有特色，但和商文化中心及控制区相比，未见随意杀人、宰牲的血腥和狂野，呈现出比较

单纯、质朴的祭祀文化特点。

周王朝较少使用祭牲祭器，但部分封国祭牲的使用量稍大，东周以后部分诸侯国或区域出现祭器使用规模较大。

周文化外围地区的祭祀遗存多有对地域传统的延续，祭器的使用比较普遍。

地处成都平原的金沙遗址祭祀区的祭器数量、种类都可以说非常震撼。湖南地区依然流行青铜器的地方祭祀文化特色，但略有一些变化，同时与西周王朝有一定的交流。相比而言，内蒙古大山前遗址的祭祀坑则显得独特，较多的人牲以及埋入较多陶器，表明非中原系统的部分文化类型在祭祀中有重人牲的迹象。

商时期的祭祀遗存分为庙祭性质的大型殿堂类建筑，墓祭性质的相对较小的建筑，还有夯土基址如小屯丙组等属于祭祀天地的坛社类建筑；另一类为数量最大的祭祀坑，以大型墓地附近最为密集。从祭祀遗迹的构建形态来看，西周王室的和部分东周诸侯的宗庙和墓上建筑，大部分规模体量都比较大，部分封国出现的夯土类祭坛遗迹。

祭祀坛是一类较为特殊的祭祀建筑形态，一般为"坛"或"坛"与"墠"的组合。从文献中可知"墠"为平整后的祭祀场地，而"坛"是高出地面用土筑出的高台。"坛"类建筑特征的遗迹在夏商周时期均有，一般为露天祭祀场所。

考古遗址有：夏代的二里头遗址 VI 和 IX 区祭坛、商代的小屯丙组夯土基址、西周的安徽戴家院祭坛、山东高青社祀祭坛。从目前数量有限的考古遗存分析，祭坛类的祭祀对象在商周用于祭天或祭地。据殷墟卜辞和古代文献记载，祭坛也被用于祭祀祖先，大体都有近同的功用，但考古所见商祭坛为长方形，周祭坛为圆形，夏时期存在二里头多墩祭坛这一形式。

祭祀坑作为祭祀遗存的基本形态之一，在夏商周时期出土总量巨大。常埋以人、兽、器物或为空坑等。祭祀坑的形状较为多样，主要有圆形、椭圆形、方形、长方形等。从祭祀坑的整体情况而言，坑的深度和体积也不同，其形制的选择首先考虑到的是实用性，即针对所埋祭品体量的需要而定，其他的因素对于祭祀坑形制的选择并没有明显的影响。在一般情况下，体型较小的羊和狗作为祭牲埋藏坑，深度不及牛和马坑，多祭牲埋藏深度显然大于单独祭牲埋藏深度。长方形坑一般用于埋藏单个人牲，也常见于牛、马埋藏。春秋战国时期，郑韩故城和太公庙秦国乐器祭祀坑的形状均为长方形，这是因实用形式而采用的长方形祭祀坑。而商晚期至西周早中期的湖南山川祭祀大量使用单个青铜器作为祭器，一般使用圆形坑。少数成组乐器也以特殊的堆叠方式，用圆形坑埋藏。有的学者认为乐器使用圆形坑，应当是湖南地区山川祭祀特有的祭器埋藏方式。

夏商周祭祀遗存分为天地祭祀、祖先祭祀、山川祭祀、作坊祭祀等。

天地祭祀始于人类最为古老的祭祀风俗，从考古资料来看，新石器时期红山文化晚期的牛河梁遗址中，堆砌石祭坛、女神庙、积石冢等规模巨大的圆形祭坛和金字塔形建筑遗迹，属于氏族基础上的坛社类天地祭祀，显示红山文化已出现了天地崇拜观念。到夏商周时期，以国家形态为社会组织的天地祭祀在这一时期依托更高层级的统治权和话语权，初步将祭祀与国家权力的象征结合在一起，获得了至高无上的地位。目前发现的这一时期天地祭祀遗存数量不多，仅限于商周两代，但分布地区较广，时间跨度较大。从考古祭祀遗存的外观形态来看，殷墟小屯丙组为商代晚期的是一处建筑基址群，存在着大小不等但又有主次之分、大小有别的长方形夯土台基及附属祭祀坑。春秋早期的礼县西山秦国祭天遗存，则为圆形夯土台基及附属祭祀坑。

殷商的小屯丙组建筑祭天遗址，祭品中既有祭牲又有祭器。但以祭牲为主，祭器则较少，可见者只有个别玉器和陶器。从各类文献可以看出，商周时期的祭祀对象、祭祀时间、祭祀地点、用器用牲到祭法，已经形成一套完备的制度。周人祭天不只是祭一个较为抽象的概念化的"天"或"上帝"，而是包括"昊天上帝""五帝"及"日月星辰"等，以及"司中""司命""风师""雨师"等在内的，一个较为完整而有层级的天神体系初现雏形。

祭祀地祇的社祀是古老的祭祀类型，目前考古发现的祭地遗存要略多于祭天，可确认的始于商代早期，有郑州商城东北部祭祀场地、殷墟水渠工地夯土台基等七处。基本形态分为两类：第一类，树立石块作为标志。殷商的石社的祭祀场地都比较大，约达上百或数百平方米的范围。《淮南子·齐俗训》载"殷人之礼，其社用石。"高诱注："以石为社主也"。也就是说，祭地之社必有建树的标志，也叫社主。第二类，积土为台（或墙）的遗迹现象。山东高青祭坛、西周戴家院祭坛，均为夯土圆坛的形式，与《白虎通·社稷》所说："封土立社"相符。

祖先祭祀作为传统在我国源远流长，这一传统的发端已不可考，但新石器时期就有了祖先祭祀遗存，例如河南省渑池村仰韶文化的陶祖，吉林省西断梁山的石祖。

从考古资料来看，祖先祭祀可分为两类。一类为庙祭，即在一个封闭空间内祭祀祖先。另一类为墓祭，则是在墓葬周围或墓地附近进行祭祀，常见于墓口旁所建的享堂类建筑，以及用以瘗埋祭器、祭牲的祭祀坑，燎祭的烧土遗迹等。

山川祭祀在夏商周时期就已经成为重要祭祀传统之一，源于山川河流对于人类的生活具有重要的意义。正如黄河的泛滥与沉积一次又一次影响和改变着中国的历史和版图，乃至文明的进程，山岳川泽对于人类生存有着直接而现实的影响。

川泽祭祀分布位置主要有两种，一种在近河高台地，一种在河岸或河边；山岳祭祀则分为三种，山顶、山腰或山坳。山川祭祀虽然经常并称，但根据祭祀遗存分布位置来看，山岳祭祀和川泽祭祀是泾渭分明的两种祭祀。

山川祭祀遗存主要发现于商周时期的湖南地区和春秋战国时期的秦晋两地，有宝鸡吴山遗址祭祀坑、侯马西高祭祀遗址和中山国祭祀遗址。虽然山川祭祀遗存的发现在地域和年代上的明显出现了断裂，但纵观商以后山川祭祀遗存的埋藏位置，无论南北地区，祭祀分布地点均以山川附近为基点进行祭祀。南北方山川祭祀均为高等级祭祀，极有可能是由国家或某一区域贵族主祭。

由山川祭祀南北遗存的形态可知：第一，南方祭祀坑形状多圆形或椭圆形，祭祀坑深度较浅；北方祭祀坑以方形或长方形为主，祭祀坑深度较深。第二，祭牲与祭器。湖南地区山川祭祀主要以青铜和玉器为主，青铜器中以乐器和食器作为祭祀用器。玉器不作为独立祭器，一般与青铜器共存。该地区商周晚期到秦汉以前，不同时期的祭器类型有所不同，西周时期比商增加了四类祭祀用器：钟、鼎、簋、镈。在西周时期，甬钟仅用于山岳祭祀，不能用于川泽祭祀，并成为山岳祭祀的主要祭器。战国中晚期，秦楚两国交互过程中，秦国以强大的军事实力快速地将其文化传统侵入式带入荆楚地区，影响了楚国的祭祀传统，少数地区出现了祭牲祭器并存的祭祀遗址。北方山川祭祀以祭牲与祭器并重。西高和中山国基本都是一坑一牲一玉器组合。从用牲种类来看，西高祭祀以羊、马、牛为主，中山国则以幼羊和幼猪为主。吴山祭祀的祭牲只见到马。这种差别的产生，应由各自地区的祭祀文化差异所致。北方的西高、中山国祭祀坑用器以玉器为主，种类丰富，器型均较小。吴山的祭祀为车马和玉器组合，玉器种类为玉人和玉琮，祭祀类型相对特殊。

该时期其他祭祀遗存类型较多，包括针对建筑遗迹的奠基、城门、城墙，设施类的作坊，特殊性质的盟誓，以及祭祀对象未明的祭祀场和祭祀坑等。作坊是夏商周时期大型聚落中极为重要的功能区，它们承担了当时的生活用品、生产工具及礼器兵器规模化和标准化生产的重要职能。目前发现的夏商周时期作坊多出现在当时的都邑类聚落，是都城极为重要的组成部分。作坊内的发现除生产遗迹外，亦有祭祀遗存。目前发现的作坊遗存，仅限于商和西周两个时代。

纵观夏商周三代的建筑，有以下特征：①聚落与建筑的结构、形制、规模以及城址所出土的礼器的规格、数量等存在明显的两极分化，聚落之间等级序列明显。夏代都城二里头遗址处于文化区域的中心位置，最高统治者有权力和手段来集中、调度大量的人力、物资等。商代城市聚落以郑州和偃师为代表，青铜器、玉器等作为礼器成为商代王室的使用重器。商代晚期的城市聚落以安阳殷墟为代表，附近有一些居民点、手工业作坊和墓葬群，殷墟内出土的青铜器、甲骨文，无论是大小还是精致程度都是同时代各级聚落所无法比拟的。周代时期实行的严格的宗法等级制，使其成为当时周王朝最大的都城。最低级的聚落为平民的村落遗址，这些村落以血缘聚居而成，即氏族公社，是夏、商、周社会的基本单位。一般为半地穴居或窖穴，居所内一般有灶坑、陶器、石器等日常生活用具及劳动工具。②以宗庙建筑为中心的聚落布局为祭政合一的体制。宗庙宫室建筑规格上的差异与《礼记·礼器》所记载的一致，"（礼）有以大为贵者，宫室之量……此以大为贵也。有以高为贵者，天子之堂九尺，诸侯七尺，大夫五尺，士三尺"。③手工业作坊是城市的重要组成部分，一方面，它的产品要满足日益增长的城市人口的消费需求；另一方面，统治阶级举行各种宗教礼仪、政治活动所需要的物品，除部分来自各地的进贡和对各地的征取外，城内的手工业作坊的产品也必须满足这种需求。在某些情况下，手工业产品还可用于同远地其他物品进行交换。

本章小结

夏商周时期，"礼"是一个多元化的概念，是架构社会关系的脊髓。这种礼分散后作用于建筑、器物、行为等多方面，从而支配观念，将其形式化和象征化。礼器是观念和行为的产物，而观念正因礼仪行为得以实践。"铸鼎象物"的造物理论，能"使民知神、奸"。由此说明古人的造物观不单是实用，还会为物品注入明尊卑、别上下、立国、稳定等象征意义，使之具有一定的社会功能。

商代在三代中尤为重要，是文化创造力的萌

芽时期。商代青铜器是礼的典型性代表。青铜器物的普遍生产为商周时期的礼乐文明的繁荣奠定基石。与此同时，在向心力不断聚拢，家天下代替部落联盟的基础上，商代建立了具有普适性的社会结构。与陶礼器、玉礼器相比，在宗教信仰影响下的青铜礼器，倾注着殷人的宗教观念与情感，使青铜艺术飞速发展。其器皿的可塑性使其地位逐渐代替玉器，器型、器纹不断庄严凝重，成为具有身份、地位尊贵的象征。

春秋中期至战国时期青铜技艺最为高超，简洁的生产工艺与独特的艺术构思逐渐水乳交融。此时人们掌握了更为简单的生产流程，很大程度上提高了青铜的生产效率。不仅如此，多种表面装饰工艺的兼用并施，孕育出了新式的青铜器风格。青铜器虽然制作工艺简单，但是其纹饰的抽象性大大超脱了现实生活，与现实生活产生距离感，从而符合青铜器作为礼器的身份。春秋中期至战国时期是夏商周青铜器发展的巅峰时期。

夏商周青铜器的装饰工艺不仅仅巩固着青铜器作为礼器的地位，更充分展示了中国古代工艺美术的技术美，具有较强的艺术感染力。它的表现形式多种多样，具体可分为四种：平面纹样装饰、立体雕塑性装饰、刻符文字性装饰和色彩性装饰。平面纹样性装饰是用线条勾勒造型，是在青铜器表面用阴线或阳线勾勒出装饰纹样图案，或纤细，或粗犷，嵌入器物肌理之中，虚实相间，形成流动的造型，继承了原始的绘画经验，富有生机。立体雕塑性装饰以雕、刻、塑以及堆、焊、敲击、编织等技术手段，形成圆雕、浮雕和透雕镂空雕等装饰性艺术特色，形式立体，造型逼真，纹饰繁缛，稳重而不乏深沉。刻符文字性装饰即器具表面的铭文，不仅能书史传意，其线条浑厚、凝重，是青铜装饰艺术的重要组成

元素之一，字体风格多样，刚劲中尽显威仪。色彩性装饰则是随着科学技术不断进步，人们学会运用金属等原材料的色泽对青铜器进行更为独特的装饰，从而传达出独特的审美理念和理想。

夏商周的城市聚落体现出成片分区的民居布局和聚族而居的特点。完整的氏族组织与居民点的分散密切相关，每一个居民区都是一个以血缘亲族为单位的家族。每个家族由等级不一的成员组成，位高权重的族长兼宗主与一般的氏族成员共同生活。他们聚族而居，保持着氏族组织的基本形式，在生活中相互依存，具较高的凝聚力和号召力。居民区的分布与新石器时代聚落的布局大体一致，这种城市聚落同样反映了在三代社会中，血缘亲族组织仍是社会组织结构中的主要组织。

夏商周时期艺术风格的不断更迭，是社会不断发展和思想意识不断改进的综合结果。夏、商时代，人类进入文明阶段不久，政治与宗教共同支配着艺术创作，政巫思想不断将艺术神秘化。这一时期充满了鬼神意识崇拜，器物造型凝重庄严，纹样神形特异。随着商周权力的交替，礼制的颁行，艺术逐渐卸除了神巫的面具，与迅速发展起来的政治伦理观念结合在一起，向着更为理性的方向发展。在礼制的不断深化中，便出现了敦厚、朴实的实用器物造型和具有秩序感、理性化的几何纹样。东周时期，随着礼崩乐坏、宗教思想式微，神性格逐渐衰退，人性格逐渐确立。此时人们的造物观念发生改变，开始注重人本身的行为活动。无论是供人欣赏的富贵华丽之器抑或简单朴素的生活之器，都将人的主观意志放在第一位。而诸子百家促成的思想文化多样化，又影响了各地艺术的发展，形成了多元的审美观念。总之，三代青铜器的技艺具有划时代的进

步，青铜器逐渐从神秘走向现实，其实用内涵与审美内涵得到进一步统一，这种较强的人文意识的渗透以及独特的美学魅力的散发离不开文明与科技的发展。

思考题

1. 论述青铜器"铸鼎象物"的宗教功能。

2. 简述夏商周青铜器的造物思想与器物形制之间的关系。

3. 简述夏商周青铜器器物形态与纹饰的艺术特色。

4. 如何理解制作工艺对青铜器艺术风格的影响？

5. 夏商周三代艺术风格的对比性分析。

延伸阅读与参考书目

1.[美] 杨晓能 . 另一种古史——青铜器纹饰、图形文字与图像铭文的解读 [M]. 唐际根，孙亚冰，译 . 北京：生活·读书·新知三联书店，1998.

2. 王国维 . 明堂庙寝通考 // 观堂集林（卷三）[M]. 北京：中华书局，1984.

3. 胡平生，张萌 . 礼记 [M]. 北京：中华书局，2017.

4. 李济 . 殷墟青铜器研究 [M]. 上海：世纪出版集团，上海人民出版社，2008.

5. 郭宝钧 . 商周铜器群综合研究 [M]. 北京：文物出版社，1981.

6. 朱凤瀚 . 古代中国青铜器 [M]. 天津：南开大学出版社，1995.

7. [魏] 王弼 . 宋本周易注疏 [M]. 北京：中华书局，2018.

第 3 章　帝国雄风：走向成熟的手工造物

从公元前 221 年到公元 220 年，封建制度取代奴隶制，中华文化从多元走向一统，中国疆域也实现了真正意义上的统一。这个时代不仅奠定了中国多民族统一的国家基础，也奠定了中华民族文化共同体的深层文化心理结构，以"大汉雄风"为鲜明时代特色的造物文化更取得了"空前绝后"的成就。①

3.1　一统多元的思想文化

秦朝统一天下后，进行了"书同文""车同轨""度同制""行同伦""地同域"等一系列社会文化变革，先秦哲人六合同风、九州共贯的"大一统"理想，终于成为制度性现实。虽然秦朝急政暴虐，二世而亡，但其开创的"大一统"模式，在继起的汉代得到进一步巩固，并以"百代皆沿秦制度"的深刻影响，为后世的衣冠、建筑、器物等造物文化提供了基础规范。

3.1.1　"一统"成为时代主流

多元一统的政治和文化，推动了多民族融合。秦朝统一后，声威远及西域，"秦人"概念浮出水面，清代学者顾炎武在其《日知录》卷二七《汉书注》中说："彼时匈奴谓中国人为秦人，犹后世言汉人耳"。今天外国人称中国"China"，就是"秦"的译音。汉朝统一后，"汉人"概念呼之而出，在汉代建筑中就有"汉并天下"的瓦当和"唯汉三年大并天下"等铭文（图 3-1）。②汉朝的国势之强和疆域之广，使"汉人"概念深入人心，在汉代形成了汉族。汉族、汉字、汉文化，经过汉代和后世不断民族融合，最终形成了大汉族的概念。

图 3-1　"汉并天下"瓦当，西汉，陕西临潼出土，陕西历史博物馆藏

---

① 李泽厚 . 美学三书 [M]. 合肥：安徽文艺出版社，1999：85.

② 谢国桢 . 两汉社会生活概述 [M]. 北京：北京出版社，2016：5-8.

大一统的政治局面，使统一国家意识形态成为时代命题，正如《吕氏春秋》所谓："一则治，异则乱；一则安，异则危。"秦代崇尚法家，把力倡绝对君权的法家学说作为"别黑白而定一尊"①的思想武器，但高度的文化垄断和思想钳制，终于在公元前213、前212年导致了"焚书坑儒"事件，这一事件和秦朝二世而亡的历史事实，证明了一味严刑峻法的法家思想"可以行一时之计，而不可常用也。"②汉代吸取秦代教训，寻求长治久安，初期以自然无为的黄老思想"与民休息"，兼采儒墨名法阴阳之要。但黄老的"虚无""因循"在强化中央集权上存在不足。在对秦朝灭亡的反思中，儒生陆贾有《新说》，贾谊有《过秦论》，均提出了儒术治国的建议。到汉武帝时，《春秋》"公羊学"出身的董仲舒三次应诏上书（史称"天人三策"），以儒学为主宗，杂糅阴阳五行及法家观念，以神学论证皇权和专制秩序的永恒性。于是，汉武帝"罢黜百家，独尊儒术"，确立了儒学的主流地位。值得注意的是，这种被改造的儒学不同于先秦的原始儒家，而是兼摄诸说，有极大的思想包容性和政治张力。换言之，被独尊的儒术名为"一统"，实则兼容"多元"。这种一统兼容多元的意识形态，对秦汉造物的影响主要体现在以下三个方面。

1. "三纲五常"的儒家伦理观深刻体现于造物艺术中，成为汉代造物的时代主题乃至后世的艺术创作母题之一

儒家讲究"为国以礼"的伦理与社会秩序，"尽善尽美"的教化和审美功能，以及"文质彬

彬"的内容与形式关系，这些都对汉代造物产生了深刻影响。受儒家礼教观念影响，汉代的画像石（砖）、漆器、铜镜等工艺品表现了很多忠臣孝子故事。山东嘉祥的武氏祠中，对历史人物的艺术再现非常丰富，其中有历代帝王图、周公辅成王、孔子见老子等内容，"孝子烈女"等内容也占据了相当大的比重。如老莱子戏彩娱亲图，表现了著名的孝子"老莱子"虽年过七旬，却像儿童一样手持玩具戏耍，来博得父母亲的欢心（图3-2）。

图3-2　老莱子戏彩娱亲，汉代，山东嘉祥武氏祠前石室东壁

此类画像石艺术的内容正是当时社会文化的折射。孝悌之道在汉代受到空前重视，并被上升到以孝治国的高度，成为人才选拔——"举孝廉"的重要指标。《孝经》成为家传户诵的基础读物。对女子教育更是空前重视，刘向撰写的《列女传》汇编了125位古代女子的嘉言懿行，她们或忠君，或孝亲，或保持自己的贞洁，是当世女子学习的典范。出身书香门第的才女班昭写成《女诫》，对女子应该具有的美德进行了详细阐述："谦让恭敬，先人后己，有善莫名，有恶莫辞。忍辱含垢，常若畏惧，是谓卑弱下人也……"东晋画家顾恺之的传世画作《女史箴图》就塑造了不同身份的汉代宫廷妇女形象（图3-3），每段画作前都以箴文形式表达对宫廷仕女的训诫，属

---

① 司马迁．史记[M]．呼和浩特：远方出版社，2002：62.
② 司马迁．史记[M]．呼和浩特：远方出版社，2002：992.

于早期儒家训诫性绘画范畴。[①]

图 3-3 女史箴图（局部），东晋，台北故宫博物院藏

2. 审美观念和设计思想逐渐形成体系，各地造物艺术的制作面貌逐渐趋于整齐划一

《考工记》被公认为中国第一部手工艺技术专著，它在开篇总序中提出"天有时、地有气、材有美、工有巧"，奠定了中国造物的经典原则和基本规范。此书虽然一般认为成于春秋战国时期，但汉代之前却一直默默无闻，西汉刘歆整理经书时将它辑入《周官》，从而将这一造物经典置于治国理政的"经书"地位。与之相匹配，在汉代，中央有少府掌管各种造物部门、工艺作坊，地方也有郡县工官等机构设置，造物被纳入封建伦理与礼乐的制度范畴。

这一时期的造物规模空前，分官营、私营两种，其中官营部分集中了全国的能工巧匠，在采矿、铸币和漆器、陶器、铁器制造等方面发展迅速。其中铁器逐渐取代石器、木器，应用于人们的生产和生活，物品涉及农具、兵器、炉、剪、刀等。私营部分的造物规模，也从几人到上千人不等。体系化的造物思想、规模化的生产方式，

使得汉代造物的设计、制作逐渐程式化、标准化，制作面貌趋于统一。

3. 儒家"中和为美"思想逐渐成为主流范式，深度影响汉代及后世的造物文化

汉代是我国传统造物思想形成体系的重要阶段，也是对先秦百家诸子文化的创造性重组与建构时期，取得主流地位的儒家思想，以其折中樽俎和兼收并蓄在其中发挥重要作用，推动构成了中国人基本的认知图式和行为规范[②]。儒家思想讲究"中庸为德"，提倡执两用中，在事物的两极之间把握"度"。董仲舒《春秋繁露·循天之道》提出："高台多阳，广室多阴，远天地之和也。故人弗为，适中而已。"这种"中"与"和"的造物思想，是对汉代建筑的一味求大、求广有针对性的规谏。

3.1.2 "多元"思想激发文化张力

两汉造物艺术固然受"独尊儒术"的影响，越来越多地表现"厚人伦，美教化"与"惩恶扬善"等伦理内容，却并没有被儒家狭隘的功利信条束缚住创新的手脚；因为在另一方面，浪漫瑰奇的楚文化更成为两汉艺术创作的美学底色，李泽厚（1930—2021）先生在《美的历程》中指出："汉文化就是楚文化，楚汉不可分。尽管在政治、经济、法律等制度等方面，'汉承秦制'，刘汉王朝基本上是承袭了秦代体制，但是，在意识形态的某些方面，又特别是在文学艺术领域，汉却依然保持了南楚故地的乡土本色。"[③]传统造物本身就是乡土文明的产物，更成为这一"主宰

① ［美］高居翰.图说中国绘画史 [M].李渝，译.北京：生活·读书·新知三联书店，2014：6.

② 杨先艺.中国传统造物设计思想导论 [M].北京：中国文联出版社，2018：55.

③ 李泽厚.美学三书 [M].合肥：安徽文艺出版社，1999：74.

两汉艺术的美学思潮"的集中体现。从秦汉造物风格来看，秦汉人的精神世界是浪漫瑰奇却又充满人间情怀的。

图 3-4　武氏祠西壁画像，汉代，山东嘉祥出土

这一点从汉代的画像石可见端倪。出土于山东省济宁市嘉祥县的武氏祠画像，作为汉代画像石艺术的典型代表，体现的是汉代厚葬之风在墓室建造方面的艺术表现方式。武氏祠的画像内容从上至下第一层为西王母、侍女、鸟、蟾蜍、玉兔捣药等神话传说；第二层刻远古帝王十人，各有榜题；第三层皆为孝子故事；第四层为荆轲刺秦王、专诸刺王僚、曹子劫桓等历史故事；第五层为车马出行图（图 3-4）。这些内容构成的瑰奇世界，体现了汉代人"谓死如生"的人生观念。其中既有对神灵世界、长生不死的向往，更有对现实世间的肯定和热爱，即使是神灵的世界，也满溢着人间的情怀。正如李泽厚所说："人间生活的兴趣不但没有因向往神仙世界而零落凋谢，相反，是更为生意盎然，生机蓬勃，使天上也充满人间的乐趣，使这个神的世界也那么稚气天真。"[①]

此外，中国文化的三大主流儒、释、道在多元一体的舞台上竞秀与融合，也为汉代的文化艺术提供了更多创新的源泉。

在汉代，黄老思想很受朝野重视，在儒学成为官方意识形态后，道家思想进一步下沉成为民间信仰，衍生出了中国的本土宗教——道教。佛教也正式传入中国，东汉明帝永平十年（公元67年），汉明帝派使臣到印度访求佛法，从大月氏请来两位印度高僧迦叶摩腾和竺法兰，并于第二年在洛阳修建了中国第一座佛教寺庙——白马寺，开始翻译佛教典籍。本土道教的创立和外来佛教的引入，都是文化史上的大事件。从此，中国文化的三大主流儒、释、道相互影响，对中华民族的信仰、文化、艺术均产生了深远影响。在这一时期的工艺美术中，神人瑞兽、神山仙岛等都得到了艺术化表现。出土于长沙马王堆轪妃墓（前168年）的T形帛画，图案顶部是天宫，边角上所绘乌鸦象征太阳，蟾蜍象征月亮，日月同在，代表阴阳两气，画面中还有巨龙形象（图 3-5）。

图 3-5　T型帛画（局部），西汉，马王堆1号墓出土，湖南省博物馆藏

① 李泽厚.美学三书[M].合肥：安徽文艺出版社，1999：79.

对现实生活的美的追求，推动着两汉造物文化至臻完美。在汉代时，从事工艺美术品制作的手工业工人，有的来源于刑徒，有的出身农民，都是底层的劳动人民。很多能工巧匠对工艺之美有了自觉的艺术追求，如武氏祠题记称赞良匠卫改"雕文刻画，罗列成行，驰骋技巧，委蛇有章"①。这些民间艺术家，以其匠心匠艺刻画了耕田、纺织、鼓铸、制盐、种芋、狩猎、打鱼等生产生活场景，也将交租纳粮、地主讨债等大历史背后的小细节镂之金石，为后人留下了那个时代的历史画像。艺术不再只是对神灵的献祭，而同样是对世俗生活的再现。

在汉代，"上自朝堂殿阁、衙署厅室，下到旗亭酒店，甚至民间的屋舍，大都有彩色画像"②。这些图画天地、品类众生的壁画，一方面固然是统治阶层实行教化的手段，另一方面也是"仓廪实而知礼节，衣食足而知荣辱"的生活美学体现。据史料记载，山东的任城、兖州、沂州和四川的成都、广汉等富庶之地，正是画像之风最发达的区域。

秦汉时代，和手工业、绘画的职业化一样，歌舞也已经由过去的巫觋之术演变成了专门的职业。《汉书·霍光传》中讲"击鼓歌唱于俳优"，俳也叫做侏儒，是善于说唱、调笑、诙谐的角色，由经典的东汉击鼓说唱俑可见一斑（图3-6）。优也叫倡优，倡包括男、女演员，优则是以调谑为主的男演员。汉代的歌舞乐团，主要分三类：一是地主官僚家内的小型歌舞乐团，《后汉书·马融列传》记载马融绛帐授书，"前授生

徒，后列女乐"。二是为皇家服务的大型黄门乐队，表演内容有各种杂技，还有从国外传来的舞乐，山东沂南出土的画像石中，有"都卢寻橦"（即头上戴竿顶人）的杂技表演，还有两个女艺人相对而立高空走软索的杂技表演。三是民间杂技团，表演内容丰富且接地气，也有不少反映民间疾苦和体现抗争精神的作品。此外，汉代人喜欢的游戏还有蹴鞠和弹棋等，这些在汉画像石等艺术形式中也有体现。

图 3-6　击鼓说唱俑，东汉，四川成都天回山出土，中国国家博物馆藏

一统多元的文化形态，生趣盎然的艺术追求，使得汉代造物充满着昂扬向上的人间烟火之气。今天我们回看汉代造物，往往用"大汉雄风"来形容。的确，汉代的"大一统"帝国，让这一时代的造物艺术如同这一时期的代表文学样式——汉赋一样，在铺张扬厉中张扬着时代的精神。这种精神，用今天的话说，就是骨子里的"文化自信"。

① 杨爱国. 固守家园与远走他乡——汉代石刻艺人的活动区域 [J]. 齐鲁文化研究，2005（00）：163-169.
② 谢国桢. 两汉社会生活概述 [M]. 北京：北京出版社，2016：138.

3.2 秦汉衣冠与丝织工艺

如果说之前时代的代表性造物是青铜器的话，那么在秦、汉时代最具代表性的造物就是丝绸了，以丝绸为代表的织绣工艺，在这一时期不仅获得长足发展，还取得了"最令人振奋的成就"[①]。丝绸是最具装饰性的高级服用面料，其装饰艺术荟萃了各种艺术的精华，并对其他工艺美术门类影响巨大，可以说是时代潮流的体现。同时，丝绸在汉代也成为中西文化交流汇通的重要载体，在"丝绸之路"沿线国家人们的眼里，汉代中国正是一个让人充满无限遐想的"丝绸国度"。

3.2.1 织绣工艺大发展

今天所见的秦汉时代丝绸产品，以长沙马王堆汉墓出土文物为代表，已可考见绢、缣、纱、縠、罗、绮、绫、锦、绒圈锦等二三十个品种，品类丰富。西汉的纱薄如蝉翼，工艺之精美令人叹为观止。甘肃武威磨嘴子1号汉墓出土的汉代广山锦表明，丝织品在此时已被广泛用作陪葬品，并普及到少数民族地区（图3-7）。

丝织刺绣工艺在秦汉能获得这样的大发展，和当时的经济与社会发展有很大关系。

第一，在战国、秦汉时代中国历史进入了封建社会，新的社会制度改变了过去的生产关系，手工业者从奴隶成为平民，身份的提高极大激发了他们生产的积极性。在这一过程中，生产力的提高也是一个非常重要的因素，最突出的是铁器的使用带来了农业生产和手工业生产质的飞跃。

第二，汉代政府在商、周时期经验的基础上，对织绣工艺有了更充分的重视。早在奴隶社会的商周时期，各种手工业管理机构如"百工"就已经设立。汉代对织绣手工业更加重视，专门设立归少府统管的东织室、西织室，为宫廷生产皇帝、后妃、官吏所用的袍服、衣被、服饰等织物绣品，生产专业化程度进一步提高。

图3-7 广山锦，汉代，甘肃武威磨嘴子1号汉墓出土

第三，在一些织绣手工业发达地区，汉代专门设立"三服官"，为皇室生产精细丝织品，如倚绣、冰纨等。这些特色产地比较有名的，如当时的齐郡（今山东临淄、青州、广饶、临朐等地），本身有着积淀深厚的产业基础，司马迁在《史记·货殖列传》中就说："齐带山海，膏壤千里，宜桑麻""齐鲁千亩桑麻"，这里自春秋以来就以织绣闻名，所谓"冠带衣履天下"；再比如陈留襄邑（今河南睢县），也以出产优良的刺绣而闻名。

第四，生产关系的变化加上农业生产力的提升，使民间手工业开始普遍兴起，"男耕女织"成为中国两千年封建社会小农经济的基本形态。贾谊在《论积贮疏》里所讲的"一夫不耕，或受之饥；一女不织，或受之寒"[②]，正是传统农村社

① 尚刚.极简中国工艺美术史[M].北京：人民美术出版社，2014：51.

② ［清］姚鼐纂辑.古文辞类纂[M].胡士明，李祚唐，标校.上海：上海古籍出版社，1998：152.

会生产、生活形态的真实写照。随着民间手工业的大发展，较大规模的私营作坊也逐渐出现。据《汉书》《西京杂记》等史料记载，有的私营作坊"家童七百人，皆有手技作事，内治产业，累积纤微，是以能殖其货"，一个私营作坊能有七百名会手艺的家童，可见规模之大。规模扩大的同时，纺织技术也在不断提升。从目前的出土文物来看，当时的织物不仅有平纹、斜纹，还有三层经线夹纬线的复杂工艺。在以织绣闻名全国的临淄、襄邑，织工们不断钻研织绣工艺，在汉代开始用织花机代替传统的手工刺绣，竟然"害女红之物皆止"，机器生产让"女红"没了用武之地。

第五，也是非常值得注意的是，织绣工艺在秦汉时代获得大发展，除了以上来自供给侧的动因外，来自需求侧的动因同样重要。战国时期工艺美术已在指引着关怀人生的新方向，到了两汉，关注人世生活已经成为绝对的时代主流。[①]

两汉时代的人们，尤其是统治阶层，特别讲究服饰的色泽式样，东汉时期特别规定"五时服色"，一年四季按照不同时节确定服装色泽："立春日"，皇帝带百官去东郊"迎春"，车旗服饰都要用青色（即蓝色），百官都戴青帻、穿青衣、立青色幡；"立夏日"，百官要换上赤色衣服，去南郊"迎夏"，直到立秋日前 18 日，换上黄色衣服；"立秋日"，百官穿白衣、戴墨帻，去西郊"迎秋"，迎秋礼毕换绛色衣服；"立冬日"，换皂色衣服到北郊"迎冬"，礼毕换绛色衣服直到立春日。此外，汉代"百戏"兴盛，各种杂耍技艺的表演也对服装提出了不同要求，如舞蹈者追求长袖善舞，舞技者讲究紧身小袖。其他如乐工等

在服装上也各有讲究，促进了织绣工艺的精益求精。

3.2.2　"无礼不立"的汉服

所谓"衣冠重文物，诗酒足风流"，衣冠服饰不仅和民生日用相关，也是一个国家、一个民族文化和文明的表征。

秦统一六国后，并没有制定官服制度，原来六国的服饰依然在各地盛行，但军服却体现出较为整齐划一的特色。从秦始皇陵出土的兵马俑可以看出，秦代的军服分军官服装和士兵服装两种。军官的服饰根据军衔的等级不同，分为高、中、低三级，在冠、履、襦、裤、铠甲等方面都有差异。士兵的服装也有轻装兵和重装兵的区别。秦军衣甲在色彩上一般为褐色铠甲，配朱红络组合甲扣，战袍的袍面是朱红、玫红、粉红、紫红或石绿、宝蓝等色。但在朝贺和祭祀等仪式时，秦朝人穿黑色礼服，泰山封禅时则穿白色服装。

从 1965 年陕西咸阳杨家湾出土的汉代兵马俑塑绘的服饰可以看出，汉初正处于楚服、胡服和秦服融合，且楚服特点较为突出，形成新风尚的转折时期（图 3-8）。

图 3-8　彩绘陶兵马俑，西汉，1965 年陕西咸阳杨家湾出土，中国国家博物馆藏

---

① 尚刚. 极简中国工艺美术史 [M]. 北京：人民美术出版社，2014：62.

西汉基本上延续了秦代以来的冠服制度，但衣冠中"礼"的概念受到了更多重视。西汉今文礼学"大戴学"的开创者戴德在其《大戴礼记·劝学》中指出："（君子）不可以不饰物，不饰无貌，无貌不敬，不敬无礼，无礼不立"[1]，他认为服饰不只有实用功能，更有着于他人、于社会、于礼仪、于立身相关的丰富文化内涵。汉武帝时代儒家思想被尊为主流意识形态后，对衣冠制度的形成起到了积极推动作用。但直到东汉明帝永平二年（公元 59 年），才正式实行按照儒家学说制定的衣冠制度，并影响之后的近 2000年历史。

1. 冠之以礼

当时开创的祭服、朝服制度，包含冠冕、衣裳、鞋履、佩绶等。冠冕，有点像我们今天的"帽子"，但当时没有"帽子"的说法，直到秦汉时代，我们今天所谓的帽子都叫"元服"或"头衣"。古人认为头乃人之元，发乃元之首，因此打理头发非常重要，事关一个人的社会形象。"冠"是贵族所戴的头衣，也是他们区别于平民的标志，古代的冠通常只是覆盖一部分头顶，更多是出于礼仪上的要求。《晋语》云："人之有冠，犹宫室之有墙屋"，唐代杜甫诗里也说"冠盖满京华"，可见冠的重要性和阶层性。

从出土文物和文献记载看，在商代已经出现"冠"，在周代已经实行冠礼。《礼记》云："冠者礼之始也"，又说"二十而冠，始学礼"，冠礼是男子的成人礼，成年男子从二十岁开始学习为人子、为人弟、为人臣、为人少者的一整套礼仪文化，以在社会上安身立命。所以，"冠"是很严

肃的事情，里面大有讲究。《左传·哀公十五年》记载卫国发生内乱，孔子的学生子路被人砍断了系冠的缨，他认为"君子死，冠不免"，于是停下战斗来"结缨"，结果被对方杀死了。在他看来，"冠"比生死更重要。

这一点在汉代有增无减，《后汉书·马援传》记载，马援没做官时，"敬事寡嫂，不冠不入庐"，不戴"冠"不进家门，可见"冠"事关教养和体面。古时不戴冠的只有四种人：小孩、罪犯、异族人和平民。因此，东汉开始的冠服制度，特别注重用衣、冠来区分人的等级地位。从天子到低层官员，冠冕有冕冠、长冠、委貌冠、爵弁、通天冠、远游冠、高山冠、进贤冠、法冠、武冠、建华冠、方山冠、术士冠、却非冠、却敌冠、樊哙冠 16 个等级，以区分人们的爵位和地位。[2]其中"冕"是天子、诸侯、大夫的祭服，又叫延，是一块长方形的板，延覆在头上；"旒"又写作鎏，是在延的前沿挂着的一串串小圆玉。后来只有帝王才能戴冕且有旒，于是"冕旒"就成了帝王的代称。[3]

此外，贵族戴的冠还有"弁"，有皮弁、爵弁之分。皮弁由白鹿皮做成，几块皮料拼接，缝制形式类似后世的瓜皮帽。爵弁又称雀弁，是红中带黑色的弁，因颜色与雀头相近而得名。[4]冠、冕、弁虽然是三种穿戴物，但都是男子的头衣，大同小异，总称为冠。从现存的汉砖画中可见冠之形制（图 3-9）。

---

[1] 郭廉夫，毛延亨. 中国设计理论辑要（修订本）[M].南京：江苏凤凰美术出版社，2017：50.

[2] 谢国桢. 两汉社会生活概述 [M]. 北京：北京出版社，2016：62-63.

[3] 王力. 古代文化常识 [M]. 北京：中华书局，2021：194.

[4] 许嘉璐. 中国古代衣食住行 [M]. 北京：北京出版社，2016：9.

图3-9 汉砖画，东汉，美国波士顿美术馆藏

在汉代以前，只有士大夫才有资格着冠，普通平民则使用一块布包住发髻，称为帻巾。但东汉末年至两晋南北朝时期，风尚为之一变，文人士大夫也以着巾为荣。苏轼在其《念奴娇·赤壁怀古》中写周瑜"羽扇纶巾"，就是那个时代风尚的体现。

唐代以前，妇女无冠。和男子二十而冠一样，女子讲究十五而笄，把头发盘到头顶上用一块巾帛包裹住头发，再插上笄、簪固定，以示成人之礼。妇女的笄、簪也有讲究。《周礼》记载天子有用"玉笄"的说法，《西京杂记》记载"（汉）武帝过李夫人，就取玉簪搔头，自此宫人搔头皆用玉"，后来也因此称簪为"搔头"。簪子不但镶以珠玉，后来还在根部缀上珠玉垂下来，称作"步摇"，因为人一走动它就摇晃，白居易《长恨歌》里"云鬓花颜金步摇"，即此之谓也。不过，穷苦人家用不起珠玉，只能用骨、竹或荆条做簪、钗。《列女传》记载，汉代梁鸿

因为家贫，他的妻子"荆钗布裙"，所以后来人们以"拙荆"作为对自己妻子的谦辞。

2. 朝服与常服

汉代的朝服为袍，通过质料和颜色区分等级身份，红色为上，青绿次之。在袍外官印上佩挂组绶，也是通过颜色区分身份高低和官职大小。帝王、地主、贵族多是"峨冠博带"，其上朝和祭祀等典礼用的礼服上有日、月、星、辰、山、龙、华虫、藻、火、粉、米、黼黻等共十二章不同的花纹，这些花纹各有其象征意义。皇帝的服装用的是全份十二章，诸侯三公用"山"以下八章，九卿及以下用"华虫"以下六章。汉代的常服式样就很繁多了，但大致可分为长袍和短衣两类。其中长袍较流行的有三种：禅衣、襜褕和複袍。

襜褕是禅衣的变种，前襟之下没有续衽，而是直垂，腰部粗一些，较为宽松，秦汉之初男女通用，两汉之际成为了女子的常服，一般质料比较厚，甚或加皮毛装饰，是春秋季节比较常见的外衣。複袍有里有面，并且常常夹棉絮，是冬天的常服，其中用新棉之细长者称为"纩袍"，多为上层人士所穿；用旧絮或新棉之短粗者称为"缊袍"，多为贫民所用，有一些身居高位却洁身自好的官员、隐居山林安贫守志的儒生也常穿缊袍。

值得注意的是，民族融合也在推动着服装式样的改变，战国时代赵武灵王"胡服骑射"，为了行动便利提倡穿短衣。这种风尚在汉代进一步发扬光大。上面穿的短衣叫褶，下面穿的叫袴（裤），褶袴本来是武士和劳动人民穿的衣服，后来演变成了从官吏到市民普遍习用的服饰，不同阶层在材质、式样上会有不同，如贵族子弟喜用丝绸做袴，被称为"纨袴子弟"。女子的衣服，

上面的短衣叫襦，下面穿的叫裙。另外，汉代外衣有襟无领，内衣有领，领又分圆领和方领。一般人穿圆领，只有知识分子穿方领，还要迈方步。《后汉书·马援传》就记载马援的哥哥以豪贵自居，平日里都做出这种高人一等的样子。

在衣服颜色的选择上，秦代尚黑；汉代官吏一般穿绛色或深黄色，劳动人民多穿皂色衣服或白色裤子。今天通过文物、文献看到的汉服式样繁多，不过主要为贵族精英阶层所用。普通百姓大多着犬马之衣，甚至衣不蔽体。当时逢时令交替更换衣服是很有仪式感的事情，农历七月七日有晒衣服的习俗，晋代名士阮咸家贫无物，不能免俗，就脱下自己身上穿的犊鼻布裈用竹竿挂起来晾晒。[①]《史记·司马相如列传》记载，司马相如与卓王孙新寡的女儿卓文君私奔，先到成都，日子过不下去，又回到临邛，文君当垆卖酒，"相如身自着犊鼻裈与佣保杂作，涤器于市中"，这让临邛首富卓王孙很没面子。

衣冠里面有文化、有礼制，更有当时人的生活形态，这一点从鞋子上也能看出。秦、汉时代穿的鞋子叫"履"，也有着丰富的样式，常见的有圆头鞋和歧头履。做鞋的质料有皮革、柔皮，在久立的礼仪场合或走湿泥地时，当时人还穿木底的舄。不过，普通劳动人民大多穿麻鞋和草编鞋，俗名叫做"不借"，因为鞋是要随时穿的，所以即便是草鞋敝履，也不能拿来借人。[②]

3.2.3 作为交流媒介的丝绸

在汉代，织绣物品经常作为礼物互赠，《汉书·匈奴传》记载，孝文前元六年（公元前174年）的报匈奴书里，所赠物品包括"绣十匹、锦二十匹、赤绨绿缯各四十匹"等。秦汉时期也是我国对外交流的全新阶段，陆上丝绸之路与海上丝绸之路的开通，促进了中西方的经济、文化交流。丝绸作为商品流通到朝鲜、日本、蒙古乃至遥远的西亚、欧洲，很受各国人民重视。通过丝绸之路，以丝绸为代表的中国产品源源西进，让远在罗马帝国的贵族男女也为之痴迷。公元前1世纪，罗马执政官恺撒大帝穿着一件中国丝袍去看戏，引起了观众的围观、赞叹。丝绸不断输入，成为西方上层社会追逐的时尚，人们称之为"东方绚丽的朝霞"。公元2世纪前叶，罗马地理学家托勒密的《地理学》，记载了马其顿商人遣使到达"塞里斯"（"Seres"，即丝之国）的记载。这一记载在我国史籍中也得到呼应，《后汉书·和帝纪》记载："永元十二年，冬十一月，西域蒙奇、兜勒二国遣使内附，赐其王金印紫绶"。

交流是双向的，西方的织物、衣料和对应服饰艺术也不断传入，并在汉代得到推广。《续汉书·五行志》载："灵帝好胡服、胡帐、胡床、胡坐、胡饭、胡箜篌、胡笛、胡舞，京都贵戚皆竞为之"。西方的葡萄形象已出现在中国的锦面上，新疆出土的纺织品中有一定数量的外来产品，主要为棉、毛织物（毛布、毛毡）等。民丰尼雅遗址中的一座东汉墓出土两块蓝白印花棉布残片，是我国目前所知最早的棉布，棉布上的女神为中亚的丰收女神阿尔多克洒（Ardochsho），专家推测是从贵霜（与汉朝、罗马、安息并列的四大强国之一）传入。[③]

① 谢国桢.两汉社会生活概述 [M].北京：北京出版社，2016：70.

② 谢国桢.两汉社会生活概述 [M].北京：北京出版社，2016：71.

③ 刘尊志."丝路"背景下的汉代日常生活 [J].历史教学（上半月刊），2019（11）：20-27.

3.3　秦汉建筑与生活起居

春秋、战国时代，城市日趋繁荣和扩大，齐国都城临淄的发展非常典型，《史记·苏秦列传》说这里有"七万户"，算起来大约有三十万人口，出现了"车毂击，人肩摩，连衽成帷，举袂成幕，挥汗成雨"的盛况。而作为富强的大一统帝国，秦、汉时代的"造城"运动更是空前的，无论是秦代的都城咸阳，还是汉代的都城长安，都极一时之盛。

3.3.1　都城建设

秦王朝将原来各诸侯国的名门望族都迁到了都城咸阳，全国的工匠也向都城集中，这在一定程度上推动着"大城"崛起，却让先秦时代的各种地方传统遗失大半。[1] 汉代的都城建设，先有西汉时的长安，后有东汉时的洛阳，也都是进一步强化了这种"大城"路线，班固的《两都赋》、张衡的《二京赋》写出了这两个都市的盛况。公元 2 年的首次人口普查显示，长安城居民在 25 万 ~ 50 万人之间。[2]

汉代的长安，确立了首都以宫城为主体的规划思想，这一原则一直为历代帝王所遵守。[3] 在宫城的规划建筑之外，平民住宅区、商业区和街道的规划布局也受到重视。长安城里有九府、三庙、九市、一百六十间里，错落分布在城市南、北部的宫城周围，帝王和平民是"杂居"状态。

班固《西都赋》："九市开场，货别隧分。人不得顾，车不得旋。阗城溢郭，傍流百廛。红尘四合，烟云相连"[4]，写出了汉代长安城的盛世繁华和人间烟火。

出土于四川广汉的市楼画像砖生动再现了汉代市肆的面貌。画面中共有 6 人，两两相对在做交易。砖右边有一市楼，内有二人相对而坐，其中一人身着冠服，踞席而坐，应是官吏。市楼上有隶书题记"市偻（楼）"二字。市楼上悬一大鼓，击之以开、闭市门。市楼是市肆中最高大显著的建筑，在上面可以观察并监视市内交易情况（图 3-10）。

图 3-10　市楼画像砖，东汉，四川广汉出土，中国国家博物馆藏

汉代长安专设有维持治安的"执金吾"，实行宵禁政策，禁止市民夜行，只有在元宵佳节的时候，市民才可以尽情欢乐，看灯游玩，即"金吾不禁之夜"，这种制度也被后来的朝代所沿用。"执金吾"即维持治安巡城的官员，汉光武帝刘秀发达之前的人生志向之一就是"做官当做执金吾"。

① ［美］伊沛霞 . 剑桥插图中国史 [M]. 赵世瑜，赵世玲，张宏艳，等，译 . 长沙：湖南人民出版社，2018：62.
② ［美］杜朴，文以诚 . 中国艺术与文化 [M]. 张欣，译 . 北京：世界图书出版公司，2011：99.
③ 许嘉璐 . 中国古代衣食住行 [M]. 北京：北京出版社，2016：130–131.

④ ［南朝梁］萧统 . 文选 [M]. 张启成，等，译注 . 北京：中华书局，2019：24.

3.3.2 宫殿建筑

在战国时期，"高台榭""美宫室"已成为各个诸侯国不约而同的做法，秦统一过程中更是每灭一个国家，就在咸阳城的北边仿建这个国家的宫室。秦统一六国之后，咸阳城汇集各国建筑艺术之精华，成为"集珍式"的建筑群落。司马迁在《史记》中说，渭河南北二百里内，有宫观二百七十座。其中最有名的是公元前 212 年开始兴建的阿房宫，前殿建在高台上，殿前有驰道直达南山，殿后加复道，跨过渭水与咸阳相连，整个格局跨度几十里，带山跨河，规模惊人。

未央宫是汉代建造的第一座宫殿，在萧何监督下由"目习阿房"的秦朝旧匠修建而成。《西京赋》中说："疏龙首以抗殿，壮巍峨以岌嶪"，写出了这一长安最高大宫殿的宏伟气势。《史记》记载，刘邦看到未央宫的奢华程度，禁不住发了怒，因为秦代败亡的教训殷鉴不远。萧何解释说："天子以四海为家，非壮丽无以重威"，刘邦才坦然接受，建筑的这种政教作用也为后世帝王所看重。班固《西都赋》写未央宫"据坤灵之正位"，张衡《西京赋》也说"正紫宫于未央，表峣阙于闾阖"[①]，都表明未央宫建在长安城的中轴线上，以显示封建帝王至高无上的权势，这一建筑原则也一直被历代统治者所推崇，直至明清以北京城为代表达到巅峰。

汉代建筑"以大为美"，未央宫面积相当于 7 个故宫大小。西汉建筑在汉武帝时达到高峰，除原有宫殿外，又建起建章宫、甘泉宫、上林苑等庞大的建筑群。其中，建章宫可谓中国最早的高层建筑，范围数十里，被称为"千门万户"。

据文献记载并参照出土的汉画像石，汉代

在重要建筑入口前均设"阙"，这是一种礼制性建筑，多建在城门、宫殿、祠庙、陵墓前用以记官爵、表功绩，并表征神仙道教思想，是人神交流的物质空间，通常用石雕和木砌而成。另外，斗拱也是汉代建筑上特有的构件，由方形的斗、升、拱、翘、昂组成，其功能是承受上部支出的屋檐，既承担了力学功能，也具有装饰效果。

3.3.3 园林建筑

汉代的上林苑是我国历史上规模最大的园林，始建于秦代，汉武帝时代扩建。据记载其周长 100 余千米，内有离宫 70 所，有渭、泾、沣、涝、潏、滈、浐、灞八水出入其中，即后人所谓"八水绕长安"。上林苑的建章宫中有太液池，池中筑三岛模拟东海三山，开创了人为造山的先例，也奠定了我国古典人工园林"一池三山"的格局。

3.3.4 平民建筑

在历史上，木材是中国民居主要的建筑材料，秦汉时代也概莫能外。但因为距离今天太过遥远，汉代的地上建筑目前留存下来的只有河南、四川等地墓葬遗址的几十幢石阙。此外，山东有几座石祠堂，其中保存最好的是济南市长清区的孝堂山祠堂和济宁市嘉祥县的武氏祠，这些石祠在细节上仿照了当时的普通建筑，如屋顶和斗拱等。汉人有"谓死如生"的观念，所以通过墓葬中随葬的陶制房屋模型和墓壁所绘、所刻的房屋结构图，现代人可推测当时房屋建筑的基本特色。

《汉书·晁错传》记载："自高后以来……家有一堂二内，门户之闭，置器物焉"，可见汉代民居多采取"一堂二内"的体制，即一明两暗的

---

① ［南朝梁］萧统. 文选 [M]. 张启成，等，译注. 北京：中华书局，2019：30.

房子，但贫富差别明显。富裕人家，家宅殷实，可以做到高台层榭，接屋连阁；贫穷人家，却往往家徒四壁。出土于四川汉墓中的画像砖上的房屋结构图显示，汉代民居有着庭院式布局，围绕庭院建屋可以辟出多个内、外空间，因此，像洗碗、脱谷等家务和农事活动，都可以在自家庭院中完成（图 3-11）。

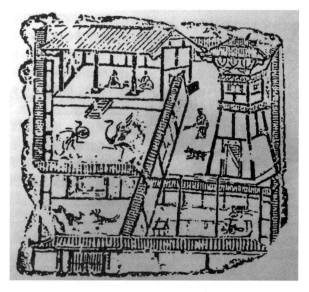

图 3-11　宅院画像砖，东汉，1954 年四川成都扬子山出土，中国国家博物馆藏

民居的基本结构是用木材造屋架，用木柱支撑茅屋顶或瓦顶，围绕木质屋架修建四面的墙壁，墙壁一般用砖、土坯或泥砌成。屋檐一般伸出来一段距离，用来保护墙壁免遭风雨的侵蚀。屋檐由木架构支撑，木架构本身也有着装饰的作用。屋瓦的尾端一般装饰有用模具压出的一些图案。

3.3.5　起居用具

所谓"门户之闭，置器物焉"，是指居室内的陈设与用具。汉代屋子里的用具主要是床，当时床比较矮，讲究的人在床周围还要设屏风。《汉书·陈万年传》记载，陈万年生病卧床，叫儿子来床边训诫，一直说到半夜，他儿子困了，头碰到屏风上，陈万年很生气。除了床以外，还有从北方胡地传入的"榻"，较窄且长，方便移动，可以挂在墙上。王勃《滕王阁序》中所谓"徐孺下陈蕃之榻"，就讲了东汉时期的一个历史典故：《后汉书·徐稺传》记载，陈蕃出于对徐孺子的礼敬，"特设一榻，去则悬之"，专门为他做了一个榻，徐孺子来访的时候，就把床榻放下来，他走了便悬挂起来。这也是"下榻"一词的由来。

战国赵武灵王时开始制作"胡床"，也叫绳床，可以折叠，有点像今天的马扎。汉武帝喜欢坐胡床，东汉灵帝更是胡文化的"发烧友"，不仅喜欢坐胡床，而且好胡服、胡帐、胡坐、胡饭、胡箜篌、胡笛、胡舞……胡床也由此普及推广开来。辽阳市棒台子出土的第二号墓壁画上有宴饮的画面，正中画两方榻，榻上各坐一人，旁边有侍者传餐，从中可以看出，汉末到魏初，已由席地而坐发展为踞坐方榻。从此，中国古人一直沿袭的踎足席地而坐的方式，逐渐转变为垂足而坐的高坐方式，至于椅子的出现，要到唐宋以后了。不过，在秦汉时代，席地而坐仍是最主流的方式，这种方式影响到朝鲜和日本，日本到现在依然保留着席地而坐的习惯。

古人对居室内的方位很讲究，《尔雅·释宫》中说："西南隅谓之奥，西北隅谓之屋漏，东南隅谓之窔，东北隅谓之宧"。室内西南角叫"奥"，是不见户明所在秘奥之地，一般是主人的寝室；西北角叫"屋漏"，研究者认为是"厕漏之地"，是洗浴、便溺的地方，所以也比较隐秘，古语中有"不愧屋漏"的说法；东南角叫做"窔"，也是幽暗之地；东北角叫"宧"，阳气始出，是布养之地。

与这种"四隅"的方位布局相适配，汉代人对宾主入座的席位布局非常讲究，要根据在场者不同的年龄、身份、地位来选择恰当的位置朝向，以体现长幼有序、尊卑有次、主客有别。在所有参加活动的人中，居于核心地位的人被称为"主席"或"主座"，时至今日，"主席"已经成为领导者的代称。

3.3.6 秦砖汉瓦

秦汉时代的地面建筑今天已荡然无存，但可以通过文献记载和地下陵墓推测其形制。木结构是 2000 年封建社会的主要建筑结构，从秦汉到唐宋、明清一以贯之，"中国建筑最大限度地利用了木结构的可能和特点，一开始就不是以单一的独立个别建筑物为目标，而是以空间规模巨大、平面铺开、相互连接和配合的群体建筑为特征的。它重视的是各个建筑物之间的平面整体的有机安排"①。李泽厚指出，中国建筑的这一特征使其以一种特有的实践理性区别于其他民族，特别是在儒学成为主流意识形态之后，更加强化了建筑作为人的居所而非神的庙堂的特点，从而"不是孤立的、脱离世俗生活、象征超越人间的出世的宗教建筑，而是入世的、与世间生活联系在一起的宫殿宗庙建筑，成了中国建筑的代表。"②

这种与世间生活的联系，使得中国传统建筑充满了各种供人玩赏的精细艺术。斗拱、飞檐的各种讲究，千门、万户的门窗形式，重轩镂槛、雕梁画栋的细节追求，使得对建筑部件进行美术

加工成为我国建筑史上的一个优秀传统，秦、汉时期更为典型。斗拱在汉代已成为大型建筑挑檐常用的构件，种类呈现出多样化特点。此外，中国古代木构架建筑中常用的抬梁、穿斗、井干等多种基本构架形式，在秦汉时期也已经成型。

砖、瓦的发明也是建筑史上的重要成就。我们常说"秦砖汉瓦"，这一时期砖、瓦上的艺术可谓包罗万象。从装饰纹样看，其内容和形式相当丰富：有几何纹样，如平行线纹、方格纹、米字纹、太阳纹、窗棂纹、卷云纹等；有动物纹样，如饕餮纹、蟠螭纹、龙纹、鸟纹、鹿纹、虎纹、豹纹等；有植物纹样，如莲花纹、葵纹、桑园纹等；有人物纹，如讲学、宴乐、百戏、车马出行、播种收割、舂米、酿造、盐井、探矿等生产和生活场景；有文字纹，如"维天降灵""延元万年""天下康宁""永受嘉福"等吉祥祝颂语汇；有"单于和亲"等历史事件，有"上林""马氏殿当"等宫殿名或者户主名……这些装饰纹样都是当时意识形态、社会文化、百姓生活的反映。

李泽厚认为，中国建筑始终体现出一种古典理性的精神，其中一个重要表现就是建筑物在结构上严格对称，展现出一种严肃、方正和井井有条，这种整齐屋宇的建筑形制体现的正是"儒"的精神。而随着后期封建社会经济生活和意识形态的变化，各种移步换景、供人玩赏的园林艺术日益发展，也不过是用"自由园林"（道）来补足居住的"整齐屋宇"（儒）罢了。③

---

① 李泽厚. 美学三书 [M]. 合肥：安徽文艺出版社，1999：67.
② 李泽厚. 美学三书 [M]. 合肥：安徽文艺出版社，1999：68.

---

③ 李泽厚. 美学三书 [M]. 合肥：安徽文艺出版社，1999：79.

3.4　秦汉交通工具与出行方式

交通关乎秦汉统一帝国对全国经济、政治、文化的治理，因此也受到了空前重视。秦代最突出的做法是"车同轨"，拆除诸侯国间的交通屏障，以咸阳为中心修建东、南、北三条驰道，并统一全国各地车轨的距离为六尺，方便了京师到各地的交通。汉代以首都长安城为核心，也建设了四通八达的驰道，西南联通益州，东北可以直达幽燕。交通空前发达，方便了人们出行。

3.4.1　交通设施

围绕驰道，汉代政府做了很多配套建设：

一是设立都亭和乡亭，所谓十里一亭、五里一邮，用来接待官吏、缉捕盗贼、监察百姓、维持治安，这种设置东到乐浪（今朝鲜境内）、西到居延（今内蒙古自治区额济纳旗东南约 17 千米处），普及于全国范围。

二是设置驿，所谓"驿马三十里一置"，《后汉书》记载"举天下为千六百三十九驿"，用来传递信息，类似今天的邮局。

三是烽燧之置，在战略要塞驻扎军队，建筑坞障，如同小城一样。

四是在要害地设立关隘，如汉代为了保护首都长安，在华山之东的崤函地带设立函谷关，在东北部设立居庸关，在西行要道上设立玉门关、阳关，凡来往行人要过关者，均需要通行证，当时叫做"传"。

五是逆旅，私人所设，为过往旅客提供食宿。逆旅始于秦汉，到晋初依然流行，但在当时统治阶层眼里，逆旅"逐末废农"，而且为奸淫亡命之徒提供了庇护所，各地官吏时有侵占，晋武帝还曾经想彻底将其废除。野史性质的《汉武故事》记载，汉武帝曾经到一个叫柏谷的地方，晚上到一处逆旅投宿，逆旅主人说他"长大多力"，却不好好种地，夜行到此，非奸即盗。他没做解释，跟逆旅主人讨要面浆，逆旅主人没好气地回答他："有尿，没浆"。

通过这一系列建设，汉代的长安城成为四方辐辏之地，"东西各地的货物，云集京师；燕赵巴渝的歌舞，都来到都下"[①]，当然，要做到这一点，就需要车马和其他水路交通工具了。

3.4.2　陆上交通工具

汉代的陆上交通主要靠车马，而且经历了一个发展过程。西汉初年，丞相还只能坐牛车。汉武帝通西域后，大宛的"汗血天马"不断引入和繁殖，卫宏《汉旧仪补遗》记载长安城里"奴婢三万人，分养马三十万头"，马逐渐成为主要的骑乘和驾车畜力。今天出土的汉画像石，很多车马出行的阵仗，可见当年"马车社会"的流行。出土于甘肃雷台一座公元 2 世纪的墓葬中的官员出行青铜组像，整个行列包括 17 名士兵、28 名仆从、39 匹马、14 辆马车，各高盈尺，很有排场（图 3-12）。

汉代的车种类繁多，乘车也是上下各有等级，《后汉书·舆服志》记载，皇家御用的车辆有玉辂、乘舆、金根、安车、立车等类，一般官吏和市民所用的车有轺车、辎车和骈车。轺车如《汉书·平帝纪》所说"立轺并马"，是两匹马拉的"立乘小车"。辎车和骈车是有蓬、可以载重和卧息的车，二者的区别是"有邸曰辎，无邸曰骈"，邸就是后辕，四面有屏障，是妇人所乘的

---

① 谢国桢.两汉社会生活概述 [M].北京：北京出版社，2016：120.

图 3-12　铜车马出行仪仗，东汉，甘肃武威雷台汉墓出土

牛车。

马拉的是小车，用以拉人；牛拉的是大车，用以载物。但到了汉末，兵荒马乱，马的数量骤减，牛车取代马车成为了载人的主力。这种牛车修饰得十分讲究，而且比马车安稳，很受仕女一族喜欢，南朝刘义庆《世说新语》记载，当时很多游手好闲的士大夫阶层乘着牛车到洛阳河边游春。

此外，还有军事上专用的作战车辆，如中心设立大斧的"斧车"，作战用的戎车和武刚车，车身狭长的快车"追锋车"等。《资治通鉴》记载，司马懿疑心京师有变，乘坐追锋车昼夜兼行，四百余里的路程一晚上就赶到了。

贫苦的农民是无法乘车的，西汉晚期，劳动人民创造了用人力推着走的独轮车，称作"鹿车"。研究者认为，鹿车的"鹿"，并非如古人所说"鹿车窄小，裁容一鹿"，而是像汲水的辘轳一样用了轮轴。这种车一个人就可以推动，俗称为不吃草的牛（木牛）、能流转的马（流马），所以《三国演义》里讲的诸葛亮发明"木牛流马"，应该是来自于劳苦大众的民间智慧。

3.4.3　水上交通工具

水上交通运输方面，汉代政府在长安设立了船司空，作为官营手工业专门造船的机构。汉代的造船业已经相当发达。当时的船，多用于军事，有比较大型的楼船，有冲突敌船用的狭而长的艨艟，有在江上航行其快如马的赤马船。当时造船已经用粮食重量来估算船的载重量，五百斛以上的船上有小屋，叫斥候，可以瞭望敌人的进退。三百斛的叫輣，二百斛以下叫艇，一二人所乘。

在汉代画像砖上有画钓鱼的小船，《后汉书·邓训传》也提到"缝革为船，置于箄上以渡河"①，可见今天不少河上常见的皮筏子，从汉代就有了。1954 年广州先烈路出土的东汉陶船，分前、中、后三个舱室，船首有碇，船尾有舵。根据船上所塑人物身高比例测算，此船长约 14~15 米，载量约 50 石，在当时应是一艘中等以上的船（图 3-13）。

————————
① 谢国桢．两汉社会生活概述 [M]．北京：北京出版社，2016：128–129.

图 3-13　陶船，东汉，1954 年广州先烈路出土，中国国家博物馆藏

3.5　秦汉生活用器与社会风俗

秦汉人的饮食用具已经形成明显的社会分化。一般百姓做饭的炊具，多是粗糙的瓦器。盛放饮食多用竹器，当时叫算器，其中圆的叫箪，方的叫笥。贵族富户人家则是"钟鸣鼎食"，他们的炊事用具多用精美的陶器，盛放饮食则用铜器或彩画的漆器。三国时期，还发明了可以放上鸡鸭鱼肉等五种食品的鼎，叫做"五熟鼎"。饮酒用的酒具叫做羽觞，具体又有尊、爵等不同。在适用化、生活化的时代潮流里，传统的造物文化在发生着巨变。

3.5.1　走向适用的青铜器

过去多作为礼器的青铜器在汉代向着适用性方向发展。礼器减少了，日用器增加了，器物趋向轻便化，装饰也日趋简朴，素面朝天的器物逐渐成为时代主流。从品类上看，过去奴隶主用的高级青铜酒器，如爵、斝、觚、彝等逐步退出了时代的舞台；但生活用器的形式却日渐丰富，如壶、鼎、盘、鉴、尊、匜、敦、豆、钫、钟等，

以更实用的形式、更轻便的造型，走进了汉代人们的生活。

这些生活用器造型普遍较以往更加轻便、整洁，器壁较薄，辅饰件较少。小型低矮器物取代了过去方正雄壮的大型器物，各式套环、提梁、提链代替了过去狰狞厚重的兽状耳。平面刻画的纹饰代替了过去雕塑式、通体刻铸阴阳纹的装饰。

1968 年河北满城汉墓出土的错金银鸟篆文青铜壶，以鸟篆文书写颂酒诗文"充闰血肤，延寿却病"的内容，鸟篆文和图案花纹都用金、银双线勾勒表现，显示了汉代错金银工艺的卓越成就（图 3-14）。

图 3-14　错金银鸟篆文青铜壶，西汉，1968 年河北满城汉墓出土，中国国家博物馆藏

3.5.2　成为日用主流的漆器

漆器因为比青铜器、陶器更具实用和欣赏价值，在秦汉时代经过长足的发展，成为日用器具的主流。此前漆器在周代已经有专官管理，著名思想家庄周就曾经做过漆园吏。进入封建社会，漆器制作更为官府所重视，在经济和社会生活

中占据了更重要地位，《史记·货殖列传》记载："陈夏千亩漆……与千户侯等"，其制作之发达可见一斑。

漆器制作，战国以前普遍采用雕木为胎的工艺，即取一块大小与所做器物相适应的木块，旋出外壁和底部，腹腔雕凿而成，多用来做鼎、钟、盒等器具，受制约较大。战国开始，新的工艺——卷模成型和夹纻成型的方法被大量采用，大大提高了漆器生产工艺的适用性。而且此时青铜器虽然由礼器转向更具适用性的器具，但整体还是偏于高档，非普通百姓日常用器。

冶铁业虽然发达起来，但铁器更多用于农业、手工业工具制作，也没有成为生活用品的主流。陶器正向瓷器过渡。在这样的情况下，加上自身轻便、耐用、防腐、可彩绘装饰等特点，漆器当仁不让地成为最受人们欢迎的生活用器。这一点，从湖南长沙马王堆汉墓一次性出土184件保存完整的漆器就可见端倪。

汉代漆器的造型除了部分继承青铜器如鼎、钫外，更多的是新创器物，如奁、卮、几、案、耳杯等，盘、盒的造型也有很大变化，总的造型特点是没有青铜器的刚劲，也没有陶瓷器的厚拙，而是更加轻巧和便用。漆器的种类丰富，广泛应用于生活用器、大件家具、交通用具、乐器、兵器、丧葬用具等数十个品种，可以说涵盖了社会生活的方方面面。

在生活用具上，又分为鼎、盒、奁、盘、案、豆、耳杯、卮、羽、钟、钫等多种形态，给人们的生活带来了极大的方便。案的使用在汉代已经较为普遍，时人吃饭时会将碗盘放在案上再上席。案有点像今天讲的托盘，一般为长方形或圆形，四足或三足，既小且矮，比较轻便，所以《汉书·梁鸿传》记载梁鸿的妻子能够"举案齐眉"（图3-15）。后来出现的书案、奏案，应是由食案演变而来。

图3-15 云纹漆案及杯盘，汉代，长沙马王堆1号汉墓出土

漆器在汉代的普及，从今天的考古发现中可见一斑。在汉代规格较高的墓葬里，一次出土数十件乃至上百件漆器不算稀奇，皇家墓葬更是多达上千件。这些精美的漆器主要产自官府的作坊，但生产的地域远及当时的偏僻之地，声誉最高的产地在成都。除了轻便实用外，漆器的装饰之美也是很突出的，主要的装饰方法是彩绘和被称为"锥画"的针刻、戗金、贴金银箔、螺钿、镶嵌珠宝等。秦代的彩绘图样多为变形鸟头，较为粗放舒朗。汉代则以云气为典型，并与鸟兽和几何纹搭配。尤为值得注意的是，这时期出现了很多神仙、忠臣、孝子等人物题材的图案，和两汉的时代精神、意识形态若合符节。但到了东汉中期，盛极一时的漆器便走向了式微，数量减少了，装饰也更趋于简素，这和陶器的进步与瓷器的崛起有关。

3.5.3 陶器向瓷器过渡

秦汉时代，工商业的发达、城邑规模的扩大和商品贸易的发展，使得陶瓷生产更加集中和专业。河南洛阳、河北易县、山西侯马等地都发现了较大范围的窑厂遗址，其中易县发现的一处窑厂遗址面积达到十万多平方米。在不少陶器的铭文里出现"陶里""豆里"等字样，可见不少产品的生产已经呈现专业化发展。

这一时期的日用陶器以灰陶为主，烧成温度在 1000 摄氏度上下，常见的器物有用于盛放食物的罐、壶、盆、缸、瓮等，用于饮食的碗、豆、杯、盘、案、勺等，用做炊器的缶、鼎、甑等。与此同时，南方的原始瓷器制作工艺不断进步，在东汉中晚期，青瓷和黑瓷出现了，其烧成温度达到 1300 摄氏度上下，比原始瓷器胎体更结实、釉面更莹润、透明度更高、吸水率更低，而且其原料分布广泛且丰富，成本较铜器、漆器更低廉，所以一经出现就获得了人们的青睐，成为非常普遍的日常生活用器。当时常见的器型有碗、盏、盘、盆、洗、壶、钟、罍、罐、唾壶等。整体来看，这时候的瓷器尽管还不够精美，却以优良的品质奠定了持续创新发展的基础。

3.5.4　从礼器到日用的铜器

实用性和审美性结合，成为汉代造物的一个时代潮流。最典型的是铜器，一改先秦时代的以礼器为主，向日用器具方向阔步前进。因为和生活贴近，样式丰富多样，铜灯的制作在汉代进入鼎盛期，有高足灯、雁足灯、豆形灯、盒灯、行灯、牛灯、羊灯、鹿灯、人物执灯等。其中，1985 年出土于山西省朔县照十八庄的西汉彩绘雁鱼青铜釭灯，高 53 厘米，整体作鸿雁回首衔鱼伫立状，由雁衔鱼、雁体、灯盘和灯罩四部分分铸组合而成，表达着汉代人们对夫妻恩爱、生活富足等美好生活的愿景，构思设计精巧合理，达到了功能与形式的统一（图 3-16）。

两汉也是铜镜艺术的高峰期，从西汉中期开始，汉镜独特的风貌显现出来，地纹消失，图案以镜钮为中心严格对称，出现了草叶、星云、四

图 3-16　彩绘雁鱼青铜釭灯，西汉，1985 年山西省朔县照十八庄出土，中国国家博物馆藏

螭、方格、规矩、连弧、夔凤、盘龙、神兽、画像等镜。自汉初已有的铜镜铭文进一步加长，很多镜铭都脍炙人口。如秋风镜铭："秋风起，予志悲；久不见，侍前稀"，相思镜铭："君有行，妾有忧；行有日，反无期。愿君强饭多勉之，仰天太息长相思"，佳人镜铭："清治铜华以为镜，昭察衣服观容貌，丝组杂遝以为信，成宜佳人"。

3.5.5　饰品用玉成为时尚

两汉玉器素有盛名，同样体现出礼仪用玉在衰落，饰品用玉成为时代潮流。饰品用玉分两种，一种是佩玉，设计优美流畅；一种是器物饰件，以剑饰为多。另外，玉制日用品还有带钩、印玺和部分容器。广西越王墓出土的角形杯造型奇异，应该同西方艺术大有渊源。除了君子比德如玉的修养外，汉人相信玉石可令尸骨不朽，精气不泄，因此玉衣、九窍塞、握玉等丧葬玉器为数不少。其中玉衣尤为引人注目，是帝后亲贵的殓服，非常极致地体现了两汉统治阶层的厚葬之风。

1973 年出土于河北省定县八角廊村 40 号汉墓的西汉金缕玉柙，分为头罩、脸盖、上衣前片和后片、左右袖筒、左右手套、左右裤筒和左右脚套等部分，共用玉片 1203 片，金丝约 2567 克，系分片连缀而成。玉柙主人为中山怀王刘修，是著名的河北满城汉墓墓主刘胜的后代，死于公元前 55 年。此墓曾在盗掘中被火烧过，这件玉衣是受过焚烧后的劫余之物，但色泽却更为缤纷（图 3-17）。

图 3-17 金缕玉柙，西汉，1973 年出土于河北定县八角廊村 40 号汉墓，中国国家博物馆藏

本章小结

秦、汉时期是中国"大一统"封建帝国的第一个高峰阶段，是一个体现文化自觉与自信的大时代。统一而强盛的帝国使得造物艺术获得极大发展，中央集权的政治制度使各地工艺美术的制作面貌也趋于统一。秦、汉时代的手工业生产，有官营作坊，有私营作坊，还有专门为宫廷服务的御用作坊。这些作坊规模大的竟有千人之多，工人之间分工明确，互相协作，类似今天的"流水作业"，生产效率和产能产量都有了很大的提高。

在这一时代精神的形成中，崇文尚礼的齐鲁文化，浪漫瑰奇的楚汉文化，实现了南北文化的第一次合流，分别在意识形态和艺术美学上形塑着汉代文化的精神风貌。在这样的时代风貌影响下，秦汉，尤其是两汉的造物艺术体现出铺张扬厉、浪漫雄奇的时代特征。而这种时代特征和此前的时代迥乎不同，它更多地体现出人是万物的尺度，体现出人对世界的认知和征服。各种造物艺术和门类，也不约而同、程度不同地体现出向生活化、适用性的转型。传统的青铜器逐渐褪去狞厉权威的神性光晕，在走向生活日用中进行了最后的告别演出。以丝绸为代表的织绣工艺成为时代的主角，并借助丝绸之路的开辟上演着"冠带衣履天下"的绝世风华。漆器在民生日用层面大行其道，引领着时代生活的潮流。两汉玉器也在从礼器到日用的转型中达到了高峰。

在中西交汇中，中华文化开始融汇众流。"丝绸之路"的开通，带来了中西文化的交流和碰撞，也在生产、生活层面带来了新鲜的物质和文化。在国势蒸蒸日上的时代背景下，汉代的文化自信使得朝野对外来文化持开放的态度，从帝王到贵族阶层崇尚胡俗、胡妆、胡服、胡食、胡器、胡乐、胡舞，外来的胡风流行朝野。

总体来看，秦汉时代的造物艺术与生活方式实现了空前的融合，并在融合中创新，开创了独具特色的面貌，在部分门类上甚至有"空前绝后"的成就。但时代生活就像一条奔涌向前的河流，永不停息。秦汉时代的生活化、适用化潮流继续向前，在魏晋南北朝时期，文的自觉、人的觉醒将成为新时代的新主题。

思考题

1. 秦汉时代政治、文化上的大一统，给造物艺术的生产制作带来怎样的变化？

2. 秦汉时代生活方式和造物艺术有着怎样的关系？试结合某一造物艺术门类来分析这一关系带来的具体影响。

3. "丝绸之路"的开辟，对秦汉时代人们的生活方式带来怎样的影响？这一影响对造物艺术又有何影响？

延伸阅读与参考书目

［1］许嘉璐 . 中国古代衣食住行 [M]. 北京：北京出版社，2016.

［2］谢国桢 . 两汉社会生活概述 [M]. 北京：北京出版社，2016.

［3］李泽厚 . 美学三书 [M]. 合肥：安徽文艺出版社，1999.

［4］[美] 杜朴，文以诚 . 中国艺术与文化 [M]. 张欣，译 . 北京：世界图书出版公司，2011.

［5］尚刚 . 天工开物 [M]. 北京：生活·读书·新知三联书店，2007.

第4章 六朝风物：开放、融合与清秀

魏晋南北朝时期，受政权更替频繁和外族入侵的双重影响，文化发展呈现出一种多元化倾向，胡汉两种文化体系由长期对峙逐渐趋于融合。在秦汉至魏晋南北朝的这段时期内，胡汉两种文化虽然经历了数百年的交流与碰撞，但文化中各自的特质却从未因此而发生改变。①西晋末期，胡人南下，进入汉文化空间，虽然在政治上具有优势，但是在文化适应性上却处于劣势，受汉文化影响很大。

就中原地区的文化特征而言，除了受到北方民族的文化影响外，还有来自文人士大夫游艺精神与生死哲学观的影响，这促使人们的社会伦理、道德意识和生活方式得以重建。虽然政治上的不稳定导致经济欠丰裕，但从整个中国文化史来看，其精神自由度极高。宗教作为一种特殊的意识形态，在民众生活中萌芽，产生了神秘而巨大的力量，时刻影响人们的日常生活。外来宗教在与当地传统宗教的对抗中，逐渐被涵化，出现了"类佛教"现象，使人们的宗教信仰出现多种选择——儒、释、道并存的文化价值观。

这对于"观象制物"的物质文化产生了鲜明

且直接的影响，体现在服饰、建筑、出行舆轿以及生活器具等方面。

4.1 魏晋南北朝造物思想

4.1.1 玄学与造物艺术观

玄学是魏晋时期的名士因崇尚老庄思想而发展出来的一种学派，代表人物有王弼、何宴、荀粲、嵇康、向秀、郭象等。《老子》《庄子》《易经》被魏晋人称为"三玄"。"玄"的由来，源于《老子》中的"玄之又玄，众妙之门"。学界认为，玄学理论的奠基人为王弼。他主张"以无为本"，在《老子指略》中指出"玄，谓之深者也"。在物与人的关系上，他主张"应物而无累于物"。魏晋玄学家的思想并非完全一致，如何宴倡导"贵无"，把"无"的精神推崇到至高无上的地位，认为"天地万物皆以'无'为本"（《无为论》）。荀粲重视"性与天道"的关系。"道"是一切现象的根本，"性"是一切品格、道德的根本。

魏晋时期的玄学家们钟情于山野相聚、把酒言欢、游山玩水，在处事方式上，特立独行，不

---

① 王永杰.从胡文化"汉化"看生态环境的迁移对文化转型的影响 [J]. 阴山学刊, 2000（4）: 83.

拘礼节，不滞于物，他们有独特的审美旨趣、生活态度以及人生追求，面对苦闷不得志的政治仕途，他们选择雅集、饮酒、清谈、服药、佯狂等避世的生活方式，表达自己的独特思想意志。

玄学思想的主要形式为"贵无"和"天人合一"，这种思想形式颇有援道入儒，调和儒道的意味。玄学的伦理思想充满思辨，它不同于汉代阴阳五行构造下的神学思想。哲学意义上的思辨特性，也标志着中国古代哲学在理论形态上的重大转型。

在玄学的影响下，崇尚自然、超凡脱俗的文人情怀，使个体纷纷崇尚自由独立的哲学思想，同时也促进了文艺题材以及造物观的发展。体现在服饰上，以"竹林七贤"为代表的文人，打破传统衣着的礼法，选择敞领、宽衫，以"褒衣博带"为美。

关于玄学的哲学思想也被文人士大夫著书立说，如葛洪的《抱朴子》一书，大量注言为人之道，往往取比喻，前句讲事物，后句表达他的人文主张。"夫制器者，珍于周急，而不以采饰形为善；立言者贵于助教，而不以偶俗集誉为高"（《抱朴子外篇·应嘲卷》），葛洪朴素明白地把制造器物的华丽"采饰"与为人的沽名钓誉联系起来。以物之华而不实喻人图名利之不良品质。从人的心灵美丑引出物的形制存在，折射出他的造物美学观。北齐·刘昼在《刘子·适才》中谈道："良匠善能运斤，故无弃材"，技艺水平高的木匠手上没有废材。他们能够因材施用，因用计材，大材大用，以物尽其用的观念对待木料。这"善"字内涵丰富——有设计意识，有做工技术，有慎用工具和量材选料之义。

4.1.2　佛教传入对魏晋南北朝造物艺术观的影响

佛教最早于两汉之际由印度传入中国，至魏晋南北朝时期逐渐盛行。在接受与融合的过程中，逐渐本土化。强调不偏执，不顽固，要求大众拥有安乐、平静、闲淡的生活心态。中国的禅宗文化在充分汲取道家"无味""璞朴""自然"的哲学观念后，特别是对"悟"的解读，逐渐养成重"意韵"的审美倾向。禅宗美学的盛行，促使造物者对器物文化进行更多探讨，不仅重视器物的客观形象，还通过造物形态，来阐释禅宗文化，以赋予器物形态更久的生命力。对于器物的造型与审美，刘昼用"施用用宜"作为评价标准，如"物有美恶，施用有宜；美不常珍，恶不终弃……"（《刘子·适才》），在刘昼看来，物品的美丑是相对的，制作材质和器物造型皆不是评判标准，真正的审美尺度是"适用"。在此基础上，他又提出了"先质后文"的总体审美标准。

对于魏晋南北朝时期的造物美学来说，南朝谢赫在《画品》中提出的"六法"标准对造物艺术的审美起到了推动作用。人们将器物的装饰意味与书法绘画的文化内涵融为一体，使该时期的建筑、石刻、陶瓷、纺织、金属等造型手法、色彩变化、线条韵律更为直观、生动。如"言不尽意"对佛教石窟艺术的影响尤为明显，此时期的石佛雕像不仅规模大、数量多，而且形象生动、造型优美、工艺精湛，石窟上的卷草纹、莲花纹、伎乐、飞天等，给人们营造了"诸天伎乐，百千万神，于虚空中，一时俱作，雨众天花"的景象，既符合该时期人们的社会意识形态、文化心理需求，又产生了独特的禅宗艺术特质。

4.2 魏晋南北朝服饰与生活方式

从某种意义上来说，魏晋南北朝时期发生的社会大变动是由人口迁徙的时代现象引发的，这为民族大融合与文化趋同提供了可能性，也影响到服饰文化的演变与发展。孝文帝迁都洛阳后，为维护统治，巩固经济发展，全面推行汉化政策，实行"革衣之制"。衣冠的改变就是要让鲜卑部酋变成中原士族。鲜卑贵族向中原士族学习服饰文化的同时，鲜卑族的服饰也在汉族的劳动民众中普及开来，特别是具有较强实用性的裤装得到广泛推广。不过，此时的官服依然承袭汉制，形制等级鲜明，体现一贯的官府特质。男服官服包括：礼服、平冕服、委貌冠服、朝服、通天冠服、远游冠服、百官冠服、品色衣等，女官服包括：皇后谒庙服、入庙佐祭服、亲蚕服、助蚕服、朝服、比周礼服等。

4.2.1 裲裆

裲裆亦作"两裆"，其名称最早见于东汉刘熙的《释名·释衣服》，"裲裆，其一当胸，其一当背也。"是一种盛行于魏晋南北朝的背心式服装。关于裲裆的起源，学术界莫衷一是，一说裲裆是北方少数民族服饰，后传入中原地区；一说是产生于东汉末年的中原本土，作为内衣穿用；还有人认为裲裆在先秦时期已出现。可以肯定的是，裲裆最初为内衣，至西晋末年，才出现穿在外面的"裲裆衫"，到南北朝时期，裲裆外穿现象普及，男女均可穿着。北魏迁都洛阳后，裲裆衫被纳入等级体系，作为正装、朝服，至隋唐时，文武官吏还有穿用。宋太祖建隆年间尚有"裲裆"作为朝服的相关记录，此后"裲裆"作

为日常或礼仪服装的记录逐渐消失，但其服制与后世的马甲、背心、坎肩等息息相关。

裲裆的制作以平面剪裁为主要方法，基本形制为前后身各有一衣襟，肩部用带子连结，腰间扎以大带或革带。裲裆质料通常有丝绸、锦、罗、帛、练、绮，有些料子上还绣有花纹。作为日常服装的裲裆的穿着方式是套在大袖衫外面。南北朝时，文吏着裲裆衫的方式一般为头戴小冠，着大袖衫，披布帛裲裆，下大口裤，此形式可作为朝服；戎服裲裆则多用皮革制，且下身通常着缚裤。

从裲裆的文化内涵来看，外穿裲裆衫这种打破传统的服饰创新，最初正是由宫中女子处流行开来，可见，妇女们在南北朝时期的社会中拥有比其他时代更高的地位，拥有更大的自由（图4-1）。

图 4-1 彩绘画像砖，河南邓州市出土

左侧两位贵妇梳双鬟髻、穿大袖衫裙，外套裲裆，大袖衫袖端及地，腰束缙带，脚下穿圆头笏头履。此画像砖大致属于南朝宋、齐时代，其描绘的搭配可以被看成当时比较有代表性的女性流行着装方式。

4.2.2 袴褶

服装的穿戴方式通常受其所处的地理环境、生活方式所影响，我国古代北方地区少数民族的

生活方式以游牧狩猎为主，生活地点不太固定，为了有效地放牧、狩猎，他们经常变换生存地点，穿着的服饰也要满足狩猎、放牧的便利性与实用性。经过长期的生活变迁，至魏晋南北朝时期，鲜卑族的服装样式变得更加稳定。人们上身穿短外衣，叫"褶"，下身穿连裆裤，裤形合体，裤口大小适中，足着靴。裤子通常由较为厚实的毛布缝制，这是南北朝时期北方民族"袴褶"的基本样式。

因连年征战以及民族熔融发展，服装款式也产生变化。南北朝时期流行的"袴褶"在与中原汉人的交流中逐渐改变，已不同于游牧民族的传统样式。汉人也学习北方民族的衣着优势，相对简练的"袴褶"的着装方式被汉人喜欢，改革后的"袴褶"，为上身穿齐膝大袖衣，下身着肥管裤，并在裤膝部位系一根长约 3 尺的锦带当作束绑，名曰"缚裤"。北朝时期，缚裤已成武士俑、骑俑、仪仗俑、侍从俑、文吏俑、戴帽俑等基本穿着。《隋书·礼仪志六》记载"袴褶，近代服以从戎。今纂严，则文武百官咸服之。车驾亲戎，则缚裤，不舒散也。中官紫褶，外官绛褶，腰皮带，以代鞶革。"①

南北朝时期，裤按裤管肥瘦分为大口裤和小口裤两种。大口裤的着装在北朝人物图像中最为常见，这也是迁都洛阳后男子着装的基本样式（图 4-2、图 4-3）。晋代以来，"袴褶"逐渐成为皇帝、百官们喜欢的日常服装，由此，传统的服饰礼仪开始转变。

图 4-2 不同形式的袴褶

①小口裤，智家堡北魏墓男侍 ②缚裤，磁县湾漳北朝墓 ③缓服，磁县湾漳北朝墓

图 4-3 缚裤，磁县湾漳北朝墓

4.2.3 袍服

中国传统袍服的样式演变在魏晋南北朝，从这个时期开始，袍服变成便服的一种。不太和平的时期，虽然人们生活困苦，但也在一定程度上促进民族融合，袍服样式在大量吸收少数民族服装元素的基础上发生改变。

从形制和功能来说，文人士大夫在魏晋时期遭到思想、政治上的打击，他们在玄学思想的

① ［唐］魏徵.隋书卷一礼仪志六 [M].北京：中华书局，1973：235.

影响下，崇尚自由、自然。还有学者认为他们服用五石散，导致皮肤发热。因穿着方便，又符合当时时兴的文化思潮，他们在服饰形制上喜欢宽大自由的袍服，相习成风。从袍服形制上看，款式有襕袍、褡袍、複袍三种之多。襕袍又称襕带，为官吏、士人所穿之袍。褡袍就是中原民族和北方游牧民族服装文化相互影响的产物。初见于北周，至唐形成定制。複袍是以数层布帛制成的袍。

从色彩装饰和材料来看，这一时期袍服按色彩命名的就有绯袍、黄袍、紫袍和白袍四种之多。魏晋时期袍服开始发生演变，至北朝时期圆领袍服逐渐在中原地区流行开来，出现窄袖、宽袖、广袖，交领、圆领，袍长过膝、袍长坠地等多种形制并行的现象。以材料命名的袍服主要有绛纱袍、罗袍、碧纱袍、绫袍等。袍服的面料受少数民族服装的影响，也开始使用毡、毛等少数民族常用衣料，但并非大面积使用，主要起装饰的作用，用在头巾、衣带和裤口处。

据资料研究可知，南北朝时期，战乱引起的人口大迁徙使得这一时期经济格局发生变化，关中、中原地区的大量人口向江淮以南转移，促进了南方地区尤其是江淮流域和太湖流域的经济大发展。西晋时期，北强南弱的经济格局被打破，南方部分地区形成新富区，从而为吴越地区繁荣的纺织业打下了基础。从袍服演变史来看，即能映射出中国服饰文化的发展史[1]。

4.2.4 襦裙

魏晋时期的贵族妇女服装在承袭秦汉遗俗的基础上，吸收改进了少数民族的服饰特色。出现

---

① 赵波.魏晋南北朝时期袍服的研究[J].服饰导刊，2015（01）.

了新样式襦裙。妇女一般上着衫袄襦，下穿裙，款式多为上俭下丰，衣身部分紧身合体，袖口肥大，裙为多折裥裙，下摆宽松并裙长曳地，再加上丰盛华丽的首饰，尽显奢华靡丽之风。

从这一时期的名画以及出土的陶俑人物可以清晰地看到侍女也穿襦裙，如东晋画家顾恺之的名作《女史箴图》，图中绘有梳妆女婢穿着上俭下丰的襦裙。再如南京小洪山、幕府山、石子冈出土的女侍俑中身着小袖紧身襦裙的也不在少数。这类襦裙的总体特征为小袖、交领，上小下大，裙裳合一，与贵族妇女襦裙的区别在于裙外露部分已上及腰部。因在腰部前后的对应部位缝缀窄条状带子，所以束腰较紧，显得简练。此类裙子套头而入，即后来人所称的"背带裙"。从形制来看，这类襦裙其实是裲裆或裲裆衫的一种延续。可分作两种类型：双背带裙和单背带裙。不过，穿着背带裙的着装方式只出现在女侍、仆从的生活常态中，并未变成一种普及的穿衣样式。

4.2.5 履与靴

一方面鲜卑族继承了中原传统鞋履样式，另一方面他们又将本民族的靴子带入中原，并对隋唐时期的着靴礼制产生了一定的影响。鞋履与其他服饰一样，不仅是日常生活必需品，也是一种社会文化现象。不仅注重实用功能、审美装饰功能，还是身份等级标志，即礼仪的象征。如刘熙《释名·释衣服》载："履，礼也。饰足，所以为礼也。"

在魏晋时期，履一般为有官职的人到官署办公，或者谒见比自己年长的级别高的人时穿的，否则就被视为违背礼法。

北朝时期的履主要有圆头、高头、方头、笏

头等形制。从历史资料来看，男女的鞋履形制不同，但晋代以后逐渐一致。圆头履在北朝颇为盛行，男女均可穿着。从北朝的绘画资料中可以看到着笏头履的情形，如山东临朐北齐崔芬墓室西壁夫妇出行图，磁县湾漳北齐大墓墓道壁画，北魏洛阳宁懋石室线画中的贵族或高级文官、侍女形象（图 4-4）。

图 4-4　北魏洛阳宁懋石室线画中的高级文官、侍女

可见，笏头履通常由官员及侍从所有，其主要原因是上层人士喜爱着长袍、长衫、长裙，又褒衣博带，脚上须穿着高头大履以防绊倒。除此之外，着高头大履还可以约束步态，通过减缓步伐，以显雍容华贵之姿。然而这种高头大履对活动场合也是有要求的，需要从事体力劳动的百姓就不适合这种鞋子。由此可见，高头大履的更大价值是象征身份。

靴或袜子的筒儿又称勒，所以靴子又称勒靴。沈括在《梦溪笔谈》中说："中国衣冠，自北齐以来乃全用胡服。窄袖绯绿短衣，长靿靴，有蹀躞带，皆胡服也。窄袖利于驰射，短衣长靿皆便于涉草。"[1]北朝最为流行也最富特色的当属靴子。在中部平原地区，人们普遍认为靴子源

于战国时期赵武灵王的胡服骑射。据《中华古今注》记载："靴者，盖古西胡（服）也，昔赵武灵王好胡服，常服之。其制短勒黄皮，闲居之服。至马周改制长勒以杀之，加之以毡及绦，得著入殿省敷奏，取便乘骑也。"南北朝时期的靴即为短统靴，北朝时期的着靴方式大致有两种：一种是将裤腿束于靴内，另一种则是裤在靴外。上自皇帝下至普通百姓，无论男女均喜欢穿靴，并且贵重材质的鞋帽还常用于赏赐和赠送。

4.2.6　巾帽

晋傅玄在《傅子》中提到："汉末王公，多委王服，以幅巾为雅，是以袁绍、崔豹之徒，虽为将帅，皆着缣巾。"可见，导致这种扎巾者身份发生变化的原因有两个。一是相比冠弁而言，扎巾要轻巧方便许多。二是为迎合当时观念变化。自汉末以来，因政治环境险恶，士大夫阶层有了反名教心理，对现实生活产生无奈厌烦的情绪，出现"越名教而任自然"的思想观念，体现在服饰上，以扎巾代替戴冠，与当时流行宽大袍服更搭配，显示出放任自由的潇洒状态。当时的画像砖、帛画上都有体现，著名的南朝《竹林七贤与荣启期》砖画中就可以看到扎巾的士人。在魏晋南北朝时期，扎巾习俗也流行于女子之间。

魏晋时期冠帽特色鲜明。汉代的巾帻依然流行，但与汉代略有不同的是帻后加高，体积逐渐缩小至顶，时称"平上帻"或"小冠"。小冠上下兼用，南北通行。如在这种冠帻上加以笼巾，即成"笼冠"（图 4-5）。笼冠是魏晋南北朝时期的主要冠饰，男女皆用。因以黑漆细纱制成，又称"漆纱笼冠"。一般平民侍仆男性头上为后部尖耸略偏一侧之"峭头"，后转成尖顶毡帽。

---

① 沈括著. 梦溪笔谈校证 [M]. 胡道静，校证. 上海：上海古籍出版社，1987：603.

图 4-5　头戴笼冠的女吏俑

4.2.7　女子发饰

魏晋南北朝时期汉族妇女发式颇具特点。在一些贵族妇女中间，流行一种名叫"蔽髻"的发式。它实际上是一种在髻上插有金银首饰的假髻，这种假髻一般高耸在头顶上，与蓬松的鬓发相配，有的搭在眉鬓两旁，《晋书·五行志》中有"缓鬓倾髻"的说法来形容这种雍容华贵的独特效果。值得注意的是，假髻所用饰物需按金钿多少区分身份等级。

此外，普通妇女除将头发绾成各种髻式外，受时尚影响，也会用假髻来增加魅力，结构简单，材料低廉。随着假髻盛行，其价格愈发昂贵，贫家女子无力购买，在特殊应用场合只好向人求借，故时有"借头"之说。还有女子模仿少数民族妇女，头顶上高耸"单鬟"或"双鬟髻式"，也有梳丫髻（图 4-6）或螺髻的。南朝时，受佛教人物衣着打扮影响，妇女多在发顶正中分出髻鬟，梳成上竖的环式，有"飞天髻"之

称。此外，还有在额部涂黄（额黄）、眉心点圆点（花钿）、鬓边或胸前插鲜花、腕上戴手镯，或用金银、玳瑁做成斧、钺、戈、戟等形状充当笄来作装饰的。据古代的礼仪，贵族男子在未成年时梳角髻，因其形状与牛角类似，被称为"总角""总髻"或"丱角"。

图 4-6　梳丫髻的侍女俑

通过以上分析可看出，魏晋南北朝服饰以飘逸多线条、适性逍遥为美的审美特点，形成原因如下：首先，服饰样式受魏晋时期玄学、佛道思想的影响，"宽衣博带"被王公贵族、平民百姓崇尚。其次，晋代《抱朴子》记载当时时兴的衣装忽长忽短，忽宽忽窄，反映人们追求时髦、好奇的风尚，服饰形式的流行，反映了由魏晋名士开始的思想变革对社会其他层面的影响[①]。"适性逍遥""率性自然"，间接影响了魏晋文人的生活方式，从而影响了服饰的审美。最后，从物质的角度来说，丝绸之路的开辟为获取制作服饰的丝绸面料提供了便利条件，而丝绸面料的材质特性为服饰飘逸、流畅的线条美提供了客观条件。

---

① 吴欣."魏晋玄学"和"程朱理学"对古代服饰的影响 [J]. 丝绸，2007（11）.

4.3 从自由走向规范的六朝建筑

魏晋南北朝时期动荡离乱的社会局势，对六朝建筑造成极大破坏，反过来又为都城营造带来新的发展契机。由于三国时期的政权割据，各个国家大肆扩建都城。过去以汉代宫城为主体的都城布局逐步演变为"城郭一体、分区明确、宫北里南"的规划格局，为后来的隋唐都城模式打下基础。曹魏在"五都之制"下的都城邺城，作为中国古代都城史上的伟大创举，其布局对后世影响最大。北魏洛阳无论在都城规划、城市布局等方面均体现出承传、变异、创新的特点，在中国古代城市发展史上占有重要地位。

魏晋南北朝时期，在政权更迭的情势下，封建礼制和社会风气极大影响了城郭、宫室、村落、寺庙、私家园林等的布局、形式、风格。其建筑主要分为四种类型：一是城郭建筑，二是村落建筑，三是园林建筑，四是佛教建筑，以适应不同阶层人的生活方式与精神需求。

4.3.1 城郭建筑

资料显示，魏晋南北朝时期，随着割据政权在各地不断形成与发展，出现了诸多以王都规格建设起来的各国都城，前后共计 20 余座，是中国历史上都城建造数量最多的时期。魏、蜀、吴三分天下后，各自建立了自己的都城——邺城、成都、建业，在反复重建过程中，因时因地不断发生变化，逐渐形成新的都城布局。

曹魏的邺城依据汉代郡治城规制，在原有城址上改建而成，周回约 24 里。虽是旧城改建，但交通网络、功能分区以及宫北市（里）南格局，尤其是宫廷区前临东西交通干道的做法，表

现出一种崭新的布局方式。城内有东西大道、中阳门内御道以及全城街衢辐辏、闾巷通达的道路系统，这些合理的建筑样式直接影响了魏晋洛阳、北魏平城等后期都城的规划，并被后代都城继承和发展。

孙吴建业受地理条件所限，加之原有经济基础薄弱，没有筑新城，仅在秦淮河沿岸立栅作为战事设防。从建业的遗址（图 4-7）来看，河的北岸一般为宫廷、衙署等贵族居住区，河南岸为查下、横塘、长干等平民百姓里坊区。由于建造条件的限制，建业的里坊区不能像邺城那样规则整齐，闾巷通达，在规划上选择了较为松散、自由的布局方式。

蜀汉成都依然保持秦汉时大城少城并列的格局。据《蜀都赋》描写，成都大城中有宫城（在原州治廨署基础上改建而成），位置偏北，少城中则"市廛所会，万商之渊，列隧百重，罗肆巨千"，俨然是一个繁荣的商业大都会。

十六国时期的帝王是自冕的，非汉族士族出身却对汉文化十分倾慕，崇尚汉族传统礼制和儒家思想。该思想影响下的都城建设，依据汉代以来的传统制度，"依宫室、宗庙、社稷、郊坛的次序营建一系列礼制建筑、修建学宫以施行教化等情况"[①]。不过，由于此时的社会客观原因——战乱频频、政权更迭，诸多都城建设仍以建立政治、军事据点为根本目的，对宫廷活动以外的因素考虑不多。统治者认为只有稳固的政权、强盛的国力，才能把都城建设出"新的高度"。其中曹魏邺城和北魏洛阳是两个重要的范例。前者是在郡县基础上进行的城郭分区式规划，而后者则是向功能相对完善、结构更为合理的封建都城

① 钟晓青. 魏晋南北朝时期的都城与建筑 [J]. 美术大观，2015（04）.

发展。

从曹魏邺城开始，都城采取通盘考虑宫室、衙署、里市的结构比例，区划井然的规划手法，改变了宫室凌驾一切的都市布局。此类规划通常将全城分为南北两半，宫城在北、市里在南，同时又用南北轴线将它们联系起来，而规整的道路网格成为划分功能分区的有效手段，都城面貌为之一新。

图 4-7　陶院落，三国（吴）明器，长 54 厘米，宽 48 厘米，1967 年湖北省鄂州市出土，国家博物馆藏

该陶院落前有厅堂，两侧有厢房，后有正房；围墙前后有门，前门正上方有门楼，门楼上有"孙将军门楼也"6 个划刻文字；围墙四角各有 1 座来守护院落的角屋。此种院落模型多出土于孙吴的宗室墓中，为随葬明器，应为摹仿当时建筑形式所制

4.3.2　村落

魏晋南北朝时期，一种以"村"为代表的新型聚落形态遍布于中原大地，《三国志·魏书·郑浑传》首次出现"村落"一词后，"村"在历史上逐渐增多，到南北朝时期已经遍及南北。据日本学者宫川尚志（1913—2006）统计，史书当中能够见到的六朝村名共 81 例，其中属于中原地区的有 7 例[①]。而据侯旭东（1968—　）先生统计，石刻资料中所见北朝"村"名共 46 例，其中属于中原地区的有 8 例，而且一半左右集中在洛阳附近，如陵户村、马村、赵村、凉上村[②]。

据专家研究，形态的变动与老百姓的生活方式、生活水平以及生活态度密切相关。村落的形成存在两条不同路径：一是从聚落到村落的演变，这是社会常态下的自然演变路径；二是从屯田、坞壁到村落的演变，这是社会动乱状态下的非自然演变路径。魏晋南北朝时期上述两个路径既互相交叉，又各有其阶段性特征[③]。当社会、生产条件都很正常时，无战乱的情况下，随着人口增多，聚落的形态与规模就会自然形成，这是村落的第一个路径。关于第二条路径，这方面的研究虽没有定论，但是日本东洋史学家宫崎市定（1901—1995）为曹魏时期"屯田"之于"村"成立的意义与契机，给出了极富逻辑的解释。他说："后世所谓村的聚落形态，实在是从屯田产生的。'村'这个字本来写作'邨'，即'村'这个字本来是从屯田的'屯'引申来的"[④]。谷川道雄（1925—2013）赞同宫崎氏的意见，认为"'村'字原本起源于屯"，屯之为村，在"邨"的字义变化方面有所反映。"邨"，《说文解字》："地名，从邑，屯声。"又《集韵·魂韵》："村聚也，通作邨。"

当社会动乱时，国家将大量战乱中的流民安集于无主之地，鼓励他们开垦荒地，从事劳动，为军事提供支持，从而形成了一套"屯田制"，

① ［日］宫川尚志 . 六朝时代的村 // 日本学者研究中国史论著选译第四卷 [M]. 刘俊文，主编 . 北京：中华书局，1992：74-78.

② 侯旭东 . 北朝村民的生活世界 [M]. 北京：商务印书馆，2005：27-34.

③ 张旭华 . 魏晋南北朝时期中原城市与聚落的变迁 [J]. 东岳论丛，2018（03）.

④ ［日］宫崎市定 . 中国村制的成立——古代帝国崩坏的一面 [M]. 宫崎市定论文选集（上卷），北京：商务印书馆，1963：40-53.

显然脱离了以往的城市而形成聚落。

资料显示，坞堡产生于两汉时期，也叫坞壁、坞垒（图4-8）。因地理位置、社会背景以及坞主势力大小的不同，形成了城堡式、楼橹式、楼院式（图4-9）、山间堡垒式等不同的形制，基本有城墙、望楼、角楼等。汉魏十六国时期，面对中原战乱和少数民族政权大量内徙，一些地方豪强和乡村居民纷纷修筑坞壁以自保。北魏后期，坞堡逐渐被地主庄园代替，据有关学者分析，它也是村落形成的另一重要途径。

坞堡通常依城而建，如洛阳垒就是"因阿旧城，凭结金墉"，或立于山林川泽地带，如檀山坞、一全坞就是如此。魏晋时期的坞壁除了具有军事色彩和防御设施外，还具有纠合、聚集宗族、乡民进行生产、自治的功能。

图4-8 彩绘坞堡射鸟图壁画砖，魏晋，骆驼城苦水口魏晋壁画墓群1号墓出土，高台县博物馆藏

坞堡为魏晋时期地方豪族的居所，通常为两层。而平常百姓多居住在简易的土坯房中。彩绘坞堡射鸟图壁画砖右侧绘一高耸大树，树下男子正拉弓射猎，所绘画面生动形象表现了坞堡生活的一个侧面

魏晋南北朝时期，南朝与北朝的乡村聚落发展水平极不平衡。与江南地区相比，中原地区的乡村聚落发展水平尚不成熟。如张旭华（1952— ）所说的"南朝的村落已经逐渐成为基本的税收单位，具有了较多的行政和法律职

能，而北朝的相关职能则由三长制来承担。换言之，北朝村落体现的主要是自然聚落属性，而南朝村落则已开始具备自然聚落与法定乡村组织单位的双重意义。这一过程到唐代最后完成。"①

图4-9 绿釉陶楼院，魏晋，高105厘米，长67.7厘米，宽54.4厘米，高台县博物馆藏

院四周有围墙，正面大门为菱格形透窗。门檐上建两层门楼，坞壁四隅为两层角楼，门楼与角楼间有飞栈相连，中央及四个角楼均设透窗。由可拆卸的23个部件组装而成。院中央矗立5层楼阁，四面出檐，由下至上逐层缩小。此类建筑模型实为封闭性和军事性庄园壁坞的缩影，是东汉后期世家豪族势力膨胀的产物，显示了当时鲜明的时代特征

4.3.3 园林建筑

1. 皇家园林

皇家园林主要出现在北方邺城、洛阳以及南方建康。在南北朝时期，皇家园林所具有的狩猎、求仙、通神等功能逐渐取消，成为单纯以赏游为目的精神寄托对象。皇家园林受私家园林的建造形制、风格、功能的影响，从追求神仙境界

---

① 张旭华.魏晋南北朝时期中原城市与聚落的变迁[J].东岳论丛，2018（03）.

转为世俗生活。此时，民间游憩活动比较盛行，建造园林要讲究意趣，"筑山理水"已达到一定水准。这种园林建造功能、风格逐渐被引入宫廷，影响了皇家园林的建造形式。

2. 寺庙园林

随着佛教在动荡不安的社会环境中广泛传播，佛教建筑备受推崇，经过本土化改良后，逐渐形成具有本土特色的佛教建筑形象及寺院布局。受到"舍宅为寺"的风气影响，民众将家宅改建为寺院，在数量上，寺庙园林比皇家园林和私家园林多好几倍。据《洛阳伽蓝记》记载，北魏时，仅洛阳城内外就有一千多座佛寺，到北齐时全国有三万多座；在选址方面，寺庙园林突破了皇家园林和私家园林在分布上的局限性，寄情于山水，开始由市井向山野转移，如慧远在庐山修建的东林寺，开创了"天下名山僧占多"的局面。寺庙选址宁静山野，符合佛教出世的解脱观。在艺术特色方面，寺庙园林展现出独特的魅力。随着佛教在中国的传播，佛教逐渐被人们所接受，变得本土化，寺庙建筑的功能和样式不断得到完善，建设的布局形式吸收了中国传统园林的风格特点，并结合了外来寺庙的特点，形成了独具特色的寺庙园林。

北魏时期，寺庙由住宅改建，建筑形式改为"以前厅为大殿，以后堂为佛寺"的样式，解决了以塔为建筑主体，实用性不足的缺陷。这时期的寺庙园林出现了以塔为中心，四周配以堂、阁，向院落式格局转变的形式。此时，佛塔的形式、大小、样式等，通常由建造者的经济实力与个人趣味所决定。北朝中晚期，出现了一种大型楼阁式木塔，打破了魏晋以前的寺庙园林的选址。之前寺庙的建造者通常选择将寺庙建在市井开阔的平地上，随着这个时期社会风气以及玄学

思想的影响，人们的审美发生大的变化，在选择寺庙建造地址时，喜欢靠山临水的环境，这样的环境更有利于营造人内心向往着的自由、神秘的氛围，打破以前寺庙的沉重色彩，向生活化、世俗化色彩转化。

由此可知，魏晋以来，寺庙园林开创了以山水为主的营造手段。建筑布局由内到外基本为香道—影壁或牌楼—山门—前殿—后殿—大雄宝殿—藏经阁等，该轴线多位于风水方位，不仅满足功能需要也使整个空间的秩序感增强。[①] 由于佛道教的盛行，寺观园林、佛寺道观大量出现，遍及城市、近郊的深山大泽，尤以南朝建康佛寺道观为最，唐诗"南朝四百八十寺，多少楼台烟雨中。"就是对此时寺庙园林的描绘。

根据《洛阳伽蓝记》的记载发现，北朝时期的河南洛阳寺观园林独具特色，很多私家园林改为寺院以适应当时流行的"舍宅为寺"，如宝光寺、冲觉寺等。南朝城市中的寺观园林较为普遍，建康的同泰寺较著名。同时，郊野寺观成为新风尚，通常将地址选在气候良好的风景区。寺院选址与优美的风景相结合，意味着宗教的出世情感与百姓繁杂的世俗生活相结合，这类寺观成为山水名胜区的旅游景点。

3. 私家园林

魏晋南北朝时期，私家园林兴盛。其原因有二，一是持续战乱，社会人口大幅减少，社会生产力遭到破坏，南北经济结构随之发生转变。为谋生计，北方士族南迁多聚居于江南地区，向未开垦地带发展，经济重心逐渐南移。随着豪门士族的日益强大，士族庄园经济迅速发展，为这一时期私家园林的发展提供了经济基础。二是儒家

---

① 严圆格. 浅析魏晋南北朝时期寺庙园林 [J]. 福建农业，2015（4）.

思想的衰落和道家思想的复兴，道家思想成为主导这一时期的思想潮流。天人合一与追求精神的绝对自由成为这一时期人们摆脱现实苦难与内心焦灼的有效途径。移情山水、避世绝俗成为社会风尚，同时激发了士大夫阶层对自然景物的再认识，从而重新阐释人与自然的关系。这些成为魏晋时代独特的美学思想。

这一时期私家园林整体规模趋于小型化，风格清新脱俗，并与自然景观相融合，因势利导，因地制宜。园中以土山、叠石、流水、植被为主，按照建造者、使用者的审美要求，进行空间的再设计。私家园林按照位置分为城市私园和郊野私园。城市私园以张伦宅院为代表。姜质在《庭山赋》中对张伦宅院进行了描述，除了介绍里面的自然山水景观外，还借老子、庄子、阮籍、嵇康等名士的思想，象征建造者寄情山水而不羁功名的生活态度与精神世界。当时有特色的郊野私园有陶渊明的小型庄园、谢灵运的山居、石崇的金谷园。如谢灵运在《山居赋》中记录了其私家园林的开拓过程以及各方位的自然景观，描画了山居依傍的生态环境，整体因山就势、因水成景，布局上收纳远近借景，完全契合天然山水地形。表达了以自然美为核心的时代美学思想已融入庄园的规划布局中，并以园林化的手法营造天然和谐的人居环境①。

4.3.4　佛教建筑

1. 佛塔

中国的佛教建筑是从东汉时期开始传入，并在外来宗教建筑形式上发展起来的，最初出现的形式是佛塔②。"塔"本为佛骨之所，意译为坟、冢、灵庙。在印度多为半圆球形冢，上立刹。南北朝时期的佞佛之风是从上层统治者开始并愈发兴盛的，佛塔、寺院，都是上层社会的贵族统治者所为。直至后世，各地改为进行大规模的石窟开凿活动。这时佛塔的层数以三、五、七、九等奇数为准，按建筑材料的不同分为木塔、石塔、砖塔三种。

早期佛塔主要根据外来僧人对印度佛教寺庙建筑的描述仿造而成，多为单层砖石小塔，塔身与底座为方形或圆形平面，塔身四面有门龛，顶盖周边出檐③。早期佛教活动方式主要是对佛塔的礼拜，这与佛舍利塔崇拜有关。东晋十六国时期，不少西域佛教僧人沿丝绸之路进入中原，"舍宅为寺"的风气在东晋初期的士大夫阶层兴起。到南北朝时期，佛教建筑达到鼎盛，北方先后以平城、洛阳为主，南方以建康为主。

佛教为求得发展首先要迎合满足统治阶级的欲望，同时也要靠世俗热情来养活自身。为了得到统治阶级和普通百姓的支持，开窟、造像、建寺、立塔等建筑活动都以祈福消灾为目的。此时，佛教建筑成为统治阶级敬祀祖先、巩固政权和炫耀财富的一种新途径。洛阳的永宁寺名冠天下，寺内九级佛塔，其体量之大，成为我国佛教建筑史之最。随着佛教活动的盛行，统治阶级争相建造大型木塔。无论从材料上还是从施工上，木塔都比石塔更容易被汉族工匠们所接受。因此，木塔式佛教建筑逐渐替代石塔式佛塔。梁思成先生在《中国建筑史》中讲到，河南登封嵩岳

---

① 梁慧晶，范文涵．试析魏晋南北朝时期园林艺术的主要特征 [J]．山西广播电视大学学报，2019（6）．

② 钟晓青．魏晋南北朝的都城和建筑 [J]．美术大观，2015（8）．

③ 钟晓青．魏晋南北朝的都城和建筑 [J]．美术大观，2015（8）．

寺塔是现存年代最早的砖塔，也是南北朝时期留存传世的唯一地面建筑。这座佛塔的形制从顶面看呈十二边形，外观形式与同时期楼阁式木塔截然不同，是一件独特的佛塔建筑（图4-10）。至北魏晚期，木塔迅速发展，风靡一时，甚至还出现仿木构石塔的建筑样式。北魏皇兴元年（467年），平城建造了一座三层石塔。据《魏书·释老志》记载，整座塔身"椽栋楣楹，上下重结，大小皆石，高十丈。镇固巧密，为京华壮观"。这也是现存关于仿木构石塔的最早记载。①

图4-10 河南登封嵩岳寺塔

2. 石窟艺术

魏晋南北朝时期开凿的佛教石窟分布地域十分广泛，东至辽西，西起敦煌，从南北轴来说，绝大部分在北方地区。南方虽也有不少石窟寺，其规模与气势却不能与北方石窟相比。这与当时战乱的社会环境密不可分，在饱经战乱的北方地区，东晋十六国时期，人们兴起了开窟造像之风。早期石窟大多是由被国内统治者青睐的外来僧人所开凿，为首的就是被西秦奉为国师的西域僧人昙摩毗，为炳灵寺169窟的供养人像。佛教僧人与世俗帝王之间相互尊崇、相互利用的特殊关系，使佛教石窟既有西域风格，又有独特的政治文化色彩，促使外来佛教石窟出现本土化特征。

早期石窟的形制一般为前廊后室。窟室中心立一座大的佛塔或塔形方柱，在窟室的四周通常设佛龛，以备供奉者使用，佛龛用雕刻或绘画的方式描绘了佛塔和佛经故事，以此传递佛教思想。窟室下层用回廊式雕刻各种莲花、忍冬、神兽等。云冈石窟9、10窟成为佛寺布局的典型代表（图4-11）。洞窟壁面的内容，反映了中西方艺术思想的交融与改变。佛龛中既有印度式的尖拱龛，又有帐幔垂悬的楣龛，更有纯粹中国式的屋形龛。支撑龛楣的柱式中，既有外来的涡卷形柱头，又有中国的栌斗式柱头。屋形龛的铺作部分，竟出现波斯风格的对兽形骶与中国传统人字补间的巧妙结合。②

西魏、北周和北齐时期著名的石窟有敦煌、麦积山、天龙山、南北响堂山等。石窟的形式，佛像的冠饰、服饰、神态、装饰物等体现并延续了北朝中期的艺术特色，整体的艺术风格趋于民族化（图4-12）。

① 钟晓青. 魏晋南北朝的都城和建筑 [J]. 美术大观，2015（8）.

② 钟晓青. 魏晋南北朝的都城和建筑 [J]. 美术大观，2015（8）.

图 4-11　云冈石窟第 9 窟中的飞天

图 4-12　贴金彩绘佛像，北齐，青州龙兴寺遗址出土，青州博物馆藏

4.4　日常里的典型器物

　　魏晋南北朝时期的生活器物，虽然具有上承两汉，下启隋唐的传序性，但从人类的造物史来看，也出现了多元而独特的过渡性。从宗教与哲学思想领域来说，士大夫崇尚老子与庄子的"天人合一""道法自然"的玄学，具有"非汤、武而薄周、孔"的意识形态，士人们崇尚玄虚、恬静、超脱、清雅的生活方式。而此时阶级矛盾与民族矛盾导致战争不断，造成"人人厌苦，家家思乱"的社会气氛。老百姓没有能力拯救自己，因此，佛教的"因果报应""生死轮回"，使人们寄托于未来。日常生活中的器物——瓷器、铜器、石雕、织绣、漆器等，无论题材、造型、功能、装饰等均与佛教、道教信仰有关，也体现了人们的宗教生活。从生活方式的主体分类来看，该时期的手工艺人社会身份得到了一定程度的改变，东晋以来确立的"番役制度"，南朝实行的"纳资代役制度"，使得手工艺人摆脱了旧的人身依附关系，在工艺品的样式设计与技术改造上都可以很大程度上自由发挥。从社会生产条件来看，六朝时期，北方战乱，大量的人口与手工技艺流向南方，扭转了"南贫北富"的历史局面，也促进了南方手工艺品的发展。从文化流通层面来看，印度佛教的盛行，促进和扩大了国内外文化的交往，印度僧人、工匠也纷纷来到中国，希腊、波斯的工艺美术风格协同佛教信仰一并被我国人民吸收、消化，创作出独具特色的魏晋风格。

　　魏晋南北朝时期的佛教工艺美术品具有混合与变异的特征，一方面暗示佛教与中国传统道教以及儒教思想的某种联系；另一方面揭示了普通汉人对佛教的理解。

传统佛教徒通常把汉明帝永平年间（58—75年）遣使求佛之事当作佛教传入中国之始。此时汉人对佛的认知是汉代流行的神仙家和儒家思想的结合，有修炼成仙与得道升天的功能。体现在这一时期的造物艺术中就是传统信仰中的东王公、西王母、龙、灵芝、麒麟与佛教象征物的莲座、圣象、项光、肉髻等神圣符号共同出现在一个器物中。

4.4.1　铜镜

魏晋南北朝时期，铜器作为日常用品逐渐被青瓷替代，大量的铜被用来铸造佛像。铜洗、铜奁、铜炉等基本承袭了汉代传统，变化不大。此时的铜镜因南北文化的交流以及宗教信仰的兴盛，装饰图案发生了许多变化。一是流行纪年铭文和工匠姓名，如"黄龙元年陈世造""天纪元年徐伯造"等，反映了商品私人生产的特征。二是镜面题材与雕刻技法的多样性，有三角缘神兽镜、平角缘神兽镜、夔凤镜等。魏镜和吴镜的装饰风格存在明显差异，魏镜常见纹饰为浅平几何纹，而吴镜流行高浮雕的画像和神兽纹。三是铜镜装饰的佛像宗教意义，晋代铜镜出现了西王母和佛像两种神性特征的"类佛"形象，神兽类铜镜中的神像都具有以上升平行线表示的一双"鸟翅"形羽翼，有的镜中还出现"得道""升仙""君宜高官""万寿无疆""位至三公"等吉祥、祝福类铭文（图4-13）。

图4-13　铭文夔凤镜，三国，直径9.8厘米，缘厚0.3厘米，重量122.1克，圆形，圆钮，浅平浮雕技法

钮座外侧各有两条平行竖线，竖线之间镌有隶体铭文，文曰"位至三公"；两侧置以变形夔凤纹，身躯作S形状，夔凤一身两首，尾部羽毛丰满，隔钮遥遥相对；主纹外一周斜线环纹带，素宽缘

4.4.2　彼岸的日常寄托：魂瓶

魂瓶又称堆塑罐、谷仓罐，多为青瓷质地，是三国两晋时期长江中下游地区墓葬中的随葬器物。有学者认为其祖型为三国早期流行于吴国地区的五联罐。瓶身下半部与壶、罐类容器形状类似，中部常留有小孔。魂瓶的特征在于瓶口，圆形瓶口周围通常装饰一堆具象的类似阁楼的装饰物。阁楼为两层或三层，阁楼周围聚集着具有象征意义的各种鸟、狮、凤、犬、猴、乐师、歌舞者等形象。阁楼有层层台阶的中央殿堂、四阿式屋顶，看上去十分饱满，也预示着逝者的灵魂得到满足（图4-14）。魂瓶的功能在碑文中有记载："会稽始宁，用此丧，宜子孙，进高官，众无极"还有记载如"所堆之物，取子孙繁衍，六畜繁息之意。以妥死者之魂，而慰生者之望"[①]。可见，魂瓶虽为逝者设计，实则表达了人们对美

---

① 宋志敏.吴晋魂瓶艺术特征研究[D].四川师范大学，2017.

好生活的期望。

何惠鉴（1924—2004）在《全上古三代秦汉三国六朝文》中找到了魂瓶在葬仪中使用的证据。文中记载，公元 311 年，洛阳陷落之后，"在众多企图流亡长江下游寻求避难的北方上层阶级中，许多人不能成行，还有许多人死于南迁之前或死于南迁的途中，尸骨未得安葬。这些未得安葬的游魂时常搅扰着死者的家人，后者不得已而面对一个痛苦的抉择：葬而无尸，有悖儒家礼法；不葬，又会招致不孝、不义、不仁之名，这一葬俗即是'招魂葬'，完全是一种非正统的葬俗，很快便在东晋初年的士大夫中间成为争论的热点。"魂瓶作为"灵座"或"魂堂"器物，在葬礼行三日之后，与椅子、供桌和饮食物品一起置于墓中。《全晋文·驳招魂葬议》中记载"周生议云：魂堂几筵，设于窀穸，岂唯敛尸，亦以宁神也。"[①] 可见，"招魂葬"从儒家礼法之外给生者带来了希望。

魂瓶具有多重文化体系，成为当时文化融合的一个突出代表。同样，魂瓶的铭文也表达了儒家孝道与大乘佛教普度众生的思想的融合。魂瓶重装饰，将象征安逸富庶的祖庙或明堂、巫师、神兽等与佛像共同陈列，渗透着儒家、巫教、佛教三家关于生命延续、来世吉祥的思想，为游荡的灵魂提供了安慰，这实际上是对生者的极大安抚。鉴于魂瓶的文化复杂性，佛教史专家们研究认为，除正统的佛教，还存在着一种"民间佛教"，魂瓶的存在可能是"民间佛教"的展示途径。

① 宋志敏. 吴晋魂瓶艺术特征研究 [D]. 四川师范大学，2017.

图 4-14 "凤凰元年"青瓷堆塑人物楼阙魂瓶，三国（吴），高 45 厘米，底径 17 厘米，南京江宁上坊凤凰元年墓出土，南京博物馆藏

灰白胎，施青釉，釉层清亮，施釉不及底。肩颈部分堆塑各种饰物，颈做四方形状，口沿作成廊庑状，四角各置一角楼，颈上部三面作胜形和三角形镂空。颈壁连四小罐，罐上贴佛像、比翼鸟。以四小罐为界，将颈下层堆塑分成四区，相对应的两区作门楼、立阙，另一区为卧龟跌碑，对应的一区为两个头戴尖顶帽，抱拳于胸前的跪踞胡僧。其间还贴有熊、麒麟等物，碑作圭形，上刻"凤皇（凰）元年立位长沙太守友作浃使宜子孙"，腹部贴胡人骑羊、朱雀、辟邪、甲鱼、鲶鱼、佛像、螃蟹等饰物，间有圆孔，肩上浅刻"九月十四作"字一行。魂瓶上的堆塑建筑形象主要有双阙和重檐屋门、楼阁院落、龟跌碑。其中阙门建筑是中国古代特有的一种建筑形式，有表现阶级观念、地位等级之用

4.4.3 青瓷器

西汉年间，佛教已传入中原，但受孝道和君权思想的影响而得不到推广。魏晋时期，因战乱频频，佛教为普罗大众描绘的来世彼岸备受尊崇。佛学的"空无"与玄学的"虚无"满足了人们此时的精神需要。此时生产的青瓷颜色略暗，含有淡泊明净之感，这迎合了魏晋士人淡泊名利的审美心态与佛教中提倡的"出世无为"的思想。"莲花纹"和"忍冬纹"是佛教和玄学结合后产生的中国式纹样，是这一时期最具特色的装饰纹样。

青瓷莲花尊（图 4-15）是南北朝时期最为名贵的青瓷品类。南朝时期，青瓷在原始青瓷的基础上日益成熟，在北朝时青瓷迅速发展并独具

特色。青瓷莲花尊在全国不同地方都有出土，数量颇多，说明莲花尊在时代特殊需求的影响下达到了高峰，其后逐渐没落。青瓷莲花尊以器形硕大、纹饰精美、制作工艺复杂著称于世。根据当时的窑炉构造来看，最高的或有 79 厘米，烧制工艺非常烦琐，通体使用有刻划、雕塑、模印堆塑等技法。

图 4-15　青瓷莲花尊，南朝，高 49.5 厘米，腹径 31 厘米，口径 16.6 厘米，足径 16.3 厘米，河南上蔡出土，南京博物馆藏

该莲花尊侈口、长颈、圆腹、高圈足。器身上下遍布纹饰，颈下部两侧各有两尊交脚并坐的佛像，佛像有背光。两侧佛像上方各有一个飞天，飞天两侧有云纹、莲花纹。肩部有复式双系耳 6 个。腹部饰凸雕莲花 4 层，上 3 层为覆莲，下一层为仰莲。覆莲每层由一周 15 个莲瓣组成。第 2 层莲瓣中间夹饰下垂的菩提叶纹。第 3 层莲瓣最大，莲尖突出最长，在莲瓣中间夹饰小莲瓣，第 4 层仰莲由 13 个印贴的莲瓣组成。足部饰 2 层莲瓣纹，每层 11 个。此尊胎体厚重，胎质细密，呈灰褐色，全器由颈、腹、足三节接合成型，制造上运用了泥条盘筑法，口、颈、足均为轮制。肩部的 6 个复式双系耳为捏塑。尊釉呈青绿色，间有青中泛黄处。施釉均匀，胎釉结合牢固，没有脱釉现象，积釉较厚处有细小的冰裂纹

从出土的青瓷莲花尊来看，它应该是安奉墓主灵魂的器皿，与魂瓶类似，是佛教精神和灵魂观念相结合的产物。主题纹饰以仰俯莲花为主，装饰层次丰富。辅以莲斑、菩提叶、忍冬纹、宝相花、佛像、龙纹、怪兽、飞天等，精巧又内敛。

两晋时期出现的盘口壶，样式较以前发生了变化，盘口与底部变大，颈长，肩溜，腹足部修长，形成肩、腹、足柔和流畅的艺术美感。到南北朝时期，盘口壶的身型近似于"S"形，器物造型更加稳定、舒展。鸡头壶是具有时代特色的一种壶式。其造型的变化首先源于对形态装饰审美的追求，东晋以后，鸡头加长，有的在壶的两侧刻划出双翅，既增加了装饰性，也改进了实用性。

4.4.4　石雕

魏晋南北朝时期的石雕工艺是宗教美术的重要组成部分，具有突出的成就。在这以前，汉代的石刻多为平面的"影绘式"；而此时除了剔地浮雕外，多用立体的圆雕。石雕多为石窟摩崖雕刻的石佛，以及陵墓前的各种石兽、石柱（图 4-16）等。著名的石窟有山西大同云冈石窟、河南龙门石窟、河北响堂山石窟、南京栖霞山石窟、江苏孔望山摩崖石窟等。

图 4-16　道安造像座，北齐武平五年（574 年），山东博物馆藏

石佛的特征是顶有肉髻、花冠珠饰，施无畏印，袒胸、露臂、跣足，细腰歪身，佩珠挂璧，立像少而坐像多（图 4-17）。石兽多为天禄、辟邪、白象等佛教象征物。天禄有角，立于墓前右

方；辟邪有翼而垂舌，立于墓前左方。石柱常以南京萧景墓前的华表柱为代表。柱身有棱，宛如希腊殿柱。柱顶有莲瓣，上立辟邪。华表柱是现存南朝同类遗物中保存最完整的，梁思成在《中国古代建筑史》中这样评价道："简洁秀美，雕塑虽多而无烦琐的弊病，是汉以来墓（华）表中最精美的一个。"

石窟边缘常雕饰卷草花纹，这是六朝时期流行的一种装饰纹样。卷草纹的枝干呈二方连续的卷曲状，主要由叶子组成，叶子的变化和组织形式丰富多样。响堂山石窟的浮雕卷草图案是其代表。这种卷草花纹还应用在佛光、石碑边侧，并大量应用在敦煌的藻井图案中[①]。

图 4-17　贾智渊造背屏三尊像，北魏，山东博物馆藏

这个时期的石雕佛像不仅数量多，而且规模宏大，是集体创造的艺术结晶。但不能孤立看待这些石像，应该将其看成佛教以及佛教艺术在中国传播所产生的社会文化事象。从历史文献和石雕佛像艺术品之中，我们得以窥视出 2 至 3 世纪

① 田自秉. 中国工艺美术史 [M]. 上海：东方出版中心，1985：172.

佛教初传的三条路径：第一，佛教文化因素被携入各种世俗思想倾向和地方性的民间宗教信仰，成为一种"类佛"；第二，经僧侣和普通信众的不懈努力，佛教以其自身理由在中国文化的环境下成长发展，彭城和建康所建寺院即可为证；第三，佛教的某些因素为早期道教吸收利用，成为道教信仰的组成部分。这一文化在不同时期具有特定的宗教含义和社会功能，影响着人们的价值观、宇宙观以及生活样式。

4.4.5　胡床

在两汉时期由于胡汉经济文化的交流日益加强，胡床也来到中原地区。胡床，又名绳床、交床，主要由八根横木组成，其上部的两根横木由棕绳穿起来以供人坐，形成马扎。其时，马扎因具有折叠功能，携带方便，特别适用于少数民族游牧生活。同时它使坐者离开地面一定高度，具有防潮的作用，有益于人们的身体健康。因此成为少数民族使用的家具之一。

胡床进入中原地区后，成为最早被使用的高型家具。受胡床的影响，中原地区人们使用的传统低型家具逐步向高型家具转变。同时，垂足而坐取代了传统的席地而坐的习惯。由席地而坐所形成的一套礼仪制度，也因此而改变。

胡床的坐法是"据""踞"，即下垂双腿，双足着地。对于中原地区来说是不合传统的，具有非礼的意义，并非一开始就被当地人接受。从史料来看，东汉末年胡床最初由皇帝出行休息时使用。后来，曹操父子也有使用的权利。出于功能的便捷与身份的象征，它的使用被王公大族纷纷效仿。史籍记载，南北朝时期，身份较低的士人也可以使用胡床来坐而论道。由此可见，胡床的使用是从社会上层的皇亲国戚、玄谈名家开始，

直到普通大众。胡床具有了身份等级性和文化象征性，呈现出"眼光向上"的模仿特征。可见，胡床在中原地区的传播并非源自使用价值，更多的是文化价值。伴随着魏晋南北朝时期的士族阶层的发展，胡床的适用范围扩大，其使用价值被人们接受，并一直延续下来。

总的来说，魏晋时期的造物艺术以该时期的"清谈玄辩"为特征，其实用、审美、宗教等多种目的，使该时期的造物艺术形态呈现出多元化，由于人们处在几度战乱的时期，人对生的向往越加强烈。在这样的需求下制造的器物承载了丰富的内涵，该时期成为中国造物艺术思想最丰盛的时期。造物艺术风格开始向轻盈、灵动等多个方向发展，突破了汉代的庄重与浑朴，以各种思想意识为基础，融合外来文化，形成了魏晋时期的造物艺术风格。

4.5 花样繁多的六朝交通工具

由于政权交替频繁，车舆制度呈繁杂多变之势。以皇帝车驾为例，《晋书》记载西晋皇帝所乘的金根车驾六匹骏马，出行时左右有大批护驾，属车八十一乘；东晋以后，南北乘车制度差异日益明显，皇帝所乘车的马数减至四匹，副车数量亦大为减少，一度减少到皇帝出行属车五乘。南朝时宋孝武帝将属车加至十二乘。而十六国时，后赵石虎大驾中出现金根辇、云母辇等数百乘，《晋书》记载："以云母饰犊车。臣下不得乘，以赐王公耳。"可知其装饰比犊车豪华，规格也比犊车高，一般臣子们不能乘坐，是用来赏赐给王公的。

金根车是皇帝专用的豪华车辆，也是皇帝出行时的中心车辆；五时副车是皇帝出行时的重要组成部分，包括立车五乘和安车五乘，分别涂成青、赤、黄、白、黑五种颜色；并车与辎车是装衣物用的车，上面有盖，四周用屏障遮蔽；犊车是用牛拉的大车，为这一时期社会上层人士日常出行的主要交通工具；追锋车是军事上通风报信、将军出镇在外的用车，形制小，驾两匹马，但车速相当高，日行 800 余里；猎车是皇帝出猎或演武时用的车；辒辌车是专门装载皇帝及贵臣棺柩的车辆；露车是平民用来运货坐人的车辆，无盖无棚；羊车原为羊驾车，人牵着羊走，这个时期则大都是人拉着车；鹿车是应用于军旅运输的手推独轮车；"舆"本义是车厢，主要指没有车轮，以人力挑或抬的交通工具；辇指除去车轮，用人拉的车。

除上面说的车辆种类外，这个时期兴起了许多新的交通工具，如牛车（图 4-18、图 4-19、图 4-20）。原因有：①经过培训后的牛，拉车时负重能力强，速度也相当快；②人们摒弃了颠簸急促的马车，以及乘坐马车的"乘车之容""立车之容"等繁文缛节，由立乘改为坐乘。

很多人一直认为马车是古代社会身份和地位的象征，达官显贵和富豪人物似乎只会乘坐马车，殊不知在中国古代，牛车也曾一度成为贵族和士大夫阶层的首选驾乘。汉魏六朝时代，由于受到社会清谈风气的影响，缓慢而优雅的风度成为士大夫阶层追求的目标，《世说新语》里就留下了很多当时著名文人乘坐牛车的记录，"竹林七贤"之一的阮籍就时常乘坐牛车出游，一时成为风尚。在魏晋南北朝时期的墓葬中，以陶牛车入葬是一种全国性革新式的葬俗。西晋时，乘坐牛车也形成了一套等级分明的制度，不同等级

图 4-18　宋绍祖墓牛车，三国（吴），陶质（明器），1967 年湖北省鄂州市出土，山西省博物院藏

此陶车位于出行队伍中央，结构复杂，装饰华丽，规格远高于前车，应属于墓主人的驾乘之车。车厢为长方形，车厢四角立角柱，车盖呈椭圆形，顶部隆起，似鳖甲。车身、顶部和后门用墨线勾勒出不规整的方格装饰，车厢内部涂红彩，皂轮，朱辐。车厢两侧各开两窗谓之"四望"，窗上出挑檐，窗下分别有三孔呈放射状斜出，车厢后部开两扇门，车厢前与舆底交接处各有一孔，应该是用于插杆竖帷幔，舆前有御者执策驭牛的处所

图 4-19　彩绘鳖甲式车顶陶牛车，北魏

图 4-20　彩绘卷棚式车顶陶牛车，北魏

的官员乘坐的牛车各不相同，牛车成为身份的象征。《隋书·礼仪志》记载："晋制，诸王三公都乘牛车；南齐制，副三公乘牛车；梁制，二千

石四品以上及列侯皆乘驾牛的辌车；北齐制，正、从一品执事敬官及仪同三司乘牛车，七品以上官都乘牛车。"可见，根据当时的礼制，不同等级的官吏，都有不同颜色和质料的车盖，同时有不同的车身装饰。

另外，皇帝大驾中还有司南车和记里鼓车，"司南车，一名指南车，驾四马……刻木为仙人，衣羽衣，立车上，车虽回运而手常南指"，经南朝祖冲之加以改造，做到"百屈千回，未尝移变"。《晋书·舆服志》中还记载，魏晋时期制造了记里鼓车，其车形与指南车形相似，上有一木人执槌向鼓，车行一里，则击一槌，可以知晓道路远近。

除陆路交通外，水上交通也很频繁。这个时期水上交通已相当发达，既有载重量相当可观的大船与楼船，也有灵活轻便的快船和小艇。三国时吴国孙权造大船"载坐直之士三千人"，西晋准备伐吴时造大船连舫，"方百二十步，受二千人，以木为城，起楼橹，开四门出，其上皆得驰马往来"（出自《晋书·王濬之传》）。出于战争的需要，当时战船要比运输船高级，许多战船"皆大舰重楼，高者十余丈"。战船的种类也非常多，"水战，飞云船相去五十步，苍隼船相去四十步，金船相去三十步，小儿先登，飞鸟船相去五十步"（《太平御览·舟部·卷二》）。此外还有平乘、舴艋、艨冲、鹘鹘等。当时为增加船的稳定性，经常把两只船连在一起，称舫、航或方舟。在江南，舟楫是民间的主要交通工具，这种舟楫一般比较小，但轻便、灵活，易于驾驶，也好制作，所以非常受普通百姓的欢迎。这个时期船的航行速度有了进一步的提高，如果借助风力顺流而下，一日一夜可行五六百里，最快达

八百里[①]。

本章小结

魏晋南北朝时期是我国历史上一个比较特殊的时期，这一时期的特殊性直接影响了社会生活的方方面面。由于战乱频仍，社会动荡不安，物质生活资料并没有多大发展，物质资源多集中在统治者手中。对于平民百姓来说，物质生活资料更是少得可怜，因战乱而冻饿死的百姓不在少数。即使是统治者，他们享受的物质生活资料也不如和平时期那样充足，一方面，这个时期的正常生产经常被破坏，生产能力下降；另一方面，战争耗费巨量物资，国家非常贫穷，整个国家的物质资料都不够充裕。

不过，当时生活的最大困境并不是物质生活资料的匮乏，而是精神上的烦恼、愁闷和痛苦。王朝的不断更替，统治者的不断变换，让人们的精神失去了寄托。人生多变，人究竟向何处去，当时谁也无法把握。曹操更是发出"对酒当歌，人生几何，譬如朝露，去日苦多"的感叹。当时的玄学名士为了表示对宗教礼仪、权政仕途的轻视和不满，便以自身放纵不羁的行为昭示于众，表现为衣衫不整、赤足袒胸、散发放荡、高歌畅饮，这种思潮对后世人的艺术思想、文学创作等都产生了深远影响。至于平民百姓，则更是在痛苦中煎熬。他们时时都有可能为战争做出牺牲，何以奢望对生活的各种追求？他们使用的器物以满足最基础的需求为主。寺庙的形态与规格，洞窟的形制、造像记等与当地居民的造像心态，组织活动以及祭拜者所居住的地理位置等之间的关系，也能反映相关村民的生活信息。从寺庙的位置、"名气"也能看出，建造者与上层统治者之间以"神圣"为名义的"物"作为中介，这是造物背后的社会关系。

从历史性角度来看，这个时期的社会生活对后世的生活还是起到了积极作用，如多民族融合，各民族生活方式相互借鉴，形成开放式的生活格局；又如封建礼教成规被打破，为人们冲破礼俗束缚开启了一扇窗；再如佛教的传入，不仅为人们带来一种精神信仰，还影响了人们生活层面的审美与认知。其中以犍陀罗艺术为主旨的艺术形式，比如石窟寺中的泥塑、壁画色彩、飞天形象等，对中国人物绘画艺术产生深远的影响，也对人们的审美与时尚起到了引导作用，比如北朝时期，人们喜欢穿宽大红袍，并附蓝色飘带，佩戴念珠与璎珞等颈饰。南北朝之后，妇女的服饰开始流行修身式的衣服款式。披肩和飘带等西域元素也成为中国服饰的一部分，作为服饰配件或多或少地延续使用。

魏晋时期，艺术、美学理论的发展进入到一个黄金时代，佛教、玄学更是引发禅宗美学的形成，追求意境之美。在一些器物的装饰图案中，同样体现了艺术的意境之美，充满了生动"气韵"。"气韵生动"不但成为评价绘画的标准，也成为古代造物思想的主要组成部分。[②]

① 徐庆文 . 中国传统生活方式概论 [M]. 济南：山东教育出版社，2002：66-67.

② 杨先乙 . 中国传统造物设计思想导论 [M]. 北京：中国文联出版社，2018：49.

思考题

1. 说明魏晋南北朝时期玄学的形成对造物艺术思想的影响。

2. 举例说明佛教的传入对魏晋南北朝造物艺术形态的影响。

3. 简述魏晋南北朝时期的园林建筑。

4. 分析魏晋南北朝时期村落形成的社会原因。

5. 试述魏晋南北朝时期生活器物的艺术特征。

延伸阅读与参考书目

［1］[清] 阮元 . 十三经注疏 [M]. 北京：中华书局，1980.

［2］[清] 孙诒让 . 周礼正义 [M]. 北京：中华书局，2000.

［3］万绳楠 . 陈寅恪魏晋南北朝史讲演录 [M]. 贵州：贵州人民出版社，2012.

［4］侯旭东 . 北朝村民的生活世界——朝廷、州县与村里 [M]. 北京：商务印书馆，2005.

［5］沈从文 . 中国古代服饰研究 [M]. 上海：上海书店出版社，2011.

［6］巫鸿 . 礼仪中的美术 [M]. 郑岩，译 . 上海：上海书店出版社，2011.

第 5 章　盛世强音：从雍容华贵到精致内敛

在历史上，隋唐五代（581—960 年）跨度近 400 年，结束了魏晋南北朝以来南、北分裂的政治局面，再度实现统一，步入了中国封建社会的巅峰时期。这一时期在中国人的生活方式史上同样是一个很重要的转折期，汉魏旧俗和北朝胡俗进一步交融，形成了一些深远影响后世的新生活方式，造物艺术也体现出胡汉交融、兼收并蓄的时代特色。

5.1　从蒸腾到内敛的隋唐文化

隋代结束了南北朝分裂和战乱的局面，使国家再次实现了统一，却没能实现长治久安。取而代之的唐代，开创了像汉代一样的盛世，并形成了更加强盛的局面。从唐太宗的"贞观之治"，到唐玄宗的"开元之治"，盛极一时，是我国封建社会的鼎盛时期，政治、经济强盛，文化、艺术繁荣，造物文化也呈现出鲜明的时代特点。

5.1.1　雍容华贵的盛唐气象

从整体上看，隋唐五代近 400 年的历史，可以以安史之乱（755—763 年）为分界线划分为两个阶段：

安史之乱前，大唐国势蒸蒸日上，呈现出高视阔步的"盛唐气象"，整个社会开放包容，胡风弥漫，造物艺术雍容华贵，色彩瑰丽缤纷，洋溢着浓郁的异域情调。这一时期，皇室和精英贵族的审美风尚引领着时代潮流，"隋唐五代的工艺美术首先展示了一个彩色斑斓的世界，绚丽多彩是这近四百年的共同追求"[①]，造型上姿态挺拔，鸟兽纹地位突出，形象威武雄壮，风格阔达雄奇，呈现出富丽华美的贵族气派。

隋、唐的大统一，是华夏汉族与北方游牧民族大融合的结果，尤其唐代国力强大，疆域辽阔，且皇室成员和朝廷高官很多都有着少数民族血统，对国内兄弟民族之间的矛盾采取了较为缓和的政策，在多民族交流融合中，汉代以来的种族、地域、门阀、礼法等社会秩序和观念在逐渐崩溃，如葛兆光所说："汉族生活中的勤勉朴素、温文尔雅、礼仪中节等儒家确立的人伦标准，被异族生活所崇尚的豪放不羁、侈靡腐化、自然随意所代替"[②]。因此唐代的造物呈现出鲜明的胡汉

---

① 尚刚 . 极简中国工艺美术史 [M]. 北京：人民美术出版社，2014：73-87.

② 葛兆光 . 盛世的平庸——八世纪上半叶中国的知识与思想状况 [M]. 北京：北京大学出版社，1999：18.

交融特征，大量的西域胡人和外来物品通过丝绸之路来到中国，引起人们对异域情趣的追求，喜爱"胡服""胡乐""胡舞"等，成为一种上至朝廷贵族、下至黎民百姓的社会风尚。这让大唐散发出浓郁的"异域风情"，很多学者称之为"国际性"或"世界性"。

历史学者葛承雍先生将这种世界性总结为十个方面：允许外国人入境居住；允许外族参政做官；重用蕃将统军；外国人和汉人法律地位平等；保护通商贸易；允许异族或异国居民通婚；文化开放、互融；衣食住行混杂；允许外国僧侣传教；留学人员云集。唐德宗时期的一次检查显示，常年滞留长安的各国使臣达到 4000 多人[①]。这种开放包容的局面，使得大唐帝国成为当时世界上备受瞩目的国度。英国学者韦尔斯（Herbert George Wells，1866—1946）在《世界史纲》中比较初盛唐时期的中国和同时代的欧洲时说："中国国家之隆盛，都市之文雅，文化之蒸腾，威力之远被，与西方之腐败、混乱、分裂相较，判然不同。"[②]

这种显而易见的国际性，使得唐代社会接受异域风尚习俗的途径和机会都前所未有，能够对各种不同的文化兼收并蓄、推陈出新。外来的艺术母题和风格广泛地渗透到唐代的发式、珠宝、风俗、舞蹈、音乐、饮食和各种装饰艺术中，丝织、瓷器等传统造物都受益于新的形式和题材。唐代陶俑中有数量众多的胡人形象，情态各异，特点鲜明，足见当时艺术家对胡人了解之深，

这也从一个侧面反映了当时民族交融的深入（图 5-1）。

图 5-1　三彩釉陶胡服牵马俑，唐代，1957 年陕西西安鲜于庭墓出土，中国国家博物馆藏

在隋唐的都城和墓葬中，还出土了很多外来的精美工艺品。长安以西一处尼姑庵内的李静训（卒于公元 608 年）墓，墓主是一个 8 岁夭折的女童，她的父亲是隋朝高官，母亲是北周望族，在她的随葬品中有精美的上釉炻器、罕见的金器甚至玻璃器，最让人瞩目的是一条由金子和宝石制成的项链（图 5-2）。这条项链由 28 个金质多面球形链珠构成，每个链珠均由 12 个小金环焊接而成，每个小金环外又有小焊珠一圈和大焊珠 5 颗，其上再各镶嵌小珍珠 10 颗，这是一种流行于南亚的古老工艺。

这些舶来品，反映了隋唐时代，最起码长安地区的消费者所使用的物品已经来自五湖四海[③]。在唐代造物艺术中，这种对于异域情调的欣赏追

---

① 师永涛. 唐人时代：一部富有烟火气息的唐代生活史[M]. 北京：中央编译出版社，2019：5-22.
② 师永涛. 唐人时代：一部富有烟火气息的唐代生活史[M]. 北京：中央编译出版社，2019：5-22.
③ ［美］杜朴，文以诚. 中国艺术与文化[M]. 张欣，译. 北京：世界图书出版公司，2011：195-197.

图 5-2　嵌珍珠宝石金项链，隋代，中国国家博物馆藏

求、对异域文化的博采广收，充分体现了唐代的自信与开放。

隋唐在汲取和吸收异域文化的同时，也向外部世界做着文化辐射，汉字、儒学、科技、中国化的佛教艺术都对周边乃至远方的国度产生了影响。在东亚，隋唐对日本、朝鲜的影响更大，形成了以中国为中心的"东亚文化圈"[1]。唐代造物文化对当时的世界及后世都有很大的影响。以极具代表性的"唐三彩"为例，这一造物艺术是在前代多色琉璃陶的基础上发展起来，又吸取了波斯人以钴做着色剂的经验，烧成了名贵品种——加兰三彩。其影响所及，波斯人烧成了波斯三彩，日本人烧成了奈良三彩，朝鲜人烧成了新罗三彩。可见，隋唐五代的造物文化具有世界性的意义，已经成为全人类共同的财富。

5.1.2　精致内敛的潮流转向

唐代中期安史之乱后，中国与西方的联系明显减少，造成这一转变的原因有两个：一是大唐内乱使得吐蕃乘虚进攻河陇地带，切断了丝绸之路，中西交流盛况不再；二是安史之乱的祸首安禄山、史思明都是"昭武九姓"，此后威胁大唐的吐蕃、回鹘也都属胡族，令唐人对西方物品好感度大大降低。这一时期的造物艺术，造型转向圆柔，花卉纹日渐重要。造物风格婉转娇柔，贴近自然，鸟兽常出现于花丛之中，淡化了威严，增添了和顺，呈现出亲切浅近的平民风范。

安史之乱不仅是唐朝由盛转衰的标志，也是中国文化史的一大转折点。从此以后，汉唐以来的雄浑气象被一种雅化的趋势取而代之，精致内敛成为中国文化新的时代风貌，这种变化一直延续到宋代末年。在北方战乱频仍的情况下，在相对稳定的南方，汉风鲜明的吴越工艺美术地位日渐凸显，造物艺术的华夏之风更加明朗。[2]

这种时代风气的转变很值得注意。它是从不可复制的"盛唐之音"向隽永质朴的艺术规范的转变。李泽厚在《美的历程》中，把这一转变的代表艺术标举为杜甫的诗歌、颜真卿的书法、韩愈的文章，认为它们不同于盛唐的"破旧""冲破形式"，而是"立新""建立形式"，"为千年的后期封建社会奠定了标准，树立了楷模，形成为正统"，它们共同的特征，"是把盛唐那种雄豪壮伟的气势情绪纳入规范，即严格地收纳凝练在一定形式、规格、律令中"，从而为后世的人们提供了可以长久学习、遵循、模拟、仿效的美的

---

① 冯天瑜，邵学海.江河万古流：中国文化巡礼 [M].武汉：湖北美术出版社，2010：171.

② 尚刚.极简中国工艺美术史 [M].北京：人民美术出版社，2014：74.

范本。①

需要指出的是，安史之乱后的唐代社会并没有一蹶不振，反而因生产关系的改进、生产力的发展而仍处于繁荣昌盛阶段。社会风气也更加趋于奢华和享乐，浅斟低唱、车马宴游日益取代了兵车弓刀的边塞生涯。另外，如陈寅恪先生《元白诗笺证稿》所言："唐代科举之盛，肇于高宗之时，成于玄宗之代，而极于德宗之世"，这一时期人数日多的书生进士，带来了文坛艺苑的百花齐放，"真正展开文艺的灿烂图景，普遍达到诗、书、画各艺术部门高度成就的，并不是盛唐，而毋宁是中晚唐"②。盛唐时代对事功的向往，退缩为对日常生活的兴致，对韵味、意境、情趣的讲究成为这一时期美学的中心，精致内敛成为新的时尚追求。

5.2　大唐衣冠与丝织工艺

唐代诗人王维的诗歌《和贾至舍人早朝大明宫之作》，形象地写出了唐帝国早朝时四方来朝的场面："绛帻鸡人报晓筹，尚衣方进翠云裘。九天阊阖开宫殿，万国衣冠拜冕旒"。唐代衣冠不仅雍容华贵，也作为文化的隐喻成为四方来朝的象征。

5.2.1　士人服饰的品色制度

中国古代的衣冠服饰制度自西周开始就建立于等级制度之上，在秦汉时期得以完善，后又经历魏晋南北朝的民族大融合，至隋唐时代才趋于成熟，并为后世历代统治者提供了参考，所以有"上取周汉、下采唐宋"的说法。③隋唐时代进入君主集权的政治成熟期，衣冠的礼法和秩序隐喻性被高度重视。

在服饰上，隋文帝杨坚一开始继承北周服饰，公元 589 年平陈后，又部分采用了南朝梁、陈服饰，而唐人的官方服饰则完全继承了隋人服饰，因此隋唐时期的服饰是一种融合南北服饰文化的产物。隋炀帝即位后，在历史上第一次对服饰的等级做出明确规定，在此基础上，唐高祖李渊于武德四年（公元 621 年）又下诏："始著车舆、衣服之令，上得兼下，下不得拟上"，④确立了百官朝服和公服制度，一套详细、完善的官服制度配合着官僚机构的机制，不仅直接影响着唐代官员的穿衣戴帽，也和科举、文官制度一起影响着后世，并通过中外文化交流影响了东亚、南亚国家的"官服"。

1. 皇帝礼服

《旧唐书·舆服志》记载，唐代皇帝的正式服装有大裘之冕、衮冕、绣冕、玄冕、通天冠等十二种，但唐代皇帝正式穿着中最常见的礼服是衮冕和通天冠，其余的基本被废除了，这也成了历代皇帝日常祭祀和宫廷重大仪式的标准着装。其形制是玄衣纁裳，即上衣是黑色的宽身大袖，上面绣了八种花纹，"日、月、星、龙、山、华虫（锦鸡）、火、宗彝（酒器）"；下裳是红色的多褶大裙，上面绣四种花纹："藻（水草）、粉米

① 李泽厚 . 美学三书 [M]. 合肥：安徽文艺出版社，1999：139-141.
② 李泽厚 . 美学三书 [M]. 合肥：安徽文艺出版社，1999：147-148.
③ 刘冰冰，程艳妮 . 秦汉、唐衣冠服饰制度研究 [J]. 西安工程大学学报，2018（04）.
④ 师永涛 . 唐人时代：一部富有烟火气息的唐代生活史 [M]. 北京：中央编译出版社，2019：30.

（大米）、黼（黑身白刃的斧子）、黻（黑青相间的"亚"形）"，十二种花纹标志着皇帝独一无二的威严，被称为"十二章纹"。日本自平安时代一直到江户时代，一直以"衮冕十二章纹"作为天皇的礼服之一。

大裘之冕是周代开始皇帝祀天时穿的礼服，其中冕无旒，旒即我们常见的两排玉珠串，裘是外面穿的一件黑色羊皮制成的裘皮大衣，上面没有纹饰，以显示皇帝的质朴。唐高宗觉得大裘之冕太土气，冕又无旒，而且夏天求雨时不合时宜，于是就废之不用了。《旧唐书》记载长孙无忌等人的奏章："季夏迎气，龙见而雩，炎炽方隆，如何可服？"夏日炎炎，穿件皮大衣去求雨，的确很不合时宜。

2. 文官官服

唐代官员的衣服分为祭服、朝服、公服、常服几种，品色制度是唐代代表性的服装制度之一，是以官员品级的不同配以不同颜色、质料、纹样的官服，把颜色作为区分文武官员等级的手段。《唐会要》卷三十一"章服品第"记载："三品以上服紫，四品、五品服绯，六品、七品以绿，八品、九品以青，妇人从夫之色。"唐代诗人白居易在《琵琶行》中有句诗："座中泣下谁最多，江州司马青衫湿"，白居易当时的官职江州司马按品级算五品，可以穿绯袍，但当时他真实的品级只是将仕郎，在唐代为最低级的从九品下的文散官，所以只能穿青袍。[①]

除了对服色的规定，唐代为了巩固文官体系，对汉代以来的佩绶制度也有所改进，主要表现为增加了佩带"纷"和"佩鱼"。汉代制度规定官员必须佩戴官印，并在腰上悬挂绶带作为官

阶高低的标志。唐时冠服制度则规定，佩绶只用于六品以上的官员，并且改为双佩、双绶，同时又增加了一种较为窄细的"纷"，宽2至4寸，长6尺余，色与绶同且与绶同时佩带。"佩鱼"是隋唐出现的一种佩带制度，鱼符分两片，作为验明正身的凭证。具体规定是：三品以上佩金鱼袋，四、五品佩银鱼袋，六品以下无鱼袋。佩鱼制度到宋代仍沿用，一直到明代才改为腰牌制度，清代腰牌制度更加繁复。

3. 男子常服

隋唐五代时期，日常服用的常服也被纳入了服制范围，而且逐渐取代了朝服、公服的地位。如唐代尽管有冕服、朝服、公服等不同级别的服饰，但在日常闲居时，上自帝王下至百姓，大家都喜欢穿着一款自南北朝时期流行的常服——圆领襕袍，其形制为圆领、窄袖、长至踝间，腰间系带，并于膝下施一横襕，象征对上衣下裳分属的古礼。隋唐时代开启了开科取士的科举制度，登科但还没有被委任官职的士子大多身穿一袭白色圆领襕衫，头戴幞头或席帽。因为飞黄腾达的可能性很大，所以他们被尊称为"白衣公卿"或"一品白衫"。在唐代的中晚期，常服甚至取得了合法的政治地位，对后世男装的发展影响深远。在服色上，唐代的平民和一般官吏平时居家或宴客时，也多穿白色圆领襕衫，所以唐代是一个白衣飘飘的年代。

4. 武官抹额

唐代武官除了作战时穿盔甲外，日常常服和文官相似，但是喜欢在头上扎一个"抹额"来显示武官身份。这一点在章怀太子壁画中有着艺术表现，壁画上的侍卫军官身穿圆领窄袖襕衫，头上扎着红色或白色的抹额，抹额是一块短巾，从前额向后束紧头发，露出发髻（图5-3）。《新唐

---

① 师永涛.唐人时代：一部富有烟火气息的唐代生活史[M].北京：中央编译出版社，2019：35.

书·娄师德传》记载当时招募武士征讨吐蕃，武士们都戴着红抹额来应征，可见这是当时武士的习惯装束。

图 5-3　章怀太子墓《仪卫图》（局部），唐代

5.2.2　女子服装的开放奢靡

相比男子服装的仪式感和阶层感，隋唐五代的女装虽然也根据社会地位不同有具体规定，但多视其丈夫或儿子的地位而定，更为简单也相对开放，所以女装就更为多样化。隋唐时期皇后的服饰有袆衣、鞠衣、钿钗礼衣三种。其中袆衣是皇后形制最高的礼服，也是嫁衣。鞠衣是皇后主持祭祀蚕神嫘祖时穿的礼服，也是皇后的日常服装。而钿钗礼衣则用于宴见宾客。关于首饰的规定，皇后为十二花树，皇太子妃、公主、王妃、一品命妇九树，以下递减。这些都是礼服，正规场合穿戴。宴服是命妇日常家居的服装，可以按照丈夫或儿子的常服服色，但"上得兼下，下不得僭上"。

唐代国势强盛，社会安定，服装上普遍追求华贵和新潮。《旧唐书后妃传》《旧唐书舆服志》《新唐书五行志》等都有奢靡着装之风起于宫廷的记载，上自宫掖，下至民间，贵贱无别，都随时尚流行和个人爱好来穿衣。

1. 女着胡服

财富势力膨胀的商贾在着装上也多有僭越，服紫现象屡有发生，本应专属于命妇服用的金、珠、翠、玉都被富商妻女大胆穿着。可以说，社会的开放，经济的富足，为唐代营造了一个前所未有的宽松、包容、和谐的格局，人们尤其是女子竞相追求新的服装样式、新奇的发型、新的妆容。这种追求时尚的风气也不限于女子，唐代日益扩大的进士群体也成为时尚潮流的追随者，白居易的诗中说："外人不见见应笑，天宝末年时世妆"，中唐以后宽袍长袖取代了过去的窄袖紧身，而且此风愈演愈烈，皇室和朝廷屡屡因公主或其他妇女"衣裙宽大""妇女服饰异常宽博"提出禁令和限制措施。

唐代服饰的奢侈之风，不仅是社会风气使然，也基于纺织织造技术的进步和商品经济的繁荣，丝绸之路在唐代进入全盛期，不仅有陆上丝绸之路，海上丝绸之路也很活跃，出广州，越马来半岛，经斯里兰卡，入波斯湾以达红海。开放交融的时代环境，带来了多元文化，对于外来的衣冠服饰，唐朝政府采取兼收并蓄的态度，从而使唐代服饰尤其是妇女服饰之盛远超前代，体现出新的时代潮流。初唐时女装流行短襦长裙，到了盛唐，受到胡文化影响，女着胡服、女扮男装现象越来越普遍。诗人元稹诗句"胡音胡骑与胡妆，五十年来竞纷泊""女为胡妇学胡妆，伎进胡音务胡乐"，是女着胡服在唐代盛行的生动写照。

2. 女扮男装

女扮男装，也是很突出的现象，这一点在《虢国夫人游春图》《宫乐图》《挥扇仕女图》等画品中屡见不鲜。《新唐书》记载，太平公主曾经为高宗、武后舞蹈，就穿着一身男装，"紫衫、玉带、皂罗折上巾"，还引发高宗的质疑："女子不可为武官，何为此装束？"但此风却愈演愈烈，遍及宫廷内外，到了中唐时代更是盛极一时。据历史学者荣新江《女扮男装——唐代前期妇女的性别意识》一文统计，目前考古队发现的唐代壁画中，有女扮男装出现的形象多达 29 幅。

1978 年出土于陕西省礼泉县烟霞镇张家山村的段简璧墓，是唐太宗外甥女段简璧的墓葬，其墓室壁画的人物群像中，左起第三位侍女头扎幞头，身着长袍，脚穿长靴，完全是一副男装打扮（图 5-4）。

图 5-4 段简璧墓壁画（局部），唐代，1978 年出土于陕西礼泉

3. 袒胸装

唐代女装中最引人注目的还是"袒胸装"，这种装束将女子胸部和颈部曲线裸露在外，类似今天的露肩深 V 礼服，凸显女性的性感之美，在中国两千年的封建社会中绝无仅有。有名的《簪花仕女图》和唐代壁画里的仕女大多体态丰盈、酥胸半露，极富有富贵之态，这种装束流行的背后是唐代以皮肤白皙为美的审美观念。唐代诗词和敦煌歌辞中不少篇什描写，如"胸前如雪脸如莲""粉胸半掩疑晴雪""素胸未消残雪"等，描述对象既有邻家女子，也有青楼女子，可见这种装束不仅流行于宫闱之中，更是风行大江南北。唐代的女子不缠脚、不束胸，可以骑马，可以男装，足见当时大唐帝国的开放风气。

开放带来的，还有奢靡和放纵。唐中宗的女儿安乐公主出嫁时，曾御制一条"百鸟裙"，系采集百鸟羽毛织成，鲜艳无比，引发长安贵族竞相效仿，"江岭奇禽异兽毛羽，采之殆尽"。后来，唐玄宗不仅让人把宫中这些名贵服装焚烧殆尽，还密集颁布了《禁奢侈服用敕》《禁珠玉锦绣敕》等诏令来限制举国的奢侈之风。

4. 女子化妆

隋唐时代的女子也讲究化妆，唐代诗人朱庆余的诗就是最生动的写照："洞房昨夜停红烛，待晓堂前拜舅姑。妆罢低声问夫婿，画眉深浅入时无？"当时女性最着意于面部化妆，"描眉"是非常重要的内容，据记载唐玄宗曾命画工绘"十眉图"，其中有"横云眉""斜月眉"等样式。概括而言，这一时期的眉毛化妆从颜色分有黑眉、翠眉，从形状分有柳眉、蛾眉等。据说杨贵妃曾做"白妆黑眉"，在宫廷里引发流行，如诗人徐凝诗中所说"一日新妆抛旧样，六宫争画黑烟眉"。翠眉即绿眉，在唐代很流行，杜甫、岑参、杜牧等诗人不乏这方面描写。

除了画眉，在两颊点上赤点的"妆靥"和类似今天抹口红的"点唇"也是唐人化妆时的重要内容（图 5-5）。其中，点唇花样繁多，有石榴娇、大红春、小红春、嫩吴香、半边娇等繁多的样式。中晚唐曾出现一种"元和时世妆"，白居易在《时世妆》诗中写道："时世妆，时世妆，出自城中传四方。时世流行无远近，腮不施朱面无粉，乌膏注唇唇似泥，双眉画作八字低，妍媸黑白失本态，妆成尽似含悲啼"。八字眉和乌唇都是受吐蕃的影响。

图 5-5　彩色仕女双人图，唐代，新疆维吾尔自治区博物馆藏

《唐语林》还记载了一种"血晕妆"，把眉毛剃去，在眼上下画几道血痕一样的装饰，充满了末世的颓废感。这时候人们的服装颜色也没有了盛唐时的青春气象，士人在衣色上普遍穿着紫绿、墨绿等深色调的衣服。黄巢兵变之后，士兵的服装全都成了皂黑色。女子的妆容流行一种"拔丛"的发髻，将乱发垂在眼前，或许是为了方便逃避兵祸。服饰本身就有着隐喻的意义，社会风尚是国运的体现，唐代的服饰和妆容就体现出了鲜明的盛衰变化。

5.2.3　蓬勃发展的纺织工艺

在唐代，无论是作为国家核心权力系统的文官官服，还是宫廷内外女装的潮流时尚，既基于当时经济社会的富足，也离不开纺织技术的创新发展。早在汉代，纺织工艺就在手摇纺车的基础上改进并创新脚踏织机，提高了纺织效率，使得丝绸产量较以前有大幅增加，逐渐成为普及全民的服装材料。到了唐代，丝绸织染技术又有了革新，丝绸织物种类日渐丰富，出现了锦、绫、缂丝等新品类，并且创造了"夹缬"的印染方法。"夹缬"的发明，大约在唐玄宗时的宫中，而后普及开来。这种印染方法是以两块图案相同的镂空花版夹住按幅宽对折的坯料，从两面施染，图案对称，经过多次施染，能得到色彩富丽的产品。

在丝织品的纹样上，唐人也有创新，他们喜欢在形色美艳的织品上织上各种禽鸟纹，与花卉、璎珞、绶带等组合在一起，形成一种华丽天成的美感。留存至今的莲花对鸟衔枝纹锦就显示了这一特色（图 5-6）。这对后世中国传统纹样造型也产生了深远影响。

图 5-6　莲花对鸟衔枝纹锦，唐代，美国大都会博物馆藏

盛唐时，长安是全国的纺织品生产中心，都城内有少府监、织染署、掖庭局等机构，下设官营丝绸作坊。唐玄宗时，宫中专门为杨贵妃制作锦绣、金玉饰品的工人就有上千人，其中不乏技艺精湛者。唐代画家张萱的《捣练图》，描绘了唐代城市妇女在丝绸衣物制作时捣练、理线、熨平、缝制等情景。画中刻画入微，仕女扯绢时身体明显微微后仰，成年女性都衣着半露胸式的衫裙装，肩上搭有披帛，可见当时的时代风貌。"练"是丝织品的一种，刚织成时质地坚硬，要经过煮沸、漂白、捣练才能变得柔软洁白（图 5-7）。这幅图也是唐代社会生活、生产的写照。

图 5-7　捣练图（局部）宋摹本，宋代，美国波士顿博物馆藏

除了生产技术的进步，空前的文化和经贸交流也使得唐代的丝绸在艺术风格上吸收异域文化，创造了大批带有强烈异域风情的纹样，如波斯风格的连珠纹样，伊斯兰风格的新月纹样，中西合璧的大窠唐草联珠纹样等，加上云气纹样、祥兽纹样、折枝花鸟纹样、铭纹等，大量精美的丝绸面料体现出蚕桑与纺织业的空前发达，为唐代服饰的发展奠定了厚实的物质基础和创意元素。

5.3　隋唐建筑与生活起居

5.3.1　城市崛起

在经济、社会、对外交流空前发达的唐代，城市经济的崛起更对造物艺术的发展起到积极的推动。据我国台湾省经济史家赵冈在《中国城市发展史论集》中的统计分析，在唐朝盛极一时的天宝年间，城市总人口达到 1100 万人，全国总人口约 5300 万人，城市化率达到 20.8%[1]。最重要的城市当然是首都，唐朝因自身发展和战乱影响等原因，形成了"五京"的首都形制：中京（京兆府长安）、东京（河南府洛阳）、西京（凤翔府）、北京（太原府）、南京（成都府），唐肃宗时为消除玄宗影响把南京成都府改为南京江陵府（今湖北荆州）。其中最重要的还是"三京"：长安、洛阳和太原（因李唐王朝龙兴之地而地位超然），除此之外，最有影响的城市是扬州和益州（成都）。

在唐代，扬州是"江南"的代名词，李白的《送孟浩然之广陵》使得"烟花三月下扬州"让人心驰神往。唐玄宗天宝六载（747年）时，扬州人口达到 47 万，仅阿拉伯商人就有 5000 多人，"腰缠十万贯，骑鹤上扬州"，这里成为众多客商淘金的地方；而诗人杜牧的名句，"十年一觉扬州梦，赢得青楼薄幸名""春风十里扬州路，卷上珠帘总不如"，则赋予扬州更多浪漫色彩。扬州盛产铜镜、毡帽等物品。扬州毡帽的流行还有一个典故：唐朝名相裴度做御史大夫时主张对淮西用兵，淮西藩镇忌恨他，派人行刺，碰巧裴度戴的扬州毡帽顶子厚，刀过后仅"微伤如线数

① 师永涛.唐人时代：一部富有烟火气息的唐代生活史[M].北京：中央编译出版社，2019：142.

寸"。后来，毡帽受到长安青年群体的追捧，如李廓《长安少年行》诗歌所说"刬戴扬州帽，重熏异国香"成为流行时尚。

当时的人们认为"三京"之外"扬一益二"，但诗人卢求在其《成都记序》中说，这是因为扬州繁华的声势过人，实则从"江山之秀，罗锦之丽，管弦歌舞之多，伎巧百工之富"来看，扬州赶不上益州的一半。当时，成都的人口大约 50 万，和扬州差不多，但成都的造纸业、制瓷业、织锦、漆器都闻名全国。当时政府规定公文和重要图书都要用益州麻纸书写，厚重的蜀锦、轻薄的蜀罗更以登峰造极的工艺闻名遐迩，成都也因此被唐人称为"锦官城"。《旧唐书》记载，安乐公主出嫁，益州地方官进献的贺礼是单丝璧罗龙裙，"飘似云烟，灿如朝霞"。成都是当时最大的手工业城市，有著名的"三市"——南市、东市、西市，唐僖宗时剑南西川节度使崔安潜又创置新北市，一城有四市很罕见，即使长安城也只有东、西二市。除了这种常设的市，成都每个月还有主题性集市，所谓"正月灯市，二月花市，三月蚕市，四月锦市，五月扇市，六月香市，七月七宝市，八月桂市，九月药市，十月酒市，十一月梅市，十二月桃符市"，月月有主题，热闹非常。今天成都闻名全国的文化商业街区"锦里"，在唐代已经成为游客必去的"打卡地"，晚唐词人韦庄的《怨王孙》词中写道："锦里，蚕市，满街珠翠，千万红妆……"

此外，沿海的港口城市广州，作为对波斯、阿拉伯等国家进行海洋贸易的"通海夷道"，成为海上丝绸之路的重镇。位于东海边的明州（宁波）成为日本遣唐使主要的登岸港口之一。作为京杭大运河最南端的城市，杭州从唐初一个小县城，到中唐时也成为"东南形胜，三吴都会"之

地，做过杭州刺史的白居易整治和命名了"西湖"，一生写西湖的诗歌达 200 多首，称赞杭州"江南列郡，余杭为大"。

5.3.2　都城建筑

隋唐的长安城并非汉之长安，而是在汉代长安城旧址东南二十里外。隋代开国皇帝杨坚早年在后周时曾被封为"大兴公"，他便命名这座新城为大兴城。唐代因袭隋朝旧都，并改名为长安城，将其发展成当时世界上最大的城市，有居民百万，而且吸引着来自亚洲各地的商贾、留学生和朝拜者。① 梁思成先生总结长安城有三个显著特点：一是将宫殿、官署、居民三个区域分别，这是中国都城建筑史上的一大创新，目的是隋文帝所说的"公私有辨，风俗齐整"，且能提高行政效率；二是全城横直街分为棋盘形，将城市分割成无数的街道，使得市容整齐划一，"百千家似围棋局，十二街如种菜畦"，呈现出一种围合式的布局；三是将四面街所界划之地作为坊，以坊为一个小城②，按照《旧唐书》记载，长安城内有108 坊。坊外有市，长安有东西二市，各占两坊之地，是专门从事商业活动的经济区。

遍布长安坊市的建筑是寺庙、浮屠，清代史家徐松《唐两京城坊考》统计唐代长安有名的寺庙 103 所，几乎每个坊一座。当时城里居住着多达百万的唐人，但这座大城却仍宽绰有余，城中遍布果园、菜园、小块田地，人工湖泊更多达 53 处，其中最著名的人工湖曲江池，虽是皇家园囿，却定期向平民开放，是唐代最负盛名的

① ［美］伊沛霞 . 剑桥插图中国史 [M]. 赵世瑜，赵世玲，张宏艳，等，译 . 长沙：湖南人民出版社，2018：112.
② 梁思成 . 中国建筑史 [M]. 北京：百花文艺出版社，1998.

园林。

根据唐代阿拉伯商人见闻所撰的《中国印度见闻录》记载了一位名叫伊本·瓦哈卜的商人眼中的长安："一条宽阔的长街把全城分成了两半，皇帝、宰相、禁军、最高判官、宫廷宦官，以及皇家总管、奴婢都住在这条大街右边的东区……在大街左边的西区，住着庶民和商人，这里有货栈和商店。"[1]这条大街，便是长安的天街，也是中轴线——朱雀街，北起太极宫南的承天门，中经皇城南的朱雀门，南抵长安城南明德门，街宽150~155米，街两侧排水沟宽3.3米，深2.5米，这样宽阔宏大的街道在古今中外的都城中绝无仅有，充分体现了盛唐时期高视阔步的大国气派。

与长安一样，洛阳的城市布局也是宫城、皇城、居民区分隔，居民区也是"畦分棋布"，按照坊来管理。不同的是，因为洛水东西横贯全城，城市大致按照南北分区，宫城和皇城分布在洛水以北。洛阳在东城以北营建了著名的含嘉仓城，东西615米，南北725米，目前考古工作者已探测出259座粮食窖，其中第160号仓窖还保留着50万斤已经炭化的谷物。这一仓城规模之大、储粮之丰，对认识当时社会的生活与风俗是难得的实物资料。[2]洛阳规模虽小于长安，但建有北市、南市和西市三个商业中心，且均是傍河而建，可见在城市建设上洛阳更多考虑了繁荣工商业的问题。

值得注意的是，里坊制是隋唐五代城市建筑最突出的特点，不仅长安、洛阳整齐划一，各州县也实行里坊制，高墙围圈起来固然方便了城市

管理，却阻碍了经济活动的发展。到晚唐五代时期，不断出现侵街打墙和向街开门等现象，到宋代，随着商品经济的高度发展，开放的街坊取代了封闭的里坊。

5.3.3 宫殿建筑

唐代的宫殿建筑，继承了周代以来"三朝五门"的形制。所谓"三朝"即外朝、中朝、内朝，分别与承天门、太极殿、两仪殿等门殿搭配；所谓"五门"，即天门、太极门、朱明门、两仪门与甘露门。经过唐代几代统治者的修缮和扩建，长安城内形成了以太极宫（西内）、大明宫（东内）、兴庆宫（南内）为代表的中国历史上最庞大的宫殿建筑群落，整体呈"品"字形的平面布局。其中，修建于唐高宗时代的大明宫依龙首原而建，规模庞大，地形高峻，以俯视整个长安城的非凡气势，成为唐代国力强盛的象征。1956年出土于大明宫遗址的石志上刻有"含光殿及毬场等，大唐大和辛亥岁己未月建"字样，说明当时含光殿建有马球场，唐初宫廷内已流行打马球运动（图5-8）。

图5-8 含光殿"毬场"石志，唐代，1956年大明宫遗址出土，中国国家博物馆藏

① 师永涛 . 唐人时代：一部富有烟火气息的唐代生活史 [M]. 北京：中央编译出版社，2019：254-255.
② 吴玉贵 . 中国风俗通史·隋唐五代卷 [M]. 上海：上海文艺出版社，2001：188-193.

5.3.4 住宅建筑

隋唐五代的居住风俗也体现出多元化倾向。首先是南北有别，北方主要以土木砖瓦为主，南方则多以竹茅为建筑材料，从杜甫诗《茅屋为秋风所破歌》可见一斑。其次是民族有差，周边民族的民居，或以毡帐为屋，或以皮屋为室，或掘地为穴，或依树而居，形成了不同的居室景观。另外，社会阶层的差异同样突出，政府法令规定，不同等级的人们享受不同的住宅，所以这一时期的居住风俗体现出鲜明的阶级性。

1. 官僚宅第

唐朝颁布"营缮令"，对各级官员及平民住宅的规格都有明确规定：王公以下，舍屋不得施重栱藻井；三品以上，不得过 5 间 9 架；五品以上，不得过 5 间 7 架；六、七品以下，不得超过 3 间 5 架……甚至还规定"士庶公私第宅，不得造楼阁，监视人家"。唐初官僚住宅较为简朴，名臣魏征、李义琰贵为宰辅，却都无中堂正寝，虽然是个人品质使然，也见当时风气。

在武则天时代开始出现了官僚兴建住宅的第一个高潮，京城第宅，日加崇丽，各种逾制现象日渐普遍。武则天宠臣张易之宅第的中堂，用红粉泥壁，文柏贴柱，琉璃、沉香做装饰。宗楚客的宅第也是富丽堂皇，让太平公主看到后都感慨自己"虚生浪死"，算是白活了。

唐代宗之后，官僚经营豪宅掀起第二个高潮，王公贵族"所营唯第宅，所务在追游"，不务正业，把营建豪宅、及时行乐做了人生第一要务。中书令郭子仪在亲仁坊的住宅占了全坊之地的四分之一，家人有三千之多，唐人封演的《封氏闻见记》记载："居室内诸院往来车马、僮客于大门出入，各不相识"。宰相元载在大宁坊、安仁坊各置一处宅第，室宇奢广，冠绝一时，其

中的"芸辉堂"用于阗国的香草芸辉春成细末抹在墙壁上，更以沉檀为梁栋，用金银做户牖，极一时之盛。风气所及，百官效仿，唐文宗为此专门下诏纠风。白居易《秦中吟》对此有反映："谁家起甲第，朱门大道边……一堂费百万，郁郁起青烟……主人此中坐，十载为大官。厨有臭败肉，库有贯朽钱。"

2. 百姓民居

唐代的"营缮令"规定：平民住宅堂舍不得超过 3 间 4 架；门屋限 1 间 2 架，而且住宅不得有装饰。唐代城里人居住的地方叫"坊"，城外人居住的地方叫"村"。唐代人已经实行合院式建筑，1984 年西安市长安县（今长安区）灵沼乡一唐墓出土过一套唐三彩邸宅模型，可见唐代民居由院门、中室、后门、左右三厢房组成一座长方形两进院落，和现在的四合院很相似。不过，唐代的合院是廊院式院落，即院子的中轴线为主体建筑，周围是回廊，或左右有屋。[①] 不过，这个模型反映的并非普通民居，一般人间的住宅要狭小得多，有不少人家在屋中还要"半空架版，分寝儿女"。当然平民之中也有富裕者，典型如五代王仁裕的《开元天宝遗事》所记载的盛唐富商王元宝，常"以金银叠为屋，壁上以红泥泥之"，富丽奢华，时人称为"王家富窟"。

茅草屋是南北贫民安身的主要居宅形态，江南水乡人们多建造竹屋，但这种房子容易引发火灾，如《太平广记》所说"或不慎之，动则千百间立成煨烬"，所以不少官员极力将北方砖瓦建筑引进南方，改变这种居住风俗。《旧唐书·宋璟传》记载，宋璟任岭南节度使时，就曾"教人烧瓦，改造店肆"，当地从此"无复延烧之患"。

---

① 师永涛.唐人时代：一部富有烟火气息的唐代生活史[M].北京：中央编译出版社，2019：85.

3. 少数民族居室

这一时期民族融合也在居住文化上互有影响。隋炀帝大业四年（608年），突厥首领屡屡上书请求隋朝政府帮助修筑屋宇，隋炀帝专门下诏回复。后来，在突厥境内出现了很多城市，这是农耕文明对游牧文化影响所致。当时各民族的民居各有不同，突厥人以毡帐为居，吐蕃有了不少城郭，南诏人家上栋下宇，与汉族相同，只是方位上不讲究东西南北。边疆各地的民居，最奇特的是高昌（今新疆吐鲁番）的地穴式居室，这种建筑适应当地炎热多风气候，因为吐鲁番盆地的地表温度最高能达到80多度。北方和西北游牧民族主要采取毡帐的居住方式，这种便于移动的"住宅"受到皇室、士大夫阶层的喜欢，唐太宗的太子李承乾在皇宫中搭置了一处突厥毡帐。白居易晚年也在洛阳的家中搭了一顶青毡帐，每到冬夜"侧置低歌座，平铺小舞筵，闲多揭帘入，醉便拥袍眠"，很是惬意。据《封氏闻见记》记载，不仅唐人的皇宫、官舍、庭院中多设毡帐，唐代婚姻风俗中，也盛行设毡帐行礼。

4. 住宅装饰

唐代的住宅装饰与起居用具，有帘、帷、帐等设置。帐名目繁多，制作材料也讲究，有宝帐、七宝帐、九龙帐、白绸帐、珠玉帐、紫绡帐、玳瑁帐、青罗帐等品种，据说张易之为他母亲做的七宝帐由"金银、珠玉、宝贝"等材料做成，奢华富丽。

屏风也是重要的陈设家具，主要有落地屏风和床上屏风两大类，这时不再流行素屏风，而是更多以绘画和题字装饰。白居易的诗中提到李阳冰的篆字、张旭的笔迹、边鸾的花鸟、张藻的松石都是这时最流行的屏风装饰。此外，屏风的宣传教育功能也受到重视，《旧唐书·虞世南传》就记载，唐太宗曾经令虞世南"写《列女传》以装屏风"。

这一时期，"地衣"即地毯也慢慢开始在贵族居宅中普及，白居易在《红线毯》诗中的质问就是对这一史实的反映："宣城太守知不知？一丈毯，千丈丝，地不知寒人要暖，少夺人衣作地衣！"

这一时期最突出的变化还是高足家具的出现，其中对后世影响最大的，是绳床和椅子的出现，椅子最早在寺院中使用，后来普及到了民间。另外，这时期低矮的"案"也开始向高足的"卓子"过渡，这种转变也促使了餐饮方式从分食制到合食制的转变。

5.3.5 园林建筑

唐代是中国古典园林高度兴盛的时期，这一时期的园林建筑在汉代雄阔恢宏气魄的基础上有了进一步发展，在空间布局和细部处理上均更加成熟。除了皇家园林外，私家园林也大规模发展，特别是在中唐之后，"壶中天地""纳须弥于芥子"的古典园林艺术追求更加趋于成熟，对后世影响深远。

1. 皇家园林

隋唐时代的皇家园林主要集中于长安、洛阳两京之地，又分两种类型：一是都城内的皇宫御苑，如长安禁苑；一是都城外的离宫别苑，如华清宫。长安禁苑南接都城，北枕渭河，西包汉长安城，东距浐水，方圆120里，有亭台建筑群24座，里边池沼遍布，还有梨园、葡萄园、桃园等果园，多是皇帝和群臣饮宴的地方。唐人盛行打毬，在长安禁苑、东内苑和华清池离宫别苑等地，都兴建了供皇帝使用的毬场。华清宫位于今陕西省临潼境内的骊山山麓，南枕骊山，北临渭水，整体宫殿建筑采取了对称布局，以温泉知名于世，自秦代以后就成为历代帝王洗浴休憩的离宫别馆。据记载，唐玄宗先后 36 次到华清宫过冬，这里甚至成了临时的国都。华清宫最重要的建筑是供皇帝及嫔妃、大臣沐浴的汤池，计有81 处，其中御汤和海棠汤分别为唐玄宗、杨贵妃所用。

2. 私家园林

都市第宅园林化是隋唐时期贵族官僚第宅建筑的显著特点，在宅第内筑山掘池、植树种花，一时蔚为风尚。达官贵人，如宰相李德裕、武官安禄山等的宅第，大都风亭水榭，修篁绿池，奇花异卉，俨如图画。这时的官僚贵族还纷纷在山野形胜之地营建别墅园林。唐中宗年间，安乐公主提出以昆明池为"私沼"，被中宗拒绝，她便在延平门外 20 里地侵夺百姓庄园自建了"定昆池"，方圆 49 里，穷天下之壮丽，后她被乱兵诛杀后，定昆池收归国有，一时间"士女游观，车马填噎"。《旧唐书·王维传》记载，诗人王维的辋川别业也是一处有名的私家园林，有着众多诗情画意的山水景观，王维与裴迪等人"浮舟往来，弹琴赋诗，啸咏终日"，留下了不少名篇佳作，住宅园林化成为文人雅士悠游自足、恣情山水的栖息之地（图 5-9）。

图 5-9　辋川图（局部），唐代，日本圣福寺藏

隋唐时期，园林艺术获得长足发展，人们力求借助园林艺术的手段将天地万物浓缩进园林的方寸之地。白居易的诗作《池上篇》描写他在洛阳的私家园林"十亩之宅，五亩之园，有水一池，有竹千竿"，还间以岛、树、桥、道，就很典型地体现出"壶中天地"的特色。

5.4　隋唐交通工具与出行方式

隋唐是历史上对外交往最为发达的时代之一，陆上和海上丝绸之路高度发达，增进了中国和世界各地的经济、文化交流；疆域内的交通也进一步完善，为多民族融合发展提供了便利条件。"唐"不仅是一个朝代，更成为海外诸国对中国的代称，一直到宋、元、明时代，世界各地尤其是东南亚地区仍习惯于将与中国相关的事物称之为"唐"，如唐人、唐衣、唐货、唐语，沿袭至今，流寓海外的华人依然自称"唐人"，华人在海外都市中的聚居地被称为"唐人街"。而这一切都和丝绸之路的高度繁荣有关。

5.4.1　丝绸之路与水陆交通

隋代结束魏晋南北朝数百年分裂，为中外交通开启了新的阶段。隋炀帝设四方馆，专门负责接待和处理四方客使事宜，使西域的交通尤其得到大发展。《隋书·裴矩传》保存的《西域图记》序显示，隋与西方交往有北道、中道、南道三条路线，分别可达今天的地中海、波斯湾、印度洋。在此基础上，唐代迎来了陆上、海上丝绸之路的黄金时代。

1.陆上丝绸之路

陆上丝绸之路又分沙漠丝绸之路和草原丝绸之路。

沙漠丝绸之路从长安出发，通过今天的甘肃、青海、新疆等地区，经中亚通往中东及东欧地区。这条路大体以敦煌为界分为东西两段，东段从长安到敦煌，又有南路、北路、青海道三条道路，串起了四通八达的交通网络。

草原丝绸之路由漠北通往西域，这条道路的兴起一方面是因为突厥汗国的兴起，打破了波斯人在东西方丝绸贸易之中的垄断地位，对草原丝绸之路的西段发展起到了重要推动作用；另一方面是因为唐朝对漠北草原部落的统一，为草原丝绸之路东段的发展铺平了道路。

地处中国西北边陲的敦煌，作为穿越沙漠丝绸之路的出发点而获得发展，这里因发现大量的石窟、壁画而闻名于世。同样受到重视的，还有很多封存的文书，包括买卖土地、房屋和奴婢的契约，关于离婚、领养和分家安排的表格、户籍登记册、蒙学读物以及五花八门的政府文书，通过它们可以窥见那些远离京城的下层民众的生活。①这些遗存的敦煌文书还开阔了后人对印刷术的理解，世界现存最古老的印刷书籍是敦煌所藏成书于公元 868 年的《金刚经》。有证据表明 8 世纪中国人已经使用雕版印刷术，9 世纪这项技术已臻于完善。敦煌的隋唐洞窟约有 360 个，多数内含雕塑和绘画，佛教题材的雕塑和壁画较多地艺术性表现了佛教净土的信仰，典型的雕塑组合是一佛、二弟子、二菩萨，类似龙门石窟后壁造像，龛外常另塑有二力士。

2.海上丝绸之路

这一时期，海上丝绸之路伴随着隋唐航海技术的提高而获得了长足发展。《大唐西域求法高僧传》收录了 57 位前往印度和南海求法的僧人，其中经海路赴印度者 34 人，远远超过了陆路的人数，可见海路交通的繁荣。据史料记载，海上丝绸之路从广州经马六甲海峡、斯里兰卡、印度半岛西北沿海，最远直到波斯湾头的乌剌国，大约需要 87 天的航程。

另一个方向是唐朝通往朝鲜半岛和日本的航线，主要有黄海道、东海道两条。黄海道由今天山东半岛北端的登州入海，横渡渤海湾至辽东半岛南端，再经朝鲜半岛西海岸南下，过济州海峡到达大津浦（今日本福冈博多），这是一条较为古老的航道，日本遣唐使多循此道来唐朝。东海道是从淮河与长江口附近沿海地区直航日本的航线。

海上交通和贸易的发展，使广州、福州、泉州等港口城市逐渐繁荣。

5.4.2 京杭大运河与水路运输

隋炀帝在前代基础上疏浚和开凿大运河，沟通海河、黄河、淮河、长江、钱塘江五大水系，并将长安、洛阳、幽州、汴州、宋州、楚州、扬州、杭州等繁华的城市连缀在一起，形成了一个跨越东西、贯通南北的水路交通网络，带来了隋唐五代水上交通的空前繁荣。②

水上交通运载量大且成本较低，不仅便利了政府漕运，也为南北货物运输和商旅往来提供了便利。武则天长安三年（公元 703 年），崔融的上疏中说"弘舸巨舰，千舳万艘，交贸往还，昧

① ［美］伊沛霞．剑桥插图中国史 [M]．赵世瑜，赵世玲，张宏艳，等，译．长沙：湖南人民出版社，2018：129–133.

② 吴玉贵．中国风俗通史·隋唐五代卷 [M]．上海：上海文艺出版社，2001：271.

旦永日"，可见水路贸易的繁荣。交通辐辏，货畅其流，让产于南方的茶叶不再被视为药材，而成为全国各地人提神的饮品。南方因河流众多，水路交通极为便利，经济发展受人瞩目，自唐代中叶开始经济中心加速南移，公元 742 年的人口普查显示，南方登记在册的人口占全国人口的比重已经从 7 世纪初的四分之一左右增加到了近一半。①

1. 造船业发达

海上和内河水陆交通的发达，离不开造船和航海技术。隋唐时期造船技术大发展，兵船已有楼舰、艨艟、战舰、走舸、游艇等种类。唐太宗时为准备在朝鲜半岛的战争，几次大规模制造"浮海大舫"。当时的造船地遍布今天的江、浙、皖、赣等地，造船数量动辄数百上千。阿拉伯史料提到，唐朝海船因为体积太大，有些港口竟然容纳不下。隋唐商船规模也很可观，据唐人李肇的《唐国史补》记载，当时有位俞大娘的航船，大到"居者养生、送死、嫁娶悉在其间"②。

2. 游览与游宴

便利的水路交通为帝王出游提供了便利。据《资治通鉴》记载，大业元年（605 年）隋炀帝出游江南，整支队伍有"龙舟及杂船数万艘"，从洛阳出发，50 天才发完，整支船队长达 200 里，光拉船的纤夫就有 4 万多人，规模之大，空前绝后。

泛舟出游并在船上饮酒作乐的"游宴"成为一种时尚。诗人白居易就是此中达人，唐人康骈的《剧谈录》记载：工部尚书卢简辞在洛阳伊水

边有别墅，有一年冬天下雪的日子，他与家人登亭远眺，见江上有小舟一艘，一白衣人与高僧闲坐，船后载一小灶烹鱼煮茗，二人吟啸自若，很是潇洒。船经过卢家别墅时，卢简辞叫人打听是谁，回禀道：是白居易先生，正往香山寺去。卢简辞追羡良久，"每遇亲友，无不话之"。为适合这种游宴的生活方式，这时出现的行灶、茶灶、酒炉等都便携易用，诗人陆龟蒙乐于舟行，经常带着书籍、笔墨、茶灶、钓具，在水上悠游终日。

5.4.3　行旅方式与出行风俗

隋唐不仅海上、水上交通发达，国内的陆路交通也极为发达。唐代杜佑《通典》记载，当时"南诣荆襄，北至太原、范阳，西至蜀川、凉府"，道路上广泛设置了提供食宿和旅行工具的馆驿系统，一般是每隔 30 里设一驿。盛唐时，全国有陆驿 1297 所、水驿 260 所、水路兼 86 所，共计 1643 所，据此推算，唐代道路干线的长度不少于六七万里。③ 这时的道路大都是土路，为解决长安道路泥泞问题，采取了铺沙的方式，而且道路普遍进行了绿化，"东西列植，南北成行"。交通蓬勃发展的状况，使得"行者虽适千里，不持寸刃，不赍一钱"。

关于出行工具，水上的舟船如前所述，陆路出行工具主要是人力舁抬的步舆，以及供人骑乘的驮畜和车辆等。

1. 步舆

步舆是一种人力舁抬的出行工具，适用范围限于宫廷贵族及妇女。隋大臣李纲入唐后备受礼遇，因为患有脚疾被特许乘步舆入宫。按照舁抬

---

① ［美］伊沛霞. 剑桥插图中国史 [M]. 赵世瑜，赵世玲，张宏艳，等，译. 长沙：湖南人民出版社，2018：124.
② 吴玉贵. 中国风俗通史·隋唐五代卷 [M]. 上海：上海文艺出版社，2001：277.

③ 吴玉贵. 中国风俗通史·隋唐五代卷 [M]. 上海：上海文艺出版社，2001：271.

方式分，步舆有肩舆、腰舆、襻舆三种。扛在肩上的为肩舆，又称平肩舆；只用手抬的为腰舆；以手抬杠，但在舆杠上系上襻带，用肩膀承重，称为襻舆。阎立本传世画作《步辇图》里的"步辇"，应为襻舆（图5-10）。

图 5-10　步辇图（局部），唐代，故宫博物院藏

2. 驮畜

这一时期的驮畜，主要有驴、马、牛、骡和骆驼。驴最普遍，唐代各地都有赁驴或雇驴的业务，骑乘者多为下层民众，诗人王梵志的诗写出了骑驴者的心态："他人骑大马，我独跨驴子，回顾担柴汉，心下较些子。"

与驴一样，马也是这时期的重要骑乘工具，《旧唐书·刘子玄传》记刘知几上书中说"贵贱所行，通用鞍马"，可见骑马是唐代社会各阶层出行的主要手段。与女着男装一样，女子骑马在唐代也很流行，传世唐画家张萱所作《虢国夫人游春图》，就表现了虢国夫人和一众仕女策马游春的情景。此外，考古学家还在唐代墓葬中发现大批骑马女俑，亦可见女子骑马风俗的流行（图5-11）。

图 5-11　女子骑马打球塑像，唐代

骡、骆驼、象也是人们出行的畜力工具，《旧唐书·吴少诚传》记载吴少诚为申、蔡等州节度使，当地少马，他专门训练了一支骡子军，很是勇悍。天宝年间，哥舒翰任陇右节度使，每遣使入奏，常乘白橐驼，日行五百里。这一时期，骑牛者不多见，以隐逸之士居多，或许与他们悠游闲适的慢生活方式有关，如李密在家时闭门读书，每次出门访客都乘一黄牛，而且把《汉书》挂在牛角上，时不时翻书读之。

3. 车乘

这一时期的车乘，民间多用牛车，官员多乘马车，此外还有驴车、骆驼车、毡车等。白居易《卖炭翁》诗里，就描写了一个赶牛车冒雪到长安卖炭的老翁形象，这一时期陆路运输粮食也主要靠牛车。相比之下，贵族乘坐的牛车非常讲究，杨贵妃姐妹竞相以车辆服饰夸耀，对牛车饰以金翠、珠玉，令牛不堪重负。

自唐至五代，只有极少数隆重场合才使用车辂，大多以马引驾，驾马的数目因规格高下而有区别，使用的车舆也有严格规定，以隋代为例：皇帝出行有玉辂、金辂、象辂、革辂、木辂等五辂，驾六马；皇后出行有重翟车、厌翟车、翟车、安车、四望车、金根车等六等，用四马，皇太子妃三马；皇太子有金辂、辂车、四望车；亲王及武职一品乘象辂；二品、三品乘革辂；四品木辂；五品辂车。一般官员用的辂车，王侯及五品以上用二马；司隶、刺史、县令等驾一马。

与唐代都市中流行毡帐一样，游牧民族特有的毡车这时在内地也很流行，花蕊夫人《宫词》就写道："明朝驾幸游蚕市，暗使毡车就苑门。"

4. 行李

在隋唐时代，人们行旅生活除了交通工具外，还需要准备一些出行的工具，主要是行李和雨具。唐代末年，王公贵族竞相用重锦制作方便囊，出行时盛放衣巾、箧、鉴、香药、词册等物件。五代时，用马皮做的照袋流行一时，四方形，有盖和襻，方便携带。无论是方便囊还是照袋，都和现代的旅行袋极为相似。这时远游的人，除了方便囊或照袋，还要准备被袋，里面放着"四时服用"之物，有点像今天的行李箱。雨具也是必备用品，主要有油帽、油衣（也开始称为雨衣），多以油绢制成，质地比较软，且薄而透光。这时也有了专门制作雨伞的工匠，五代南唐人周则少时就以造雨伞为业，而且创下了富贵家业，后来还被南唐后主李煜封为高密侯。

5. 送行

唐人出行，流行"折柳赠别"，表达"留客"之意，这在唐诗中成为吟诵不衰的经典意象，李白的《忆秦娥》所说"年年柳色，灞陵伤别"就写尽了折柳赠人的离愁别绪。唐人饯别，多在郊外逆旅进行，水路送别还有开船击鼓、浇酒祭水神和船神的风俗，以保佑一路平安。

6. 题壁

"同是天涯沦落人，相逢何必曾相识"，唐代的诗人墨客在题壁赋诗方面盛极一时。庙宇寺观、酒家娼肆、寻常人家墙壁甚至桥头、门户、岩石，只要能落笔的地方都会有好事者题诗，馆驿题壁更是常见，白居易和元稹还多有题壁唱和之作。需要指出的是，"题壁"固然有直接写在墙壁上的情况，更多的是先写在"诗板"上，然后挂在墙壁上。题壁的诗作，很多是作者自抒胸臆，也有不少题写他人佳作，像白居易的诗就"禁省观寺、邮堠墙壁之上无不书"。

5.5　隋唐日常器用与生活方式

5.5.1　高足坐具与合食制

隋唐五代是中国饮食方式发生重大变化的时期，最大的变化就是高足坐具的传入和流行，带来合食制的出现和宴会的流行。

从目前的史料来看，至少从战国以来，中国古代的饮食一直采取分餐制的方式，即聚餐时每位就餐者面前各放置一张食案，各人分餐而食。与之相适应，当时的餐案比较低矮，适合席地而坐。而在唐代，高足坐具的传入和流行引发了餐制的革命性变化，人们从过去席地而坐的分餐制转向高凳大桌的合食制。1987 年西安市长安县（今长安区）南里王村的唐代墓葬出土了宽 235 厘米、高 180 厘米的宴饮图壁画，画面正中放置一张长方形桌案，案上陈设着杯、盘、碗、筷，九名男子围坐宴饮，左右两侧还站着端盘的侍童及一些围观者，画中人物的神情动态都逼真传神，是一幅珍贵的历史风俗画（图 5-12）。

图 5-12 宴饮图, 唐代, 1987 年西安长安县南里王村出土

台北故宫博物院所藏的《唐人宫乐图》, 也形象反映了这种从跪坐到高坐、从分餐到合食的变化。画卷中的宫中女眷围着方桌宴饮行乐, 她们有的手持筚篥、琵琶、古筝、笙与牙板奏乐, 有的手持茶盏、茶勺、团扇, 听乐、品茗、行酒令, 好不热闹 (图 5-13)。

图 5-13 唐人宫乐图, 唐代, 台北故宫博物院藏

会食也是唐代新兴起的一种饮食方式, 即官员们在自己所在的衙署内集体用餐。当时上至中央各部门, 下至地方各州郡, 甚至一直到县级衙署, 大都设有公厨会食。唐懿宗咸通十三年 (公元 872 年), 掌虔州文书簿记的蔡词立所写的《虔州孔目院食堂记》中说, 会食的目的不是为了口腹之欲, 而是 "因食而集, 评议公事"。①

5.5.2 金银器与极乐之宴

对唐代贵族来说, "宴饮" 是非常重要的生活方式, 这和当时经济社会的繁荣是相适应的, 《唐会要》记载: "国家自天宝以后, 风俗奢靡, 宴处群饮, 以喧哗沉湎为乐"。宴饮是社交活动, 也是权力和礼制的体现, 对美食的追求与对美器的讲究相伴而行, 唐代成为中国金银器最为昌盛的时代, 从杯、盘、碗、箸、勺等日用餐具, 到钗、笄、簪、钏等女性配饰, 从锡杖、香炉等佛教用具, 到香囊、盒等日用器具, 各种各样的金银器具彰显了大唐雍容华贵的时代氛围。

皇帝赐宴是当时宴会的重要形式。很多赐宴是逢重大节日的例行活动, 如中和、寒食、上巳、重阳、除夕之时, 皇帝都要对百官赐宴。这些宴饮活动往往伴随着歌舞表演, 鎏金舞马衔杯银壶记录了一种具有少数民族风格的马舞表演。这一银壶呈皮囊造型, 壶体两面各有一匹马, 颈上系着彩带, 嘴里衔着杯, 前腿直立, 后腿屈膝, 表达的是唐诗 "屈膝衔杯赴节, 倾心献寿无疆" 的意境, 无论表现内容还是造型设计均体现了当时不同民族、地域间的文化交流 (图 5-14)。②

1. 金银餐具

唐人喜欢用金、银制作饮食器具是受了道教的影响, 认为可以借此延年益寿、长生不死。《太平御览》就记载, 唐初宰相封德彝曾对唐高

① 吴玉贵 . 中国风俗通史 · 隋唐五代卷 [M]. 上海: 上海文艺出版社, 2001: 72.
② 田自秉 . 中国工艺美术简史 [M]. 北京: 中国美术学院出版社, 1989: 21.

图 5-14　鎏金舞马衔杯纹银壶，唐代，陕西西安南郊何家村窖藏出土，陕西历史博物馆藏

祖说："金银为食器，可得不死"。这样的观念下加上当时的奢华之风，唐代社会使用金银食具盛行。唐文宗时，翰林学士王源中在家和兄弟们蹴鞠，球擦伤了额头，恰好文宗急召他进宫议事，问他何故，他据实以告，文宗夸他一家人和睦，赐酒两盘，每盘放十只金碗，每碗盛一升酒，最后连金碗都一并赐给了他。唐代的金银碗按形制可分为折腹碗、弧腹碗、带盖碗、圜底及平底碗、多曲碗等类型，制作工艺非常精美。

金银盘也是唐代流行的器物，其形制有圆形、菱花形、葵花形、海棠形和不规则形等多种，盘中刻镂饰物有犀牛、飞廉、熊、鹿、狮、狐、鸾鸟、黄鹂、喜鹊、鹦鹉、蝴蝶、鲤鱼等各种动物，以及花卉甚至人物等图案，工艺精美。

箸，就是今天的筷子，大多用竹、木等材质制作而成。隋唐五代也盛行用金银制作。宋璟为相，深得朝野敬重，唐玄宗在一次宴会上将一双金箸赐给他，表彰他的正直。考古学家还发现了不少隋唐时代的银箸，如隋代长安李静训墓中出

土了目前最早的银箸，长 29 厘米。隋唐时代的银箸，一般是首粗足细，箸首带有一些装饰，多为螺旋莲花形状、葫芦形状或錾刻文字等。

匙类似今天的汤匙，旧称匕。在新石器时代就出现了骨匕，冶金术发明后又出现了青铜匕和漆木匕，隋唐五代流行细长柄舌勺，也出现了不少金、银制作的匙。白居易曾寄一柄银匙给侄子阿龟，诗曰"银匙封寄汝，忆我即加餐"，可见银匙的珍稀。浙江长兴、陕西法门寺地宫都有银匙的出土发现。

2. 金银酒器

"李白一斗诗百篇，长安市上酒家眠"，诗酒风流成为唐代的社会风尚。唐人喝酒分两种：一般喝酒称俗饮；吟诗饮酒称雅饮，又称"文字饮"，酒令的形式有二十多种。1982 年，江苏丹徒丁卯桥唐代银器窖藏出土的鎏金论语玉烛银酒令具，筹筒似烛，为一龟所驮负。酒令筹共 50 枚，呈长条形，正面刻有酒令文字，上半段选自《论语》语句，下半段记载了行酒令的 6 种方法：自饮、伴饮、劝饮、指定人饮、放、处；另外还有 6 种量化要求："五分（半杯）""七分""十分""四十分（四杯）""随意饮""放"。而且酒令筹中还明白写有"觥录事""律录事""录事"等，应该是酒宴上的执事人等的具体角色。[①]

唐人好酒，也带动了酒器的发展。酒中八仙之一的李适之，家中有蓬莱盏、海川盏、舞仙盏、瓠子卮、慢卷荷、金蕉叶、玉蟾儿、醉刘伶、东溟样九种珍贵酒器，各有妙处，华贵异常。饮器中最重要的还是杯，无论是李商隐笔下的"玛瑙杯"还是王翰笔下的"夜光杯"，都是玉制的酒杯。今天可见的唐代金银杯有很多，有

① 李金坤. 唐代《论语》酒令筹的文化意蕴与学术价值[J]. 武陵学刊，2012（01）.

高足杯、带把杯、长杯等多种造型，最奇特的是一种把杯，呈八棱形、筒形或圜底碗型，环形把手指垫上的饰物多为浮雕人头像，西安何家村出土的舞伎连珠柄八棱金杯的八棱面上装饰的人物均为深目高鼻、手持乐器作舞蹈状的胡人（图5-15）。这种带有"胡风"的酒器，既说明了饮食方面的中外交流，也证明唐代的金银器深受外来影响。

图5-15　舞伎连珠柄八棱金杯，唐代，陕西西安南郊何家村窖藏出土，陕西历史博物馆藏

整体来看，唐代金银不仅数量庞大，制作工艺之精、艺术水准之高也为历代之最。其雍容华贵的气派，正是大唐开放包容、昂扬向上的时代精神写照。

5.5.3　茶具与陶瓷造物

茶，也大兴于唐。"茶者，南方之嘉木也……"如此礼赞茶的优美文字出自唐人陆羽的《茶经》。中国，是茶叶的故乡，在春秋战国时期，茶已经从野生发展为人工栽培，在三国时期南方已经形成饮茶的风俗，但早期的茶更多的是药用。到了唐代，饮茶才真正成为一件文人、百姓都普遍参与的赏心乐事，并经陆羽的提炼成为一种生活艺术。在《茶经》中，他条分缕析了茶的起源、采茶工具、茶叶种类、烹茶器皿、煮茶手法、饮茶习俗、茶之掌故、茶道规矩和茶艺流程图，指出饮茶不仅要讲究茶叶的色、香、味，同样要重视煮茶的方式和器具。饮茶生活方式在唐代的普及，在五代顾闳中的名画《韩熙载夜宴图》里可见一斑，画中主人和宾客一边饮茶一边听曲，几上茶壶、茶碗、茶点清晰可见。

随着饮酒、饮茶等生活方式的发展，各种瓷器制造工艺获得长足进步。《陶录》认为"陶至唐而盛，始有窑名"，隋唐五代的陶瓷窑厂分布极广，北方邢窑的白瓷，造型规整，胎釉细腻，据唐代李肇的《唐国史补》记载"天下无贵贱通用之"；南方越窑的青瓷造型清新，变化百出，产品涵盖餐具、茶具、酒具等。饮茶风行更让青瓷受世人青睐，陆羽《茶经》就将越窑茶碗列为首位。现在可以确切地称真正的瓷器最早出现于唐代[①]，因此，这一时期瓷器工艺的发展为宋代及后世瓷器的大发展奠定了基础。

唐代陶瓷最具时代特征的还是唐三彩，以斑驳陆离、气象万千的色彩传递着盛世强音。唐三彩是唐代中国最负盛名的釉陶器，因常用黄、绿、白等色釉而被称为"唐三彩"。今天所见的唐三彩以人物、动物、器皿居多，虽多用于上层人物的陪葬，但制作工艺一丝不苟，无论是釉彩还是形神，都可称为雕塑史上不朽的杰作。最具代表性的一件作品，是1957年出土于陕西西安鲜于庭诲墓的唐三彩骆驼载乐俑，骆驼上坐立5人，其中3人为西域人形象，2人为汉人模样，都着中原汉装，全部持西域乐器，形象展示了民族文化融合的情景（图5-16）。

① ［美］杜朴，文以诚 . 中国艺术与文化 [M]. 张欣，译 . 北京：世界图书出版公司，2011：189.

图 5-16　唐三彩骆驼载乐俑，唐代，1957 年西安鲜于庭诲墓出土，中国国家博物馆藏

本章小结

隋唐五代，尤其是唐代，是一个崇文尚礼的时代，中国文化迎来自春秋战国百家争鸣以来的第二次"文艺复兴"，在诗歌、书法、绘画、舞蹈等艺术领域，一些天才人物纷纷登上历史舞台，尽情挥洒艺术天分，共同演绎了青春勃发、气势磅礴的"盛唐气象"。

在开放包容、兼收并蓄的时代氛围中，外来的艺术题材和风格渗透进唐人的发式、珠宝、风俗、舞蹈、音乐、饮食和各类装饰艺术中，不仅上釉炻器和丝织物等传统物品受益于新的题材和形式，根基相对较浅的金银器制造等工艺也在文化交融中日臻成熟，尽显雍容华贵的大唐气象。

安史之乱后，经济和文化中心南移，时代风气也发生了转变，从盛唐的雍容华贵到中唐以后的精致内敛，外来的影响在消退，本土的文化传统重新回归，汉风鲜明的吴越工艺美术地位日渐凸显，造物艺术的华夏之风日益明朗。

这一转变历经五代，后贯穿于整个宋代，完成了中国文化格局和造物艺术的一次重大转型，汉唐的雄浑气象逐渐趋于雅化，从外拓转向内敛，对典雅的要求成为了新的时代风尚，也因此而树立了中国造物文化的典范。

思考题

1. 形成唐代前期造物"雍容华贵"的时代因素是什么？

2. 从雍容华贵到精致内敛，隋唐五代造物这一转变背后具有怎样的影响因素？

3. 唐代"大有胡气"的时代氛围在造物艺术上有什么样的体现？

延伸阅读与参考书目

［1］吴玉贵. 中国风俗通史·隋唐五代卷 [M]. 上海：上海文艺出版社，2001.

［2］师永涛. 唐人时代：一部富有烟火气息的唐代生活史 [M]. 北京：中央编译出版社，2019.

［3］薛爱华. 撒马尔罕的金桃：唐代舶来品研究 [M]. 北京：社会科学文献出版社，2019.

第 6 章　造物转向：从造物典范到蒙元新变

从公元 960 年到公元 1368 年，这 400 多年的时间是中国历史上的宋、元时期，这一时期先是宋朝与辽、西夏、金等少数民族政权并存，后统一于蒙古族建立的元朝。宋代崇文，元代尚武，反映在造物上，宋代严谨含蓄，追求高雅的艺术格调；元代豪放刚劲，体现出多民族融合的特点。国家的统一，疆域的扩大，交通的发达，也为内、外经贸和文化交流提供了条件。

6.1　文治与武功转向下的造物思想

宋代汉族统治偏安一隅，元代蒙古族统治一统天下，两者在政治、经济、文化、社会等方面有较大差异，故分述之。

6.1.1　宋代的文风鼎盛与造物典范

宋代（960—1279 年）"武功"上相比汉唐要逊色不少，但在"文治"上却别开生面。陈寅恪（1890—1969）认为："华夏民族之文化，历数千年之演进，造极于赵宋之世"[①]。英国学者李

约瑟（1900—1995）在其《中国科学技术史》中也评价宋代在文化和科学方面"都达到了前所未有的高峰"，是"最伟大的时期"[②]。这些都为宋代造物提供了全新舞台。要把握两宋造物的时代特征，需注意几个要点：一是偃武修文的国策；二是理学的兴起；三是经济与文化中心的南移。

1. 偃武修文，文人书画引领写实装饰

宋代的"伟大""造极"，不体现在汉唐式的"武功"，而是体现在更渗透于社会生活的"文治"，这种偃武修文的国策，是宋代统治者有鉴于晚唐、五代以来军阀割据的主动选择，它带来两方面影响：

一是抑武带来军事的疲弱，宋朝的北方、西方一直有强邻，东西文化交流的主通道——丝绸之路受到抑制，两宋文化进一步延续中唐以来精致内敛的路线，造物更多地受益于中国文化自身的滋养，外来影响明显减弱。[③]同域外文明相比，中国本土文化的特点即典雅优美，故两宋在典雅优美上树立了中国造物艺术的典范。

二是宋代广开科举，礼遇文人，形成了士大

---

① 陈寅恪. 金明馆丛稿二编 [M]. 北京：生活・读书・新知三联书店，2001：245.

② 徐吉军，方建新，方健，等. 中国风俗通史・宋代卷 [M]. 上海：上海文艺出版社，2001：1.

③ 尚刚. 极简中国工艺美术史 [M]. 北京：人民美术出版社，2014：88.

夫阶层。宋代汪洙的《神童诗》写出了这种时代风气："天子重英豪，文章教尔曹；万般皆下品，唯有读书高。少小须勤学，文章可立身；满朝朱紫贵，尽是读书人……"在这样的时代氛围下，两宋成为中国历史上整体社会文化素质最高的时期，文人士大夫阶层成为历史舞台的主角，其人生与审美追求成为造物文化的风向标。这个时期的文化旨趣，不再是汉唐包举宇内式的雄浑壮阔，而是由外拓转向内敛，如李泽厚先生所说："宋代的时代精神已不在马上，而在闺房；不在世间，而在心境，人的心灵意绪成了艺术和美学的主题"①。因此，注重艺术雕琢和生活品位，追求典雅优美成为新的时代风尚。这一时期艺术的典型代表是主意主理的宋诗、以婉约见长的宋词、雅致精美的文人画、士人雅集的书院和清幽脱俗的文房清玩，在淡雅静敛的审美追求中，透露出宋代文人士大夫独特的生活情调。②宋徽宗的《十八学士图》就形象展示了儒生文士们游园、赋诗、宴饮、观鹤、戏马等富有高雅意趣的日常生活（图 6-1）。

图 6-1 十八学士图（局部），北宋，台北故宫博物院藏

宋代文风鼎盛，上至皇帝下至百姓都推崇

艺术，使得宋代的书画得到前所未有的发展，并以大量写实性强的花鸟、虫鱼、山水、植物、走兽、人物等为题材运用于瓷器、刺绣等造物艺术，改变了之前虚幻缥缈、神奇莫测的装饰纹样。

研究者指出，五代和宋代有关城市生活、商业、工艺、制造业的图画，属于"界画"范畴。所谓"界画"是指对建筑、舟船、车舆等木工所造之物的描绘，要借助尺子和其他绘图工具来完成，这种绘画可反映商业中精确、可重复度量的内容。《清明上河图》就是界画的杰出代表，这幅高 24.8 厘米、长 5.28 米的长卷，全景式地展现了北宋时期汴梁城市生活的方方面面，堪称"宋代物质文化的图解百科全书"③（图 6-2）。舟船的木工和缆索、桥梁的底部构造、车轮的制造工艺、各种店铺和行业的行头，均可以从中按图索骥，通过细节来探究其内在的结构和肌理。

宋代官方设立的书画院、文绣院等机构，推动书画艺术发展并使写实艺术成为这一时代的主流基调。花鸟画是宋代最发达的艺术题材，广泛应用于瓷器、刺绣、玉器、漆器、丝织品、金银器，以简洁写实的艺术手法引领了新的造物装饰风气，而且流风所及，辽、金等少数民族政权统治区域也深受影响。如辽代的三彩牡丹纹菱花盒，其上的牡丹就色彩逼真、枝叶如生、刻画入微。

2. 理学兴起，造物文化重回儒家道统

两宋时期最重要的文化动向，是禅宗等中国化佛学走向成熟，传统儒学融通佛、道，衍生出了体系庞大、影响深远的新儒学——理学，"内圣"控"外王"的经世路线不仅影响当时，更深

① 李泽厚.美学三书[M].合肥:安徽文艺出版社,1999.
② 冯天瑜,邵学海.万古江河:中国文化巡礼[M].武汉:湖北美术出版社,2010:202-207.
③ ［美］杜朴,文以诚.中国艺术与文化[M].张欣,译.北京:世界图书出版公司,2011:201-203.

图 6-2　清明上河图（局部），北宋，台北故宫博物院藏

入浸润到中国人的文化性格①。

宋代对伦理纲常的重新审视和大力提倡，一扫晚唐以来浮华艳丽的造物风气，重回儒家道统，强调天道与人道、自然与人为、文与质、功能与审美的和谐统一，促进了"天人合一""制器尚象""以物观物""文质彬彬"等造物理念的发展，开始追求一种清新淡雅、统一和谐、质朴简淡的造物理念，器物的实用性受到了更多重视。

宋代瓷器的发展，就深受理学追求典雅、平易理念的影响，以单色釉工艺的高度发展和天然去雕饰的自然无为之美，明显区别于唐代瓷器讲究色泽的鲜艳，而建立了自己在中国陶瓷艺术史上的卓然地位。宋代的家具设计也简洁大方，重视以人为本、物尽其用，并在服务于民生日用的层面形成了组合成套的形式，在家具重要转型期实现了影响深远的创新突破。宋代的服饰也区别于唐代的绚丽多彩，追求朴素、自然，颜色多为淡绿、青色、浅紫、浅粉、灰色、杏黄等，追求一种贴近自然的生活情调、清新脱俗的淡雅意境。女子服饰则受理学"存天理、灭人欲"影响，一改唐朝以来自由开放的风格，受到严格约束，凸显保守内敛。

3. 经济重心南移与文运南迁

历史上，东晋南渡曾导致文运南移，而宋代经济、文化中心的南移则规模更大、影响更深。这一转移始于唐代安史之乱，唐代中后期江南人口已占全国半数，中央财政基本上依赖江南地区的赋税。1126 年靖康之变后，宋朝都城南迁到杭州，杭州、苏州等城市一跃成为全国的政治、经济、文化中心。马可·波罗在其游记中说，杭州是当时全世界最无与伦比、最光彩夺目的城市："任何人看到如此多的居民，都会认为不可能有足够的食物养活他们。但每逢集市，商人们便用车船运来大量食品，买卖之人充满其中"②。商业、手工业的繁盛也推动着南方形成更多市镇，以福建为例，泉州、建阳、漳州等城市的人口均增加到几十万众。

① 冯天瑜，邵学海 . 万古江河：中国文化巡礼 [M]. 武汉：湖北美术出版社，2010：196-201.

② ［美］伊沛霞 . 剑桥插图中国史 [M]. 赵世瑜，赵世玲，张宏艳，等，译 . 长沙：湖南人民出版社，2018：150-151.

城市经济的发展，使江南也成为文化的渊薮。唐代时，宰相十之八九是北人，北宋中叶后南人比例剧增，如浙江在宋代有 24 人为相，其中南宋 20 人。理学大师朱熹长期讲学于福建、浙江，创立了"闽学"。在他和同时代学者的带动下，福建、江西成为新的学术文化中心。南宋文化中心南移的契机，一直影响到后来明清时代南方文化的独领风骚。钱穆（1895—1990）在《国史大纲》中总结了宋代三个现象：一是学术文化传播更加普及；二是政治上更加宽松，出现了"才子词人，自是白衣卿相"的局面；三是社会阶级更加消融，宋代的人们活得比较自在和自足[①]，城市和工商业的空前的发展，为民俗文化勃兴提供了土壤。

这一切在《清明上河图》里有着生动展现：汴河上停满了各色船只，两岸茶馆、酒肆、饭庄林立，新兴的娱乐场所——瓦舍人气聚集，戏曲、杂耍、说书等活动蓬勃发展，街上的行人三教九流、无所不包……一派自由而奢华的都市气象。宋都开封和唐都长安一样，也是人口过百万的大城市，却更加商业化，主宰居民生活的不再是宫廷和官府，而是昼夜开放的市场[②]。这是新的时代气象，寓居在城里的官员、富商、缙绅不同于以往农村的乡绅，其口味和心态都有了更多市民化特征，受此影响，高雅文化也在都市化、市民化。

受以上诸多因素影响，两宋虽然在军事上积弱，在造物文化上却独领风骚。瓷器、丝绸等产品生产制作中心集中在江浙一带，形成了新的造物面貌。在北方先后与两宋北南对峙的辽、金，

在西方与两宋并立的西夏，其造物文化均受两宋的影响，并呈现出各自不同的特色。

辽的器具很多由中原输入，本地由汉族工匠生产的产品则往往具有威武雄强的气势。适应契丹族"渔猎以食，车马为家"的生活特点，不少器物都便于系扎背负，如皮囊壶（图 6-3）。

图 6-3　褐釉鸡冠壶，辽代，1956 年北京市复兴门外出土，中国国家博物馆藏

西夏是党项族建立的政权，其造物也多来自宋土，当地产品主要为毛制品、丝绸、陶瓷及金属器。其丝绸风貌与两宋接近，陶瓷则粗犷豪放，受磁州窑等中原民间瓷场的影响较深[③]。

金为女真族所建，很早就发展农业生产，采取定居生活，且疆域不断南移，与汉族关系日益密切，造物也更近宋风。其陶瓷在北宋基础上发展，定、磁、钧、耀等窑系都兴旺发达，面貌、品种也与北宋大同。丝绸风貌与两宋也相仿，但采取金线织纹、刺绣更多。金朝玉器的碾琢工艺，在精美上不逊两宋，工艺上以材质纯洁、曲线优美著称（图 6-4）。代表作"春水玉"，取材于君主春季渔猎，因春季渔猎以捕捉天鹅、钓鱼

① 钱穆 . 国史大纲 [M]. 北京：商务印书馆，2010.
② ［美］伊沛霞 . 剑桥插图中国史 [M]. 赵世瑜，赵世玲，张宏艳，等，译 . 长沙：湖南人民出版社，2018：150-151.

③ 尚刚 . 天工开物 [M]. 北京：生活·读书·新知 . 三联书店，2007：90.

为主，驻地须近水，故名"春水"。

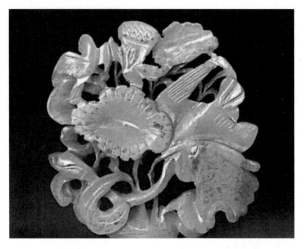

图 6-4　青玉镂雕花鸟纹饰，金代，北京故宫博物院藏

6.1.2　蒙元武功鼎盛与造物转向

和宋代崇尚"文治"不同，元代崇尚"武功"，所以文人地位一落千丈，宋末诗人郑思肖《心史》记载："鞑法，一官、二吏、三僧、四道、五医、六工、七猎、八民、九儒、十丐"①，虽然文人的地位未必真有这样低，但和两宋时的备受礼遇显然不可同日而语。反映在造物上，不同于两宋以雅化为代表的造物典范，蒙元造物呈现出一些新特点。

1. 融合多元文化于一炉

元代建立起了世界历史上最庞大的帝国，其疆域之广阔空前绝后，文化上也是多元并存，蒙古族文化、汉族传统文化、伊斯兰文化、藏传佛教文化、基督教文化、高丽文化在造物中均有反映，尤以前三种影响为大。作为统治阶层的蒙古族色尚青、白，影响了元青花等多种造物，他们豪放的饮食习惯也催生了很多硕大的饮食器皿。

蒙古族早期几乎没有手工业传统，但在征服一些伊斯兰国家过程中，拥有了大量穆斯林工匠，元朝政府通过专设作坊，依靠穆斯林工匠生产伊斯兰特色的传统工艺品如丝绸、陶瓷、毡罽等，不乏西方工艺和异域风情。汉族传统文化的影响更不言而喻，元代造物主体依然是汉族工匠，汉族传统的造型、装饰和工艺均得到了保存和发展，而且越到后期汉族传统文化的影响越大。②

元代手工业者地位较高，官匠不仅可以免除"其他差科"，而且地位可以世袭。元代还重视海外贸易，在泉州、上海、庆元等地都设置了市舶司，每年举行对外经贸活动。交流是双向的，元代中西交通的空前发展，也使中土的造物文化空前深入地影响着其他国家和地区。受影响的不止周边国家，远在伏尔加河流域的金帐汗国，也生产明显受中国影响的铜镜、银器和陶器。特别是元青花，从 14 世纪后期开始，更为西亚、欧洲所仿制。有关印刷、火药和中医药的知识也在这时传播到了西亚，中国的瓷器和绘画对波斯的瓷器和细密画产生了影响③。

2. 竭尽人工雕琢之能事

蒙元造物一直被视为粗犷豪放的代表，但随着考古发现和研究的深入，研究者注意到元代和两宋传统的一大不同是"强调竭尽雕琢之能事的人工美"④。比较典型的是丝织工艺的"纳石失"和陶瓷工艺的"元青花"，装饰艺术均相当华贵和精美。纳石失是元代最高贵的衣料，产自官府作坊，为帝后贵族专用，是采用西方工艺和装饰

① 郑所南. 郑思肖集 [M]. 上海：上海古籍出版社，1991：157–192.

② 尚刚. 天工开物 [M]. 北京：生活·读书·新知三联书店，2007：93–95.

③ ［美］阿尔伯特·克雷格. 哈佛极简中国史 [M]. 北京：中信出版集团，2019：181–182.

④ 尚刚. 极简中国工艺美术史 [M]. 北京：人民美术出版社，2014：109–110.

题材的织金花纹的丝绸。"元青花"异军突起，色调为白地蓝花或蓝地白花，工艺与西方和伊斯兰文化关系密切，其精丽的装饰风格对元代陶瓷影响极大。此外，这一时期磁州窑系的白地黑花瓷、钧窑系的窑变乳浊釉瓷、龙泉窑系的青瓷、江南诸窑的青白瓷等，装饰也普遍比前代满密。①

宋、元造物的发达，还产生了一些有关造物文化的著作，其中影响较著的有：

①沈括《梦溪笔谈》。全书 26 卷，外加《补笔谈》3 卷、《续笔谈》1 卷，共 30 卷，涉及天文、地理、数学、化学、物理、生物、艺术、书画、史事等多方面，被誉为"中国古代科技百科全书"。该书的十八卷"技艺"、十九卷"器用"与造物文化关系甚大。

②郭熙《林泉高致》。此书系论山水画创作的专著，认为人们生在太平盛世，想要"苟洁一身"，不一定通过隐居归向大自然，借助好的山水画，完全可以不下堂奥而坐穷泉壑。此书对两宋园林艺术作用很大，尤其是郭熙所提的"可行、可望，不如可居、可游之为得"，更为园林架构提供了一种标准。

③马可·波罗《马可波罗行纪》。意大利人马可·波罗在元代时游历中国，并于 1275—1292 年担任忽必烈的官员，此书为其游记。全书分四卷，其中第二卷 82 章记述了中国无穷无尽的财富，巨大的商业城市，发达的交通设施，华丽的宫殿建筑，留下了元代文化、贸易方面的第一手材料，向整个欧洲打开了神秘的东方之门。

此外，宋代已出现具有教材作用的工匠使用手册，如《营造法式》《军器法式》《弓式》《梓人遗制》《木经》等，这些使用手册一般包括"名例""制度""功限""料例""图样"等内容。此外，宋代官、私学教育以及官办画院对画家的培养，也都渗透了不少造物教育的内容。②

6.2　宋元纺织工艺与衣冠制度

6.2.1　纺织工艺的发展

宋、元时期纺织工艺获得较大发展，官方对手工业和纺织工艺都非常重视，这一时期的纺织工艺在生产技术、织物品种、花色样式等方面都有进步。

官营方面，宋代少府监下辖绫锦院、内染院、文绣院，在开封、洛阳、润州（今江苏镇江）、梓州（今四川三台）都设有规模巨大的绫锦院、绣局、锦院等织造工厂。宋代丝织生产中心移向东南，定州和临安成为著名的产地。元代中央有总管机关——工部，各地设有 16 所染织提举司，从上到下形成了比较系统的纺织手工业管理和生产体系。

民营方面，除满足民众自己生活需要外，大量织物作为租赋用品，在宋代的赋税、国内贸易甚至国际交往中发挥作用，宋朝政权向辽、西夏等少数民族政权缴纳的岁币中就包含大量布帛锦缎。元朝政府每年从民间征收的丝有 100 万斤左右，用于官办手工局、院加工缎、纱、罗、绫、绢等织品。③所以从皇帝到各级官吏，都非常

① 尚刚.天工开物 [M].北京：生活·读书·新知三联书店，2007：95-98.

② 顾平邓，莉丽.略论宋代造物教育 [J].数位时尚（新视觉艺术），2012（04）：29-31.

③ 史为民.元代社会生活史 [M].北京：中国社会科学出版社，1996：68-69.

重视劝课农桑。公元 1178 年左右创作的《蚕织图》手卷，真实刻画养蚕和丝织过程，形同"耕种和蚕织的分步指南"，不仅有益于传播实用知识，而且也体现了当时朝野对商业和手工业的支持（图6-5）。[①]

图 6-5 蚕织图（局部），南宋，黑龙江省博物馆藏

值得注意的是，这一时期纺织工艺技术也有较大提升。宋代发明了当时很先进的纺织机械——水转大纺车，不仅省时省力，而且纺线质量也有所提高，这一发明比西方利用水力纺织早了近 500 年。

1. 丝织

宋代绫绮的地位下降，纱罗的比重上升。这既得力于织造工艺的进步，也因为轻薄的丝绸更适合宋朝疆土南缩后的气候环境。纱罗以轻薄著称，一片幅宽 47 厘米、长 1127 厘米的花罗重仅116 克，厚才 0.08 毫米。这时丝绸的装饰以缠枝和折枝花卉为主，走兽纹已绝少出现，牡丹、莲荷、芍药、梅花等纹饰被反复表现，正转反侧、柔婉秀雅成为时代装饰主流。

元代丝绸的发展，主要体现在"织金锦"和缎的风靡一时。

"织金锦"是在织物中添加金织物，分两种：一种是纳石失，是以穆斯林工匠为主，采用西方工艺和装饰题材生产的织金花纹的丝绸，为帝后亲贵专享；另一种是金段子，织工以汉人为主，工艺和装饰也沿用中原传统，官营、私营作坊都有制作，较纳石失更为普及，享用者扩大到当时的富户大家。织金锦图案精丽细密，色彩华贵灿烂，体现了当时追逐奢侈浮华的社会风气。

缎，时称"纻丝"，宋代已出现，但技术还不成熟，元代后得到推广并取代锦成为中国丝绸的代表。其表面浮线较长，最能体现丝绸光滑柔软的质感。元代帝王钟爱丝绸，已故帝、后的肖像和佛像多以缂丝方法制成。

丝绸装饰仍以花卉为主，各种吉祥图案也引人注目，在高档织物特别是纳石失上，动物纹样显著增多，异域情调的题材也多见，甚至出现了狮身人面纹样[②]（图6-6）。今天的新疆是当时盛产织金锦的地区，1970 年乌鲁木齐盐湖一号古墓曾经出土一件元代黄色绢"辫绣袄"，肩、领、袖、襟等处的织金锦边饰还可以看出金线的光泽。

图 6-6 团窠狮身人面纹纳石失，元代，内蒙古达茂旗大苏吉乡明水墓地出土，内蒙古自治区博物馆藏

① ［美］杜朴，文以诚.中国艺术与文化［M］.张欣，译.北京：世界图书出版公司，2011：204.

② 尚刚.天工开物［M］.北京：生活·读书·新知三联书店，2007：95-96.

2. 棉纺

宋元时期，纺织业最具革命性的变化，是棉花种植的普及和棉纺工艺的创新。种植棉花、纺棉织布在我国由来已久，公元前2世纪到公元3世纪的两汉时期是棉花传播到中国的初级阶段，棉区主要在海南岛、云南、新疆等地。3至13世纪，植棉区主要在岭南，魏晋南北朝时，高昌及南海诸国已是主要产棉区和棉布产地。13世纪后期至14世纪，棉花种植扩展到长江流域和黄河流域，形成"南北混一"的局面。宋室南迁后，汉民族和南方少数民族接触频繁，逐渐学得了种棉、纺纱、织布的手工操作技术，但还没有像丝织业一样成为专业工作。

元代，棉花种植普及全国，棉布逐步取代丝麻织物，成为百姓的主要服用品。当时在长江、黄河流域均有棉纺织中心，长江流域的棉纺中心在松江府（今上海市松江区），其棉纺业发展，黄道婆贡献良多。黄道婆是松江乌泥泾（今上海华泾镇）人，年轻时流落崖州（今海南省三亚市崖州区），从当地黎族人民手里习得了使用制棉工具和织造崖州被的方法。后来，她回到松江并带回先进的纺织技术，对当地的棉纺织工具做了改革创新，所创造的三锭脚踏纺车是当时最先进的棉纺车，比英国哈格里夫斯于1765年创造的西方第一架手摇纺纱机"珍妮机"早了400多年。在黄道婆的指导和带动下，松江乌泥泾成为四方百姓来学习、仿效的棉纺织中心，"乌泥泾被"名传四方，赢得了"松郡棉布，衣被天下"的美誉。①

此外，毛织品在元代也广受欢迎，不仅蒙古族妇女擅长编织毛织品，当时从中亚也传来一些新的制造工艺和毛织品，如"速夫"，就是回回族毛布中的精品。

3. 缂丝

宋代是历史上缂丝的盛期。缂丝，又称"刻丝"，所用"通经断纬"工艺源自西方的刻毛，这一技术用于丝织物最早见于唐代。北宋时期，缂丝工艺已很先进，能够使用多色丝缂出复杂的花纹，内容以花卉、禽鸟为多，传世作品有"紫鸾鹊谱""紫汤荷花""紫天鹿""红花树"等。南宋时，缂丝工艺愈加发展，摹缂名人书画成为流行，这时有名的缂丝名家如朱克柔、沈子蕃等，多系画家兼工缂丝，人物、花鸟、山水莫不精巧绝伦。传世作品有朱克柔的《缂丝莲塘乳鸭图》（图6-7）、《缂丝山茶》、《缂丝牡丹》，沈子蕃的《缂丝山水轴》等。

图6-7 缂丝莲塘乳鸭图，南宋

此外，缂丝织物还可根据实际需要，随意缂织各种形式的画幅，大如巨幅围屏、壁挂、长卷轴画，小如荷包、香囊及各种衣饰等。定州（今河北定州市）和临安（今浙江杭州）在宋代成为著名的缂丝产地，其中定州缂丝尤其名冠天下。

---

① 王介南. 中外文化交流史 [M]. 太原：书海出版社，2004：263-264.

6.2.2 宋代的服饰制度

与其他封建王朝一样，宋代也非常注重维持尊卑贵贱的等级制度，在服饰上严格区分。宋太宗太平兴国七年（公元 982 年）就曾下诏，对士庶的车服之制要求各有等差，并让翰林学士李昉等制定服饰制度，详细规定三品以上服玉带、四品以上服金带等服制，并禁止民间服紫。但因为士人服紫之俗盛行，宋代朝廷不得不在至道元年（公元 995 年）宣布开禁。南宋也多次申令服制等级，要求"务从省约"，严禁华丽逾制。理学盛行后，宋代在淳熙年间还将朱熹所定的祭祀、冠婚之服加以颁行。整体来看，宋代因为分北宋、南宋两个时期，服饰上也经历了简朴、奢侈、再简朴、再奢侈的过程，因为商品经济的发达，服饰风格趋于简洁、明快，等级界限日渐模糊。

1. 男子服饰

宋代的男子服饰，主要分为冠巾、衣裳、腰佩、鞋袜四大类。

（1）冠巾

宋代的冠巾名目和形制繁多，常见的有皇帝专用的通天冠，三公和亲王佩戴的貂蝉冠，以及士大夫佩戴的紫檀冠、平天冠、进贤冠、缁冠等，多用于大中型礼仪场合。道冠、小冠是文人士大夫最流行的便冠，退朝后和居家休闲时常戴。此外，还有宋代隐士所戴的简陋铁冠，道士流行戴的黄冠或七星黑冠，等等。

戴帽之风在文人士大夫中比较盛行，当时人往往别出心裁，自创新样，有名的如司马光的温公帽、程颐的伊川帽、苏轼的东坡帽。东坡帽是苏轼被贬官时所创制，用乌纱制作，高顶短檐，形状似桶，当时士大夫争相效仿，谓之"子瞻样"。"出于外国"的笠帽在民间极为常见，大多

选用竹箬、棕皮、草葛等材质，有斗笠、螺笠、莲花笠、伞笠、竹笠、箬笠、藤笠等种类，得名或因为形状或因为材质。在《清明上河图》中就可见戴笠帽的行人。

头巾最初是"贱者不冠之服"，但因为方便，到北宋末年已经普及到社会各阶层男子，《宣和遗事》就说"是时底王孙公子、才子佳人、男子汉，都是丫顶背，戴头巾"。从头巾发展而来的幞头，是宋代服饰中主要的首服，上自帝王，下至百官，除重大典礼和朝会外都能戴，其品种也很多，有软脚幞头、花脚幞头、天角幞头、高脚幞头等等，南宋时还出现了簪戴幞头，在幞头上簪以金银和罗绢等花饰。宋代文人士大夫的头巾，称作儒巾。结带巾为士人常用，因后边缀有垂带得名。此外，逍遥巾、纶巾、燕尾巾也很普及。逍遥巾因形制比冠帽便利，裹在头上安然闲适而得名。南宋韩世忠还在逍遥巾基础上创制了"一字巾"。

宋代的武士和仪卫，也像唐代一样流行用抹额。所谓抹额，就是将不同颜色的布帛剪成条状，系在额间作为标志。

从颜色来看，红巾、青巾多用于伶人，普通百姓往往用黑色布帛裹头，古称"黔首"。南方少数民族则盛行白色的头巾。

（2）衣裳

宋代男子服装，仍是上衣下裳的形制。下裳较为简单，皇帝在祭祀场合着纁裳，贵族男子则着绸绢制成的膝裤、红裙等。富贵人家多用细绢制作裤子，士人一般穿袜头裤，一般男子则着纱裙。相比而言，上衣要讲究得多。文人士大夫最流行的服装有帽衫、凉衫、紫衫、衬衫、襕衫五种。帽衫是北宋文人士大夫交际时所穿的服装，由乌纱帽、皂罗衫、角带等组成。南渡后一

变为紫衫，再变为凉衫。紫衫在宋代本用于军服，南宋初年因战事频仍，文人士大夫也纷纷穿戴，一时蔚然成风，后统治者觉得紫衫有"以戎服临民"之嫌一度加以禁止，后又解禁作为士人便服。凉衫本来是北宋中期士人方便骑马出行而创制的服装，多用褐绸制作，一般为素白色，罩在朝服外防止灰尘。道服也是士庶人喜欢穿的便服，其形制如长袍，领、袖处有黑边。宋代士大夫还曾流行一种用质地轻薄的纱罗制成的纱袍，又叫纱公服，服式有圆领大襟、斜领大襟等数种，多在夏天炎热时穿着，因为有碍观瞻，受到理学家的非议，一度被朝廷禁止。但因为穿着方便，轻薄凉爽，仍有一定市场。

下层劳动人民一般穿皂衣、布衫，所以白皂衫纱帽被当时人视为下人之服。僧侣和道士也有专门的服装，僧衣一般为紫绯色，黑色的缁衣也常见。道衣一般为黄色，另外葛衣也是道人日常穿的服装，其服饰上往往饰以花纹。

北宋后期还流行起一种"褙子"，普及于社会各个阶层，分长袖、半袖和无袖三种，宋哲宗、宋徽宗都曾披服黄褙子，北宋末年的宰辅大臣多穿盘领紫褙子，一些仪卫和武士则穿"打甲褙子""带甲褙子""团花褙子""小帽褙子"等。

作为长大衣的袍，也是宋代男子最普遍的服装之一，只是在颜色、质地上区分等级，大致是有官品者服皂袍，无官者穿白袍，庶人穿布袍。皇帝穿的叫龙袍，又分窄袍、衫袍、靴袍、履袍、绛纱袍、赭袍等品类，其中绛纱袍是朝会时的礼服。布袍为平民百姓和隐士所穿，此外，仪仗卫士和武士流行穿各种绣花袍。

雨衣也是宋代人常备的服装，有很多品种。较高级的叫"油衣"，用涂有桐油的绸绢制成，不怕雨雪淋湿。一般劳动人民则用蓑衣避雨，这种蓑衣多用莎草制成，所以又叫莎衣。

（3）腰佩

腰带是腰佩的主要组成，宋代的腰带主要有两类：一类是用皮革做的，带首缀以钩镱，带尾是垂头，带身饰以金、银、玉、犀等材质，区分为玉带、金带、银带等显示身份等级；另一类是用绫、罗、绸、绉等织物制成，称勒帛，用来系束锦袍、抱肚、褙子等。宋代的腰带使用有一定制度规定，《宋史·舆服志》记载，腰带有玉、金、银、犀、铜、铁、角、石、墨玉等不同类型，各有等差，大抵是贵者以金，贱者以银，富者尚侈，贫者尚俭。

此外，男子腰上的佩饰还有围肚、佩囊、锦囊、茄带、佩珂、鱼袋等。围肚又称抱肚，是古代男子包裹在腰部的一种服饰，通常用彩帛制成。佩囊是佩在腰间盛放小物件的布制或皮制口袋。锦囊是织锦做成的口袋，用来盛放钱币、文具等。茄带又叫"顺袋"，因造型与茄子相似故名，也是放零星细物之用。佩珂是达官贵人流行佩戴的饰品，用美玉制成。鱼袋是宋代公服上的佩饰，始于唐代，左右各一，以为符契，宋代沿用，用金银饰为鱼形，但更多是出于虚设，不再像唐代有符契的作用。

（4）鞋袜

宋代鞋履样式很多，宫廷中设有丝鞋局，为皇室生产"精丝靴鞋"，丝鞋使用者是统治者和富商大贾，一般人用不起。一般官员多穿布鞋、皮鞋，样式有云头鞋、凫舄（鞋头高翘），以皮革制成的"皮鞋"在宋代已很常见，贵族及文武大臣在朝会和重要场合要穿黑色的皮履，时人称为"皂皮履"。平民百姓除少量穿布鞋外，大多穿草鞋、麻鞋、棕鞋等。草鞋价格低廉，品种很多，有蒲鞋、芒鞋、棕鞋等，芒鞋也受到文人的喜爱，如苏轼在《定风波》词中就写道："竹杖芒鞋轻胜马，谁怕？一蓑烟雨任平生。"木屐在民间很盛行，常被当时人用作雨鞋。靴，作为连筒之鞋，在文武官员中盛行，"朝履用靴"，用黑革制成，士人获取功名后可以穿用。当时靴的品种很多，有朝靴、油靴、暖靴等。油靴为雨鞋，在市场上有售。暖靴在冬季穿用，以皮革或锦缎为表，毡、毛为里。

宋代男子穿的袜子，一般以比较厚实的布袜和皮袜为主。

2. 女子服饰与妆容

宋代的女子服饰，也主要分为冠巾、衣裳、腰佩、鞋袜四大类，因为受理学影响，女子服饰和唐代相比明显趋于保守。

（1）冠巾

女子冠巾名目和形制也有很多，常见的有凤冠、九龙花钗冠、仪天冠、云月冠等后妃所戴的礼冠，珠冠、角冠等贵族妇女戴的礼冠，花冠是民间妇女喜欢戴的一种冠，团冠、䯼肩冠为年轻妇女所喜爱，此外还有仙冠、玉兔冠、宝冠、金冠等。头巾在宋代妇女中也很盛行，额巾即其一，是用一块帕巾折成条状，绕额一圈系结于前。盖头在宋代有三种：一是妇女外出时佩戴，实际上是种面幕，用一块方幅紫罗障蔽半身，形似风帽；二是女子日常家居所戴，上覆于顶，下垂于肩；三是女子结婚时用以盖头的红色帛巾。

（2）衣裳

女子的衣裳也是上衣下裳，其中上衣有襦、袄、衫、褙子、半臂、背心等多种形制，下裳以裙为主。鞠衣、翟衣、霞帔、纬衣、朱衣、大袖等是宋代命妇的礼服和常服，除此之外，贵妇们也在奢侈性消费中扮演了"急先锋"的角色，她们盛行穿美丽华贵的丝绸服装，并饰以珍珠、金

银。褙子原是低层妇女的着装，但因为行走方便，很快就流行一时，上自后妃、命妇，下至平民女子，都喜欢穿用。从文献记载看，宋代妇女穿的褙子，长袖、长衣身，两腋开叉，下长过膝，领型是直领对襟式，颜色有红褙子、黄褙子、紫褙子和游街褙子等，游街褙子是一种黑色的半臂，流行于岭南地区。半臂是短袖上衣，在宫廷侍女和富家婢女中流行，但儒家士大夫视为"非礼之服"。背心，也是宋代妇女常穿的衣服。宋代妇女的下裳以裙为主，有长裙、百褶裙、旋裙、红裙、上马裙、碎褶裙、婆裙等众多名目。旋裙前后开衩，便于妇女出行骑乘，当时人记载是从汴梁的妓女开始流行，后风靡一时。长裙、石榴裙在唐代就广为流行，在宋代依然盛行。除裙子外，宋代妇女的下裳还有裤子，当时上层社会的妇女，裤子外还要穿长裙遮盖，下层妇女一般在着裤后外面不再系裙。

北宋末年风俗奢靡，女子服饰出现了很多新流行。宣和年间的妇女装束，流行发髻高耸、衣衫宽博，时人称为"宣和妆"。陆游《老学庵笔记》记载，北宋靖康年间，东京生产的织物或妇女的服饰上流行"一年景"的图案，节物如春幡、灯球、竞渡、艾虎、云月，花卉如桃、杏、荷花、菊花、梅花等，都在一件服装或面料上汇聚了一年的景观。但这种流行的时尚，被时人视为有不祥之兆的"服妖"，因为宋钦宗的靖康纪元，短短一年就结束了。

（3）腰佩

宋代妇女的腰佩，也盛行使用腰带，当时美称为"香罗带"，大多用布帛做成，往往以不同颜色、材质和系结方式赋予不同含义。如"合欢带"，以两种颜色的彩丝交相编结而成，象征男女恩爱，情意绵绵；"鸳鸯带"，以两种不同颜

色丝缕合编而成，往往被青年女子用做定情信物，象征相亲相爱；"同心带"，指缚有同心结的衣带，也寄寓着女子对爱情的美好信念。除了腰带，宋代女子还流行佩戴玉佩、玉环、香囊和流苏。玉环被用作压裙之物，因为儒家礼仪规定女子笑不得露齿、行不得露足，为避免妇女举步时裙幅散开，就用玉环压住裙角，所以当时人又称之为"禁步"。

（4）鞋袜

宋代女子因为缠足，所以流行穿小头鞋履。弓鞋就是当时一种流行的鞋子，因为多用罗绮绣成，也叫"绣罗弓"。鞋的品类有金缕鞋，多为宫中后妃所穿；珠鞋，装饰有珍珠，多为风尘女子所穿；花鞋，富家女子所穿。北宋末年还流行一种镶色女鞋，叫"错到底"，鞋底部分用颜色交错，形状也很奇特，当时人结合北宋亡国的史实，视之为"服妖"，认为是不祥之兆。

缠足是一种妆饰陋习，北宋时多见于城市，局限于贵族妇女和妓女，宋室南渡之后缠足之风更加盛行。对这一陋习，宋人车若水在其《脚气集》里提出了批评，认为"小儿四五岁，无罪无辜，而使之受无限之苦。缠得小束，不知何用？"

（5）妆容

宋代的女子妆容，与唐人的浓妆艳抹相比，也更倾向于淡雅之美。这时妇女的眉式，大多沿袭前代，如"横烟""却月""倒晕"都源自唐代，流行一时的"远山眉"始自汉代。太平兴国年间，尼姑静慧创制了一种新的眉式，浓艳明媚，有别于当时的流行，一时间被争相效仿，因其为佛门弟子，人们称之为"浅文殊眉"。当时妇女的面部化妆有额黄、红妆、素妆、佛妆等，已经比较流行穿耳之风，南部边疆的一些少数民族妇女还有绣面的习俗。

6.2.3　元代的服饰制度

元代的贵族服饰，在很多方面继承了中原王朝的服制传统，特别是忽必烈即位后，用于祭祀、册封、朝会的皇帝冕服，与中原王朝传统的皇帝冕服基本相同，并规定龙凤纹图案为皇室专用，臣民一律不得使用。立国之初，元代统治者对服饰的等级制度要求甚为严格：一是民族有差异，分蒙古人、色目人、汉人、南人四等，其中汉人和南人为底层人，禁用龙凤纹样、金彩和六种颜色；二是社会各阶层服饰等级森严，官吏从一品到九品服饰有异。此外，从忽必烈到后来继承者，很注意保持蒙古"本俗"，所以蒙古民族特色的服饰在元代很流行。

1. 辫线袄

"辫线袄"是元代统治者所穿的袍服，为交领右衽的窄袖袍，腰间打细褶，用红紫线横向缝纳固定，使腰间紧束，便于骑射。在汉人看来，这种服饰很像道服。此外，元代蒙古族还有一种"半臂"服饰，即短袖长袍，分大襟和对襟二种款式，是蒙古贵族们常穿的外罩，后来又有了类似马褂的对襟短衫。

2. 质孙服

"质孙服"是元代宫廷中最具特色的服装，其原型是蒙古汗国时期的戎服，服装款式为上衣连下裳，衣式较紧窄且下裳较短，便于乘骑。①《元史·舆服制》："质孙，汉言一色服也，内廷大宴则服之"，即宫廷宴会上穿的一色衣服。《马可·波罗行纪》记载："大汗于其庆寿之日，衣其最美之金锦衣，同日至少有男爵骑尉一万二千人，衣同色之衣，与大汗同"。不过马可·波罗也指出，相同的只是颜色，衣服之间也有等差之

---

① 郝学峰，刘佳. 元代蒙古族服饰的文化艺术特征 [J]. 轻纺工业与技术，2017，46（06）：80-81.

分。《元史·舆服制》记载元代皇帝冬天穿的质孙服有 11 等、夏天穿的有 15 等，官员等人的质孙服冬季有 9 等、夏季有 14 等。质孙服成为元代社会"达官显贵"的身份象征，皇帝经常赏赐质孙服，表示对臣僚的恩宠。①

3. 笠帽与罟罟冠

蒙古男子冬帽而夏笠，在蒙古汗国时期已有的栖鹰冠、笠子冠等帽饰，到元代依然流行，后来还出现了珠帽、八宝顶帽、七宝笠、藤帽、草帽、藤草帽、毡帽、圆笠、骏笠、折檐暖帽及帽檐前圆后方的笠帽等各种帽饰。据《元史·后妃列传》记载，蒙古帽本没有前檐，元世祖忽必烈因为外出打猎感到阳光耀眼，回来后跟察必皇后说了，她专门加上前檐，后来就成为了定式。此外，察必皇后还设计了便于弓马骑射的"比甲"，也很快成为新的流行时尚。在《元世祖出猎图》中，元世祖忽必烈外穿蒙古皮裘，内着色彩鲜艳的锦缎，可见在服饰上的民族融合（图6-8）。

图 6-8 元世祖出猎图（局部），元代，台北故宫博物院藏

---

① 史为民. 元代社会生活史 [M]. 北京：中国社会科学出版社，1996：90–92.

蒙古贵族妇女的冠饰更具特点，名叫罟罟冠。这种冠一般高二、三尺，缝在一顶兜帽上，从底部到顶端逐渐加粗，顶端呈四方形，顶端正中或旁边插着一束羽毛或细棒，并多饰以宝石，看上去像一个细而高的大花瓶。

6.3 宋元建筑与生活起居

宋、元是我国建筑史上非常重要的时期，这时候产生了一部经典的建筑著作《营造法式》。可以说，宋、元时期的建筑集合了先秦时期至北宋初年我国古典建筑文化发展的主要成就，是古典文化达到鼎盛时期的重要标志之一。

6.3.1 宋代的建筑与生活起居

宋朝政府有严格规定，宰相以下的办公场所，在内称省、台、部、寺、监、院等，在外称监司、衙；私宅方面，执政、亲王称府，其余官员称宅，普通百姓称家，并就分等级和尚俭朴做了具体规定。但在权贵和豪富面前，这些规定最终成了一纸虚文。综合来看，宋代贵族官僚的第宅建筑相比唐代的浑朴雄阔，一是从崇尚高大宏伟转向追求小巧精致，更加注重内部的装潢修饰；二是追求园林化，在宅第建设花园，起亭台泉池、种花种草，或者在正式住宅之外建设园馆别业，当时的权臣如贾似道、赵鼎、韩世忠，著名文人范成大等都有自己的私家园林式别墅。这种追求园林式豪华住宅的风气，促进了宋代造园技术的发展，园林假山建设的实践催生了我国第一部品赏山石的专著《云林石谱》。流风所及，豪商巨贾和乡村地主也竞相仿效，在一些农村也出现了"村豪园庐"。

宋人对居住环境的选择非常重视，无论村落选址，还是家宅卜居，都非常注重风水理论的运用。具体表现是：一是注重地的因素，房址要枕山面水，山环水绕；二是注重时的因素，兴土动工要选择黄道吉日。此外，还有一系列的风俗讲究，如房屋上梁要举行仪式，念唱上梁文，以饼、钱撒梁；房屋启用，亲朋好友和邻里要携带礼物上门祝贺，人称"暖房"；为了保佑家宅平安，还要在家门口设石狮子，河岸、桥头、村落入口等地摆放石敢当，等等。

1. 建筑式样

宋代是城市和商品经济空前发达的时代，在北宋都城汴梁（今开封）和南宋都城临安（今杭州），唐代时严格的宵禁制度已被取消，过去封闭的里坊也被开放的街坊所取代，这时候还有了"早市"和"夜市"，《梦粱录》就记述："杭城大街，买卖昼夜不绝"。商业和贸易的空前发达，使宋代城市化水平达到22%[1]，达到了中国封建社会的最高水平。

（1）宫殿建筑

宫殿建造代表了宋代居住的最高水平，也是建屋造园的典范之作。如宋真宗时期建设玉清昭应宫，广集天下名木、奇石、颜料、漆等建筑材料，每日动用工匠达三四万人，建成后有两千六百一十区，分诸天殿、二十八宿殿，极为宏大壮丽。关于宋代的宫殿建筑，从传世宋代名画《契丹使臣朝聘图》、《瑞鹤图》（图 6-9）、《万松金阙图》等可见基本的面貌和形态。这些画中的宫殿建筑均极为富丽，大多采用歇山顶，少量使用庑殿顶。歇山顶，在宋代被称为"九脊

殿"，是皇家宫殿、殿宇使用最多的屋顶建筑形式。其屋顶多用重檐，屋顶组合多是主殿带挟屋，特别隆重的门阙建筑还有朵殿，并有廊庑相连。建筑均用斗拱，使用筒板瓦覆顶，多为绿色或黄色琉璃瓦。从整体外观形态，可以看出宋代宫殿壮观、华丽、规整，细部构件等级很高，装饰性很强，达到了"非壮丽无以重威"的艺术效果。[2]

图 6-9 瑞鹤图（局部），宋代，辽宁博物馆藏

（2）官僚第宅

宋代贵族官僚的第宅，在布局方式上仍沿用汉代以来前堂后寝的格局，但在接待宾客和日常起居的厅堂与后院卧室之间，一般用穿廊连接，在院落的平面上形成"工"字形或"王"字形布局。前堂、后寝的两侧，往往还会设有耳房或偏院。从结构上看，主要有正厅、中庭、堂室、寝室、中门（大门）、二门和一些附属结构如庖厨、浴室、井、厕所等。宋代提倡孝道治国，加上理学的盛行，使得祠堂或家庙成为贵族士大夫之家非常重要的建筑。朱熹在其《家礼》中就说："君子将营宫室，先立祠堂于正寝之东。"此外，道教、佛教的民间化、普及化，也使得神祠或道室、佛堂，成为很多人家的必备。宋代注重

---

① 师永涛. 唐人时代：一部富有烟火气息的唐代生活史 [M]. 北京：中央编译出版社，2019：142.

② 刘国胜. 宋画中的建筑与环境研究 [D]. 河南大学，2006.

文治，官员大多出身士大夫阶层，所以在家中往往建有专门的书房。门的形状沿袭唐代，多为鸟头，窗户则多采用透光透风的木格窗户，糊窗之物根据家庭条件的不同，有的用丝绸，有的用纸。在北方，不少人家还有地室，多用于夏天避暑。照壁是厅堂前的照墙，和室内的屏风一样兼具观赏和实用价值。不过，大部分普通官员的居所没有这样的规模，如陆游任职大理寺司直时，在临安的居所只有两间小屋。

（3）平民住宅

院子，是北宋都城开封城内流行的平民住宅。但大部分平民百姓没有财力盖屋，住宅的结构也大多简陋，没有明确的堂、寝、街、户之分。从其建筑材料看，主要有瓦房和草房两种。

瓦房以砖瓦为主要建筑材料，多是地主和商贾的住宅，且主要集中在城市，农村则少见，多是富有人家的宅子。稍大的住宅，一般外建门屋，采取四合院格局，院内往往植花种草。王希孟《千里江山图》中的住宅图景显示，这些院落大多有围墙、大门和东西厢房，是由前厅、穿廊、后寝构成的"工"字形房屋。较大的住宅会在大门内建照壁，前堂左右辅以挟屋。

茅草房，是平民住宅最常见的形态，在宋代的都城尤其是郊区也很常见。其房架由梁、檩、椽组成，房顶覆以稻草或麦秆、黍秆、芦苇等材料。檐下一般留有较大空隙，以便挡雨、通风和出烟。茅屋外面，大多围建有篱笆墙。在宋代，不仅平民百姓多居住茅屋，一些隐士或僧道也往往在山林深处"结草为庐"。

除了这两种主流形态外，在南方还流行竹楼或竹屋，在北方还有居住土洞（即今天的窑洞），在少数民族地区还流行一种干阑式建筑。此外，江南水系遍布，航运交通又发达，在福建、湖南、江淮等地，很多人家还以船为家，以渔业或航运、贩卖为生。

（4）佛教建筑

宋代有不少佛教寺庙建筑留存了下来，多位于北宋和辽代的北方中部和东北部地区。山西应县佛宫寺释迦塔，是世界现存最高的一座木构塔式建筑，建于辽清宁二年（宋至和三年，公元1056年），与意大利比萨斜塔、巴黎埃菲尔铁塔并称"世界三大奇塔"。塔高67.31米，底层直径30.27米，设计上大胆继承了汉、唐以来富有民族特点的重楼形式，广泛采用斗拱结构，全塔共用斗拱54种，每个斗拱都有一定的组合形式，有的将梁、坊、柱结成一个整体，每层都形成了一个八边形中空结构层，代替了早期佛塔的中心柱设计。此塔体量巨大，外观5层，夹设无窗的4级暗层，共九层。5层的中央位置都有佛像，两圈立柱间的空间留给信徒，各层外柱略向塔心收进，使得塔身巍峨秀丽，增加了稳定性。坐落于河北省正定县隆兴寺内的摩尼殿，代表了宋代佛教建筑的另一趋向，此殿始建于隋，北宋皇祐四年（1052年）改建并用现名，以独特的"十"字形平面建筑格局、四面各出一歇山式抱厦、与《营造法式》完全相同的斗拱，成为海内孤例。

2. 生活起居与宋代家具

宋人注重住宅装饰。当时文风之盛，也影响到人们的居家装饰，用书画装饰房间成为流行。名妓李师师的卧室里挂山水画，所谓"四壁挂山水翎毛"。挂肖像画也很普遍，黄庭坚对苏东坡终身执弟子礼，晚年家中还挂有苏东坡的肖像画，每天早上起来礼拜。在苏东坡造福一方的杭州、毗陵等地，当地士大夫、百姓也纷纷挂他的肖像画，甚至"饮食必祝"。也有人挂自己家人的画像，北宋文学家柳开任润州知州时，到兼兵钱供奉家拜访，看到其书房墙壁上挂着一张美女像，一问是他的妹妹，赶快求婚娶回了家。此外，宋人也喜欢用鲜花或绢花装饰房间。在文人士大夫的书房里，琴、书也往往是必备品。

宋代时，我国商周以来的跪坐方式发生了根本性变化，垂足而坐逐渐成为新的流行，受此影响，各种适合垂足而坐的家具得到了空前的发展。当然，这一过程并非一蹴而就，像以司马光为代表的传统家庭，就坚持在坐垫上席地而坐，并强烈反对当时开始流行的坐椅子风气，尤其反对女性坐椅子，认为这有失教养。但据陆游的《老学庵笔记》记载，到 12 世纪晚期，各种高低不同、带有凳子和屏风的桌子在人们生活中已经不可或缺，大多数上流社会家庭已经习惯于坐带有靠背的椅子了。①

桌子在宋代已经名目繁多，有方桌、长方桌、圆桌等类型，从功能上讲则有饭桌、书桌、琴桌、案桌、茶桌和用于床榻的小炕桌等。"八仙桌"是宋代出现的新餐桌，桌面呈四方形，下按四腿，每边可坐两人，与唐代"酒中八仙"数目相合，故取名八仙桌。

随着人们起居方式的改变，矮形案几也演变为高足桌案，品种也日渐丰富，有用于宴会的案几、用来读书写字的书几、用来烧香祈祷的香几、用来祭祀祖先摆放祭品的灵几，等等。

椅子和凳子的形态也发生着变化，名贵的檀香椅，普通的竹椅，可折叠的交椅，还有因为和南宋奸相秦桧关联被命名为"太师椅"的一种交椅。宋代凳子的使用更普遍，造型也更加多样，除了过去常见的圆凳、方凳、长凳、矮凳外，还出现了带托泥的凳子和四面开光的大圆墩，如

① ［德］迪特·库恩. 儒家统治的时代：宋的转型 [M]. 李文锋，译. 北京：中信出版社，2016：253.

苏汉臣的《秋庭婴戏图》中就画有漆木坐墩（图 6-10）。

图 6-10　秋庭婴戏图（局部），宋代，台北故宫博物院藏

宋代的床榻分为卧榻和坐榻两种，形式上沿用唐五代时的样子，称作"四面床"，但同时开始流行带屏的床榻，一般为单屏，也出现了三面屏的床榻。从材质上看，宋人的床榻有木床、竹床、藤床、土床、石床之分，最流行的是木床，富贵人家往往还会用朱漆装饰。

此外，橱具在宋代有了更多应用，如储藏衣被的衣橱，储藏书籍的书橱，储藏食品的食品橱等。照台，类似今天的梳妆台，和裙箱、衣匣、百结、清凉伞、交椅等一起，成为年轻女子出嫁的必备物。架子在宋代有衣架、巾架、镜架、盆架、灯架、花架等。屏风的使用也普及朝野，不仅用于挡风和遮蔽视线，装饰效果也越来越受人重视，这时已有画屏、雕屏、素屏、照屏、漆屏等不同样式。据记载，南宋皇宫选德殿的御座后有一面金漆大屏风，正面分画诸道名称，列监司、郡守为两行，用黄签标识居官者的职位姓名，背面画有全国政区、疆域地图，这样看，一

块屏风就兼具装饰、实用、遮蔽等多重价值了。

在宋代家具设计中，严谨性是一个突出的原则。适应这时居室小而精致的时代特点，宋人家具的设计也追求与环境尺度相适应，做到巧而得体，精而合宜。宋人黄伯思在《燕几图》中，曾对几何式家具的组合形式、最佳尺寸进行推演，这种模块化的设计方法体现了宋代家具的组合与排列方式。另外，从家具制作工艺上看，传统的箱型结构逐步被梁柱式的衔接关系所代替，平直的线条与合理的榫卯设计不仅减少了用料，也丰富了形式的多变性。

整体来看，宋代处于高坐家具的重要转型发展时期，在历史上起着继往开来的作用。这时家具的形态、装饰、工艺、种类等都发生了重大变化，加之理学简朴观念和文人士大夫素雅的审美观影响，使得宋代的家具体现出特有的精致与典雅，这为开启简约典雅的明式家具，推动中国传统家具迎来成熟发展奠定了基础。

6.3.2 元代的建筑与生活起居

元朝建立之后，元世祖忽必烈定立两都制度，以大都（今北京）为首都，都市宫殿成为皇帝和皇室成员的主要居住场所。但皇室每年都要到上都（位于今内蒙古自治区锡林郭勒盟正蓝旗草原）避暑，并经常住在帐篷里，以不忘蒙古族游牧生活的本俗。

1. 大都

历史上，北京曾是辽、金、元、明、清五个朝代的国都。辽代叫"南京"，在今北京城西南，即原宣武区偏西一带。金代在此基础上建设"中都"，是根据汴梁城市布局设计的仿宋都城，方圆七十五里，极尽豪华。元代开国之初，中都大部分毁于战火，忽必烈在其北部重建了"大都"，

即为今天北京城的前身，南城墙位于今天长安街一线，北城墙在今天北京北郊的土城。据文献记载，元代大都的皇宫有大明殿、延春阁、兴盛宫、隆富宫、太液池、琼华岛等建筑，不仅极尽奢华，从名字可见借用了汉族神话传说中的一些意境来设计。[①]

元代宫殿的建筑形式讲究对称和装饰，以木结构为主，普遍采用了色彩绚丽的琉璃装饰等，基本承袭了中原传统的宫殿建筑风格。同时，也有一些建筑体现了少数民族的建筑风格，如将正殿与寝宫用柱廊连接，形成"工"字型布局，显然是受了斡耳朵制度的影响。宫殿内的布局，正殿均设御榻、坐床和酒具等，寝宫则普遍采用壁衣和地毯，也明显是照搬斡耳朵的内部陈设。元大都的实体结构今已无存，但都城基本轴线布局和部分城墙在后世重建中得到了借鉴和保存。

2. 斡耳朵（宫帐）

斡耳朵是蒙古语译音，意为"宫帐"或"行宫"，有两种形式：一种是可以迁徙的，另一种是固定不动的。无论哪种，都会以斡耳朵为中心，形成一个环绕它的庞大帐幕群，往往延伸数里，形同城市。成吉思汗时期，蒙古人还建立起金黄色的宫帐，俗称"金帐"，帐幕之大可容纳数百人甚至上千人。忽必烈即位后，在上都西面草原的山麓中建设了一座昔剌斡耳朵，深广可容纳数千人，并配套建设了一组固定建筑群，用来举行"诈马宴"活动。

3. 平民住宅

元代城市居民的住宅，因居住者贵贱贫富的不同而有很大差异。官员、贵族、巨商的住宅往往连在一起，构成城市中的特殊居住区，如大

---

① 单士元.从紫禁城到故宫[M].北京：北京出版社，2017：5-9.

都的西宫后北街就是这样的区域，住宅建筑院落大、房间多，并有不少附加设施，如在院门外摆放石狮子、铁狮子等。普通小官吏、手工业者、小商贩及各衙门的仆役、儒士和其他普通百姓的住宅，大多是简陋的砖房或土房，室内陈设往往就是一灶、一炕、石臼而已。大都和上都等北方城市的民宅，冬天多用火炕取暖。

乡村地区的住宅不像城市居民受制于面积，但贫富差距同样明显。富裕者能够实现如马致远散曲中说的"三顷田，五亩宅"或"二顷良田一区宅"，甚至追求深宅大院、雕梁画栋，有院墙或篱笆墙，宅院中往往建有园圃、池塘等。一般的百姓人家则要等而下之，一座草堂，几间茅屋而已。

草原民族的住宅大多还是用帐幕。为适应游牧生活需要，毡帐都可以移动。毡帐的形制大体有两种：一种比较轻便，可以折叠，能够迅速拆开并重新搭建，且便于牲畜驮运；另一种不能折叠，必须用车辆整体搬运。这些毡帐都是圆形，其骨架多用交错的柳枝扎成，骨架顶端为一小圆圈，即所谓"天窗"，用于通风和透光，天窗周围的毛毡上，常饰以多彩的图案。平民用的毡帐内部装饰很简单，主要是神像和贡品，多用来供奉萨满教的天神、地神等。①

4. 宗教建筑

元代的多元宗教文化在建筑上有鲜明反映。统治阶层信奉萨满教和藏传佛教，对中土传统道教也比较尊崇，全真教掌教丘处机西行万里去见成吉思汗铁木真，起到了"一言止杀"的历史作用。藏传佛教建筑的一处遗存是北京妙应寺的藏式白塔，该建筑由尼泊尔建筑师、雕塑家阿尼哥主持设计，覆钵形塔身和 13 重相轮构成的圆锥

形塔刹高约 50 米，外部涂以白垩，不同于中原传统建筑的直线形，具有独特的西藏。尼泊尔风格。另一处体现元代多元文化的建筑是 1345 年制成的居庸关云台石刻，西藏喇嘛设计，包括曼荼罗、坐佛和气势威猛的天王等，其经咒和功德记用六种文字镌刻。元代道教一处重要的建筑遗存是山西芮城的永乐宫，观中元代殿宇建于 1247 年至 1294 年间，山门和主要大殿按照南北中轴线排列，主殿三清殿供奉玉清元始天尊、上清灵宝天尊、太清道德天尊。环绕着祭坛是描绘道教众神的壁画，主体内容是《朝元图》对于三清及道教神祇群体的描绘，其他壁画则描写了八仙等在民间更为流行的道教神仙。②

5. 起居用具

皇室宫殿、斡耳朵内的陈设器具，包括御榻、桌椅、被褥、扇子以及卫生、照明、取暖用具等。宫殿、斡耳朵中的"御座"是饰以黄金、宝石的"胡床"，已经成为宫中常用的坐具，失去了卧具功能。宫中用的椅子，多为"金红连椅"，即饰银涂金的交椅。皇帝与贵族、群臣议事或聚饮时，分坐在御榻、坐床和地毡上，多数情况下不用桌椅，只在大殿或大帐门口放一张大的酒桌。但皇帝批改公文、读书或进行其他一些仪式时，会有宝舆方案、香镫朱漆案、诏案、册案、宝案、表案、礼物案等桌案。帝、后常坐的御榻，通用四方坐褥，多以金锦制成。皇室成员常用纳石失做被子。忽必烈提倡节俭，不准用织金锦做褥子，《元史·后妃传》记载，太子真金体弱多病，忽必烈去看视他，见到太子床上铺着织金卧褥，便很不高兴地责备太子的妻子。

北方城市居民的家中，常用的家具有大小木

---

① 史为民. 元代社会生活史 [M]. 北京：中国社会科学出版社，1996：200-202.

② ［美］杜朴，文以诚. 中国艺术与文化 [M]. 张欣，译. 北京：世界图书出版公司，2011：265.

柜、橱、矮桌、灯架、花架等。南方大致相同，富家的正厅里还多摆放匡床、胡椅、圆炉、台桌等。

6.4 宋元交通工具与出行方式

宋、元时代在行旅方面较以往时代更为频繁和大规模。以宋代而论，一方面科举制度带来庞大的士阶层的流动，另一方面是工商业日益发达带来的商旅群体的扩大，另外宋人也普遍喜欢游山玩水，几方面相加使得宋代的行旅交通较以往更为活跃。元代疆域空前扩大，也使其交通出现新的特点。

6.4.1 行旅风俗

"在家千日好，出门一时难"，这在宋元时体会尤其深切。无论文人举子出外考试游学，还是商人外出经商赚钱，抑或官员到外地做官等，都往往需要经历千辛万苦的长途跋涉，遭遇人情冷暖的世态炎凉，面临土匪、骗子之流的巧取豪夺，甚至付出生命的代价。史料记载，宋代长江边上的镇江，三年时间里就溺船 500 多艘，死者在 5000 人以上。[①]此外，旅行花费更是每个人都要面对的实际问题，如梅尧臣《行路难》："蜀道不为难，太行不为恶，平地乏一钱，寸步邻沟壑"。在行旅方面，宋人大致有以下风俗。

1. 置办行装

行装在宋代称行李或行囊，以换洗衣服为主，同时伞和药品也必不可少。雨伞，当时叫雨盖，既用来遮风挡雨，也用来躲避日晒。根据宋人董汲所著《旅舍备要方》，出门可带的药品有治疗痰症的小半夏汤、枳实丸，有治疗霍乱的丸方及厚朴汤、龙骨汤、大豉汤，有治疗腰痛的药棋子、神功丸，有治疗妇人疾病的万安丸，有小儿科的麝香膏等。

旅费在宋代有路费、盘缠、裹足、行费、裹费等多种称呼，长途旅行所费甚大，或需长期筹备，或需典卖田产，或需向亲友求助，或需向富人借高利贷。其中借贷在当时颇为常见。

2. 行神祭祀

宋人对长途远行的重视，从行前祭神的习俗可见一斑。行神祭祀，古代称"祖道"，张择端《清明上河图》里就有一处典型的祖道祭祀场景：在画面中部的平桥与咚咚鼓楼之间，有一辆串车、一个骑驴人、一个挑行装仆从组成的出行小队，在骑驴人侧后方有三个衣着皂袍的送行人，两人恭立摊手做送别状，另一人单膝跪地面对一只侧倒的黄羊祷告，周围的人还在观望和议论。其中的骑驴人就是宋人所说的"策蹇重戴"的远游士人的典型形象。[②]

宋人祭祀的行神，陆上有梓潼君、五通神、紫姑神等，水上有天妃等。当时商人乘大船出海贸易，有祈舶趠风的风俗。舶趠风是信风的一种，有了这种风，相传可以乘风破浪，快速到达目的地。苏轼《泗州僧伽诗》就记载了他舟行三日逆风，船上人一起向灵塔祷告，结果香火未收风向就变了，但他却保留了自己的思考："若使人人祷辄遂，造物应须日千变。"

---

① 徐吉军，方建新，方健，等.中国风俗通史·宋代卷[M].上海：上海文艺出版社，2001：231.

② 徐吉军，方建新，方健，等.中国风俗通史·宋代卷[M].上海：上海文艺出版社，2001：235–236.

3. 卜行择吉

宋人出行有择日的习俗，会选择黄道吉日出行。《马可·波罗行纪》记载南宋临安的风俗时就提到："如有一人欲旅行时，则往询星者，告以生辰，卜其是否利于出行，星者偶若答以不宜，则罢其行，待至适宜之日。"马可·波罗说的"星者"，即是精于数术的人。但也有很多人对此不以为然，《邵氏闻见录》记载，易经大师邵康节先生出门就不择时日，但如果有人告诉他时日不利，他就不行动了。他的说法是："人未言则不知，既言则有知，知而必行，则与鬼神敌也。"这是一种很洒脱的态度，既不迷信，但也从俗。

4. 饯别送行

宋代人送别，有饯别送行、持金赠行和送别等习俗。饯别又叫饯行，往往要到城门外设送行酒宴，这是古代祖帐的遗风，梅尧臣诗中说"古人相送赠以言，今人相送举以酒"，可见这种习俗的变迁。持金赠行，是亲朋好友送行时赠以路费。宋代文风昌盛，用诗词送行也很盛行。实打实地送行，也是一种表达感情的方式，范成大《吴船路》就记载他在南宋淳熙四年（公元 1177年）奉旨召对，要从离开成都回故乡苏州，当地的朋友一路相送，有的送出几十里返回，独有三人送了千里才返程，可见情谊之厚。

总体来看，旅途虽然艰辛，宋人还是以远足游览为乐，风气所及，宋代出了很多有名的旅行家，像司马光、沈括、欧阳修、邵雍、苏轼、范成大、陆游、朱熹等，都一生好入名山游。学识广博的沈括，从小就跟着父亲沈周穷游大江南北，24 岁踏上仕途后更是宦游各地，还曾出使辽国，他所著的《梦溪笔谈》讨论了地理、历史、考古、礼仪、音乐、诗歌、算术、军事、医

学、地质学、印刷术及农业技术等多方面议题。

元代的行旅交通风俗，很多是沿用旧习，最出名的旅行家是意大利人马可·波罗，他的游记成为我们今天了解那段历史的重要参考。

6.4.2　交通网络

宋元时代的交通，有海路、水路和陆路。

1. 海路交通

海路在宋元交通中占有举足轻重的地位，当时造船业和航海业的发展，使得海外和海上交通更加发达，可以"一日千里，曾不为难"。

宋代的海外航线，有通往日本、高丽的东洋航线和东南亚、阿拉伯以及非洲东岸的西洋航线，对东南亚、阿拉伯、非洲地区的航线基本承袭唐代，但航线已经向西拓展到红海和东非。国内的海上航线，大致可分为长江口外海道、钱塘江外海道、闽江口外海道、珠江口外海道等数条。

元代，从刘家港到直沽口的航线，是海运的主航道，先后开辟了三条南北海运航线，航行时间从两个月到一个半月，最快到十天可以驶完全程。此外，当时还有福建通江浙、广东的航道，直沽通辽东、高丽的航道等。

2. 内河航运

宋代的内河航运，以北宋都城开封、南宋都城临安为中心，通过长江、黄河、大运河等形成了四通八达的交通网。

以北宋都城开封为中心的江河交通路线，可分为汴河、黄河、惠民河、广济河四条。汴河线是从开封通往江淮和东南地区的运河，在四条江河交通线中最重要，半天下之财赋和山泽之百货，都从这条水路进入汴梁。以南宋都城临安为中心的江河交通路线，也大致有四条：一是到两

湖、四川的航线，沿南运河、长江主干道航线；二是到楚州及金中都大兴府（今北京）、南京开封府的路线，以运河为主；三是到绍兴府、庆元府的路线，走浙西运河航线；四是到严州（浙江建德）、婺州（浙江金华）、衢州和徽州的路线，沿钱塘江航线。

元代的内河航运，最重要的是沟通南北的大运河。元廷在至元二十六年（1289年）和至元二十八年（1291年）先后开通了会通河和通惠河，从而贯通了南起杭州、北到大都、纵贯南北的大运河。新运河采用南北取直的弦线，总程比隋代运河缩短了九百公里，开通之后，江淮、湖广、四川和海外诸藩的土贡、粮运、商旅都汇集到京师，极大方便了南北交通和商贸交流。

3.陆路交通

宋代陆路交通的发展，可分北宋、南宋两个时期。

一是北宋时以东京开封为中心的陆路交通，因开封地处中原而四通八达：西路经洛阳，到长安，西可到秦州（今甘肃天水），西南可到四川各地；北路渡黄河，经滑州（今河南滑县）、濮州（今河南濮阳）可到大名府（河北大名）；东路一是经曹州、济州（巨野）、兖州、齐州（济南）到山东半岛各地，一是经南京（河南商丘）、徐州等地到达海州（今江苏连云港）。

二是南宋时以临安为中心的陆路交通，当时主要有两条：一是到福州、泉州等地的路线；二是到岭南的地区的路线。但这些陆路交通相比水路要落后很多，速度慢，也不够便捷。

元代不仅将中国再次统一起来，而且统治势力远达西亚和俄罗斯等地，在接受中原旧有的驿传制度基础上，形成了以大都为中心、水陆结合的网状交通系统，比前代远为发达和完善。其

中，陆路交通干线最重要的是大都与上都之间的交通路线，此外，沟通全国10个行省省治并直达大都的驿道，也是元代主要的交通干线。每个行省辖区内，以省治所在城市为枢纽设立的驿道，则构成了省内路、府、州、县之间的交通系统，并与邻省骑驿往来。此外，云南、吐蕃地区的驿道在忽必烈即位前后也陆续开通。

6.4.3 交通工具

和海路、水路、陆路交通相适应，宋元时代的交通工具也分水、陆两种。

1. 水上交通工具

所谓"南船北马"，宋元时期水运、海运的发达，促进了造船业大发展。尤其是宋代，因为经济重心南移，以临安为中心的水运四通八达。当时的水上交通工具主要有海船、江河船和湖船三大类。

海船又分远洋船和浅海船两种。宋神宗时明州建造的"神舟"（又称"万斛船"）规模之大在世界上无与伦比，据《宋史·高丽传》记载，元丰元年（1078年）宋朝廷派两位学士出使高丽，出动了两艘"神舟"，船到高丽时，当地"倾国耸观，而欢呼嘉叹"。普通的远洋船没这么大，据《梦粱录》记载从临安出海的远洋船"大者五千料，可载五六百人；中等二千料至一千料，亦可载二百人；余者谓之钻风，大小八橹或六橹，每船可载百余人"，一料为一石，载重五千料相当于五千石，约300吨，也相当可观了。

用于内河航运的江河船，种类较多，有客货混杂船、货船、客船、家船、贩米船等。客货混杂船客货两便，装载量在二百五十石到一千石之间。货船专门运载米、盐、砖瓦、柴碳等物，大

小不一，大的能有上万石，人称"万石船"，船的形制短而圆，像"三间大屋"，按今天的度量单位换算载重量在 500～550 吨。不过，占多数的是数百千斛的中型货船，《清明上河图》里的汴河船大部分是这种类型。同样在《清明上河图》里，可以看到宋代江河中运行的客船，除了遍设客舱外，还在船的两舷设置舷身甲板作为走廊，客舱设有许多面积很大的窗子用于采光和通风。《江天楼阁图》里的客船显示的则是大型长江客船的具体形象（图 6-11）。临安城里还有很多富贵人家拥有自己的家船，方便出行和搬运货物。

图 6-11　《江天楼阁图》中的江船（素描），宋代，北京故宫博物院藏

湖船主要是供统治者游玩的船只，建造都非常精致，其中最豪华的当属皇帝的御舟。沈括在《梦溪笔谈》里记载，宋代开国初年，两浙曾经献龙船，"长二十余丈，上为宫室层楼，设御榻，以备游幸"。南宋时在临安西湖上有供人租赁的游船上千只，其中仅叫头船、楼船、画舫的大船就有数百只，这些船里大的可容纳百余客，小一些的也能容纳三五十客人，都雕栏画栋，既精巧又平稳，在湖面上行如平地。中型的船只能容纳二三十人，小型船有"瓜皮船"，因形如切开的西瓜两头小、中间大得名。此外，豪富人家还自己造一些"采莲船"，用青布幔撑起，供一、二人游湖清赏，装饰也极为精致。

值得注意的是，以轮代桨的"车船"虽然出现于唐代，真正获得实际应用和大发展却是在南宋时期。杨幺起义时，就曾用车船大败官军。据《宋史·岳飞传》记载，杨幺用的"和州载"大车船，长三十余丈，宽四丈，有五层楼，装有 24 个车轮，每个车轮需要 12 人同时踩踏，其上层建筑有三层，高十丈以上，能装载一千名士兵，可以说是当时最先进的战船了。

宋代造船技术的先进，戴维逊（Basil Davidson）《古老非洲的再发现》的评价恰如其分："在十二世纪，不管什么地方，只要帆船能去，中国船在技术上也都能去了"[①]。

2. 陆地交通工具

宋元时代的陆地交通工具，主要有车、轿和马、驴、骆驼等。

图 6-12　溪山行旅图（局部），南宋，上海博物馆藏

车又分客车、货车和客货混装车。客车主要有独牛厢车，大多为东京和其他城市的贵族宅眷所乘；三牛厢车，三牛并驾，双层车厢，适合长途旅行，宋代画家朱锐的《溪山行旅图》中，画的就是这种三牛厢车（图 6-12）。细车以 15 匹

① 徐吉军，方建新，方健，等. 中国风俗通史·宋代卷[M]. 上海：上海文艺出版社，2001：271-273.

驴子拉车，五六人把车，车速极快；另有独轮人力车、安车等。货车种类比客车多，有十几种，如四轮大车"太平车"，用牛、骡十数驾之；两轮大车"平头车"，形似太平车但略少，用一头牛驾车；浪子车，北方盛行的两轮车，类似于今天的人力板车；另有痴车、粗车、串车、三人力小车、四人力推车、江州车、羊头车、辇水小车、独轮人力推车等。元代在辽阳行省，还设有15处狗站，由4到6只狗拖拽一种在冰上行驶的站车，车底部是平的，前面翘起成半圆弧，每辆车只能搭载1至2人，《马可·波罗行纪》对此有所记载。

轿子在当时也很流行，在宋代轿子又有"肩舆""檐子""篮舆""担子""兜笼"等称呼，朱熹的诗《鹅湖寺和陆子寿》里，就有"偶扶藜杖出寒谷，又杠篮舆度远岑"的说法。从功能和形制来看，轿子分以下几种：一是"花檐子"，即俗话说的花轿，多用于迎娶新娘，也做游玩之用。二是"暖轿"，四周垂着帷幕，坐在中间比较暖和，故得此名。三是"檐子"，北宋时东京盛行的大型豪华轿子，能坐6人，12人抬举，供贵族妇女使用；四是"山舆"，形制简单、专用于登山的轿子，不过坐在上面心惊肉跳，杨万里诗中就说"悬崖破栈不可玩，舆丁挟我如腾狙"。此外，轿子名目尚多，如皇帝专乘的"銮轿"，以及藤轿、梯轿、竹舆、腰舆、凉舆、板舆、鼠尾轿等。实际上，在宋代初年，轿子仅限于皇家使用，后来皇帝为了照顾老病的大臣特许他们使用，像赵普就专门有《谢肩舆入内表》，感激得"杀身无以报主"。到北宋末年，在开封乘轿之风盛行，宋哲宗虽批准了有关令行禁止的奏折，此风却已经不可止。北宋末年，在京城还出现了"赁轿之家"，轿子出租已经堂而皇之成

为一门生意。元代在江浙行省，还设有专门的轿站，轿子主要用于马匹、车辆不宜通行的山区，且分坐轿、卧轿两种，卧轿是为年老体弱的人准备的，一般使臣、官吏只能乘坐轿。[①]

除了乘车和坐轿，宋、元人还流行骑马、驴、骆驼、牛等出行。相比而言，骑马是最能体现身份的，求学赶考的举子乘马风靡一时。相比之下，骑骡、驴就感觉矮了一头，史料记载，宋朝开封的妓女起初普遍骑驴，后来法律松弛，又流行骑马。不过很多贫寒的士子，和退职的士大夫却多以驴为代步工具，如苏轼写给弟弟的诗中就说："往日崎岖还记否，路长人困蹇驴嘶"。王安石辞去相位后，都是骑驴出行。名将韩侂胄晚年退居后，绝口不言兵，每天骑着小骡，放浪于西湖泉石之间。此外，宋人也有骑乘骆驼、牛的，但都只存在于特殊地域或少数人之中。

值得一提的是，蒙古大汗出行，原来是用可以迁移的斡耳朵，从忽必烈即位后出行开始乘坐"象辇"。所谓"象辇"，是架在4只大象背上的大木轿子，轿子上插旌旗和伞盖，里面衬着金丝坐垫，外包狮子皮，每头大象有一名驾驭者。在狭窄山路或过隘口时，皇帝独乘一象或坐在两只象牵引的象辇里，所以象辇又称象轿或象舆。驾辇的象最早来自云南，后来缅国、占城、交趾、真腊等处也陆续进贡驯象。

宋、元时代人在出行方面，有了很大的便利。一是当时地图获得大发展，举凡山川、水利、河流、交通、邮驿、城市、都会，都有相应地图，所以旅行的人可以一图在手，按图索骥。二是指南针在宋代正式出现，在北宋中后期已经应用于航海，赵汝适《诸蕃志》记载，到南宋时

---

① 史为民.元代社会生活史[M].北京：中国社会科学出版社，1996：237-238.

"舟舶往来，惟以指南针为则"。①

6.5　宋元日常器用与生活方式

宋、元时期，因为处于统治地位的民族不同，在日常生活方面有着较大差异，但也有一些共通的影响因素。

首先是文人意趣。宋代，应科举取士制度而生的士大夫阶层成为备受瞩目的群体，有数据显示，应考群体 11 世纪初每年只有不足 3 万人，到 11 世纪末达到 8 万人，到南宋末年可能达到 40 万人。②宋代士人更专注内心世界和生活细节，名家如苏轼、黄庭坚等对美食津津乐道且身体力行，如苏东坡创造了"东坡肉"，宋代的文人笔记中也有着大量关于饮食、休闲的内容，如《西湖老人繁盛录》《梦粱录》《武林旧事》《山家清供》，等等。元代文人地位一落千丈，灭金后八十年没开科举，读书人"非刀笔吏无以进身……彼其才力无所用，而一于词曲发之"③，大量文人发力于雅俗共赏的戏曲，引领了潮流风尚，于造物多有影响。

其次是商品经济。宋元商品经济发展，内外贸易均很发达，市民阶层产生，民俗文化兴起，也为饮食、休闲、娱乐等提供了广阔空间。商品经济高度发达，经济繁荣助长了奢侈之风，也推动着造物文化呈现出百花齐放、百器惟新的局

面。社会阶层之间的界限日渐模糊，很多造物产品也普及进入了寻常人家。

6.5.1　瓷器

宋代，饮茶习俗风行一时，"宁可三日无食，不可一日无茶"，茶成为了全民饮品。茶，不仅成为全民参与的"国饮"，也成为宋徽宗《大观茶论》所说的"盛世之清尚"，在浓厚的饮茶氛围中，宋代的茶艺达到空前水平，吟诗、听琴、观画、赏花、闻香等都是茶艺活动的常见项目，作为茶道高手的宋徽宗赵佶，不仅有茶的专著，他的画作《文会图》也生动描绘了当时茶、酒、花、香、琴、画等元素相互融合的情景（图 6-13）。流风所及，民间茶肆竞相仿效，纷纷插四时花，挂名人画，装点门面，并敲打响盏歌卖，烧香、点茶、挂画、插花成为四般闲事。

图 6-13　文会图（局部），宋代，台北故宫博物院藏

1. 雅化的宋瓷

与宋代全民饮茶习俗相适应，瓷器茶具的生产也成为造物重点，最具代表性的是建州的建盏。当时人认为能用于斗茶的最好茶盏就是建盏，其深色的质地最宜衬托茶汤的泡沫，较厚的胎体可以更好地隔热，口沿的瓷釉更适合人品茶和把玩。日本幕府时代的藏家和茶道爱好者也特别推崇建盏，称之为"天目"瓷，因福建佛教圣

---

① 徐吉军，方建新，方健，等 . 中国风俗通史·宋代卷 [M]. 上海：上海文艺出版社，2001：267-268.
② ［美］伊沛霞 . 剑桥插图中国史 [M]. 赵世瑜，赵世玲，张宏艳，等，译 . 长沙：湖南人民出版社，2018：162-164.
③ 王国维 . 王国维学术经典集 [M]. 南昌：江西人民出版社，1996：260.

地天目山而得名。

两宋是中国陶瓷艺术的黄金时代。一方面，瓷器买卖是国内商业活动的重要内容，很多瓷窑集中地本身也是繁荣的市镇、市场和产品集散地；另一方面，宋代朝廷非常注重瓷器生产，把瓷器列为大量"出口"的重要商品。南宋人赵汝适所著的《诸蕃志》记载了 56 个国家或地区，其中和宋代有瓷器贸易的有 15 个，占到四分之一多。人民生活和对外贸易的需要，使两宋瓷器产量大增，名窑辈出。宋瓷两个杰出代表是北方的定窑白瓷和南宋时期的景德镇青白瓷。

宋代瓷器的"雅化"也非常明显。和以往时代相比，宋代的宫廷并不沉迷于奢侈品和财富，而更关心精致和高雅的文化艺术展示，这表明宋代士大夫的文人价值对宫廷也有影响。这时期为宫廷特制的瓷器体现出一贯的品位模式，像富于盛名的官窑汝瓷，器型优雅含蓄，多为无修饰或略加修饰的单色瓷（图 6-14）。另外，这时宫廷使用的瓷器，在器型上还有模仿古代青铜礼器的趋向，反映出博古的趣味和对传统文化推崇的意识形态。

图 6-14　官窑青釉暗龙纹洗，南宋，天津博物馆藏

两宋商品经济发达，市民社会形成，对瓷器的需求也体现出多元化的形态。与之相适应，宋代制造的瓷器更加多样化，一个瓷窑可以生产多种不同类型的瓷器来应对市场的复杂需求。比如

定窑以烧白瓷为主，但同时兼烧黑釉、酱釉、绿釉及白釉剔花器。作为宋代北方最大的民窑体系，磁州窑也兼烧白瓷、黑瓷、花瓷、青瓷、低温三彩等十几个品种，其制作工艺也不同于宫廷用瓷的单色釉、简洁器型和修饰，而是图案粗犷、造型豪放、使用了多种雕刻技巧，图案题材涉及吉祥花卉、叙事性人物画，有时还会伴有题字和诗句，估计和其面对的受众主要是当时社会的中产阶层相关。耀州窑被认为常使用模具来便于批量生产，以满足被更广泛的人群使用，并且很可能是模仿晚唐和五代时期更为著名的越窑瓷器。该地出产的倒流壶，设计巧妙，注水时将壶倒转从底部孔洞注入，壶内部的漏斗形导管起到瓶塞的作用（图 6-15）。[①]

图 6-15　耀州窑水壶（倒流壶），宋代，陕西历史博物馆藏

2. 元青花

元代的瓷器，继承了宋瓷的优秀传统并有新变。相比宋代的精致内敛，元代瓷器明显地体现出形大、胎厚、体重的时代特征。这一时期，景德镇作为天下瓷都的地位大致确定，13 世纪元

---

① ［美］杜朴，文以诚 . 中国艺术与文化 [M]. 张欣，译 . 北京：世界图书出版公司，2011：210.

代在这里设立了瓷业官方管理机构——浮梁瓷局，官方窑场出产了很多著名品种，其中青花成为元代陶瓷的杰出代表。

青花是以氧化钴为呈色剂，在坯底上绘画图案，上釉后入窑烧制的瓷器，始见于唐，元中后期大发展。元青花为白地蓝花或蓝地白花，应与蒙古人的色尚有关联。其品种很多，根据持有人地位和文化背景不同而呈现出较大差异，较为典型的一类产品与社会上层有关，体现出与伊斯兰文化的密切联系，花纹呈色的钴料出自西方，制作工艺或出于西域工匠，其多层装饰带环绕器身的构图方式与西亚金属器相同。这种精丽的装饰风格对元代陶瓷影响很大，很多民间作品表现出同样的追求。①

值得注意的是，元代文人地位一落千丈，很多知识分子投身于戏曲文学的创作，创造了元曲这一"中国最自然之文学"②，以其雅俗共赏深入人心，也为瓷器制作提供了设计元素。元青花善于用历史文化或故事的内容和形象来做装饰，如松竹梅"岁寒三友"，如"萧何月下追韩信""三顾茅庐""鬼谷子下山"等，都成为常见的表现题材（图6-16）。青花"故事罐"的出现，因"记录了元代戏剧表演类型和文学的重要性及画面表现的生动性而值得关注"③。同时，这种"图必有意"的做法也打开了瓷器装饰纹样取材的新天地，后来的明清瓷器，无论是五彩、粉彩还是珐琅装饰，都非常注重吸收名人绘画等元素。

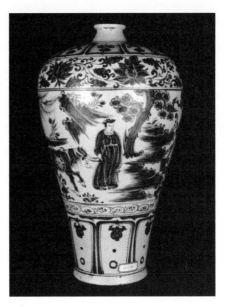

图 6-16　青花萧何月下追韩信梅瓶，元代，南京市江宁区将军山沐英墓出土，南京市博物馆藏

在技术上，元代青花、釉里红制造工艺的突破，也使得中国绘画技巧与制瓷工艺的结合更加成熟，具有浓郁中国风的釉下彩瓷发展到全新阶段，结束了元代以前瓷器的釉色以"仿玉类银"为主的局面，为明清彩瓷的大发展奠定了基础。

6.5.2　金银器

宋元时代，空前发达的手工业和日渐成熟的商品贸易，使得金银器形成了一个成熟且独立的制造、销售体系，并日渐商品化、生活化，从皇家贵族走向了酒楼菜馆和百姓人家。④ 吴自牧的《梦梁录》就记载，杭州城里不少酒楼、酒店、茶酒肆，都全桌用金银器。元代时，元世祖忽必烈曾经专门下诏，诏告金银系民间通行之物，今后听任民间从便交易。

宋代从各种酒馆饭店到民间，都大量使用银质的餐饮器皿，不少题材显示出世俗化的倾向。这时期鎏金银器出现频繁，比较多的采取通体鎏

① 尚刚. 天工开物 [M]. 北京：生活·读书·新知三联书店，2007：97.

② 王国维. 王国维学术经典集 [M]. 南昌：江西人民出版社，1996：281.

③ [美] 杜朴，文以诚. 中国艺术与文化 [M]. 张欣，译. 北京：世界图书出版公司，2011：273-274.

④ 王小文. 中国国家博物馆馆藏安徽出土窖藏元代金银酒器初探 [J]. 文物鉴定与鉴赏，2018（04）.

金，以取得单纯的色彩效果。在制作上采取了凸花、夹层等新技法，其中凸花是先锤揲成花，再焊接到器身之上；夹层是用两块银片成型，二者之间的间隔会让器物显得厚重大气，常用以模仿厚重的夏商周三代铜器。如江苏溧阳平桥宋代窖藏出土的鎏金乳钉纹银簋，造型、装饰都仿商末周初的青铜器，体现了宋代博古的风气（图6-17）。关于宋代银器还有一说：隋、唐时代手工艺人地位低下，朝廷认为"工商杂色之流"，规定"工商不得仕进"。宋代时朝廷认为"士、农、工、商，皆百姓之本业"，手工艺人身份更加自由，可以参加科举考试做官，宋徽宗时宰相李邦彦就出身于银工家庭。

图6-17　鎏金乳钉纹银簋，南宋，江苏溧阳平桥宋代窖藏出土，镇江博物馆藏

元代皇帝注重宴饮，对餐具非常讲究，除了各种精美的陶瓷制品外，金银器尤其是金银酒具受到蒙古族统治集团的喜爱。建国初期，蒙古贵族多用皮囊和罐子储酒，喝酒则用大碗，称作"蒙忽儿"。窝阔台即位后，命令金匠用金银制造象、虎、马等兽形储酒器具，并用银盆接酒，后来还用"锺"及金酒盅取代了"蒙忽儿"作为饮酒器具。忽必烈曾命人造大樽，实即"木质银裹漆瓮"，能够储酒五十石，也就是人们常说的"酒海"。马可·波罗在其游记中说这架酒海形似方柜，里边有一个储酒的精金大瓮，柜的四角还

有四个小瓮，分别盛放马乳、鹿乳等饮料。他还提到皇帝和参加酒宴的宾客使用一种金杓，功能有点像今天的分酒器，盛满酒浆后足够8至10人饮用。所谓"杓"，应该就是"匜"，金匜目前未见实物，河北保定曾出土元代宝石蓝金彩瓷匜，形状就像一把大杓。[1]

元代的江浙、湖广和云南等行省都有很高的黄金产量，最高年产量3万两左右，比宋代几乎高出一倍；全国白银产量约在25.8537万两，较北宋时期也有显著提高。[2]金银产量的增加，使金银器皿的数量和适用范围也随之扩大，在各地出土的元代墓葬壁画中可见一斑。山西屯留元墓西壁的《侍女备酒图》中，一侍女手端一副盘盏，另一侍女手持长颈壶，身后桌面上有马盂、海棠式盘，盘中放着两个酒盏等一系列酒具。

值得注意的是，宋元金银器的造型"往往是瓷器和漆器的楷模"[3]。陶瓷器追仿"高贵材质"是一贯做法，宋代因为追求复古和博雅，瓷器仿金银器固然不乏先例，但仿古青铜器造型尤为时流所重，典型如北宋汝窑仿汉代铜器的青瓷，南宋官窑和龙泉窑仿古铜器的青瓷等。元代金银器制造盛极一时，在金银器、陶瓷制作均很发达的江浙一带，繁荣的金银器制作为龙泉青瓷等的造型和装饰提供了借鉴，生产出大量极为肖似的青瓷精仿品。这种同一区域内不同手工业门类之间的"异工互效"现象，也值得我们留意。[4]

① 史为民.元代社会生活史[M].北京：中国社会科学出版社，1996：159-160.
② 王小文.中国国家博物馆馆藏安徽出土窖藏元代金银酒器初探[J].文物鉴定与鉴赏，2018（04）.
③ 尚刚.极简中国工艺美术史[M].北京：人民美术出版社，2014：95.
④ 刘净贤.元代龙泉青瓷的仿金银器元素及其成因探讨[J].文物，2017（08）.

6.5.3 刺绣

宋代书画的发达，渗透到了各种造物艺术之中，刺绣尤为显著。据《宋史·职官志》记载，宋代的刺绣针法已经达到数十种，政府专门成立绣院，绣工多达百人。宋徽宗时期，还设有"绣画"专科，专门从事依样绣制各种绘画艺术品，分为翎毛、山水、楼阁、人物、花卉等科目。此举改变了过去刺绣纯系实用工艺的传统，让"画绣"成为一种纯粹、独立的艺术欣赏品。

台北故宫博物院所藏的《秋葵蛱蝶图》就是宋代画绣艺术的杰出代表，整幅画面用平针绣成，整体颜色典雅清淡，蝴蝶富于动态美感，花朵的每个花瓣都精致细微，体现了宋人写实装饰的时代特征。对宋人以书画入刺绣的做法，明代著名画家董其昌给予高度评价，认为其"山水分远近之趣，楼阁待深邃之体，人物具瞻眺生动之情，花鸟极绰约谗唼之态"，好的画绣精美绝伦，比画作更为传神写照。

6.5.4 文房清玩

宋代文风鼎盛，促进了文房清玩的发展。南宋赵希鹄在历史上第一个将文房用器整理出书《洞天清禄集》，列出了古琴、古砚、古钟鼎彝器、怪石、砚屏、笔格、水滴、古翰墨笔迹、古画等十项内容，可见宋代文玩已门类丰富，制作讲究。元代，随着汉族风俗逐渐影响到蒙古族和其他少数民族，各种文房清玩也受到追捧。在内蒙古等地出土的元代文物中，可见瓷质笔筒、陶砚、铜镇尺和不同区域瓷窑烧制的花瓶，另外，小的人物和动物造型，也受到时人的喜爱，用于室内观赏和把玩。这些物品的发现，说明各种精致的工艺品在元代较为普遍地受到不同民族人们的喜爱，这些日常器物成为多民族文化和生活方式融合的见证。

本章小结

宋、元代结束了晚唐以来数百年的分裂与战乱，并从汉族和少数民族政权分立发展，最终再次实现了多民族国家的统一。宋代从开国初年便制定的崇文抑武的国策，催生了两宋注重文化艺术的整体氛围。朝廷对文人的礼遇，科举制度的进一步发展，催生了完善的文官制度和庞大的士大夫群体，这一群体的文化、艺术追求成为时代的风向标，影响着上至宫廷、下至百姓的生活方式和造物方向。"雅化"成为一个时代趋向。

宋代文风鼎盛，书画艺术尤其是具有写实性的"界画"高度发展，不仅催生了以《清明上河图》为代表的大量世情风俗画卷，推动了宋代地图的发展，也使得大量写实性强的花鸟、虫鱼、山水、植物、走兽、人物等运用于瓷器、刺绣等造物艺术，改变了之前虚幻缥缈、神奇莫测的装饰纹样。写实性装饰，成为宋代非常突出的造物特点。

两宋城市经济和商业、手工艺的发达，也催生了市民社会的形成，这是一个有着空前自由风气的时代，没有了宵禁，没有了行动的限制，各个社会阶层各行其是。宫廷文化不妨沿着博雅的路线高歌猛进，文人士大夫可以在雅俗之间中道而行，市井小民也乐得在俗文化的道路上自得其乐。多元化的需求，也带来了造物艺术的多元化趋向。

元代不仅终结了南宋、西夏、金等多个政权分立的格局，并在更大范围内实现了统一。虽然宋元鼎革对宋代以来的城市和商品经济有一定影响，但多民族的融合、中外交通贸易的发展也为造物文化带来新的契机。无论是织金锦，还是元青花，抑或金银器和仿金银器型的龙泉青瓷，都显见审美风气由宋代复古之风向元代精丽华贵风格的转变。

整体来看，这也是一个潜气内转的时代，文人士大夫没有了汉唐的纵酒狂歌、飞扬跋扈，却多了对生活的观照、对内心的满足、对文艺的追求，加上理学兴起后对造物实用性的倡导，使得写实、理性和简素的风气渗透到宋、元时代的造物艺术中，并以典范和精丽的造物风格深远地影响着后世。这一点，在宋、明家具的传承演变上可见一斑。

思考题

1. 宋代造物艺术雅化的趋向动因何在？

2. 士大夫阶层的审美趣味带给宋代生活方式和造物文化怎样的影响？

3. 元代造物在宋代基础上有哪些新变，又带给后世怎样的影响？

延伸阅读与参考书目

［1］徐吉军，方建新，等. 中国风俗通史·宋代卷 [M]. 上海：上海文艺出版社，2001.

［2］[美] 杜朴，文以诚. 中国艺术与文化 [M]. 张欣，译. 北京：世界图书出版公司，2011.

［3］[美] 伊沛霞. 宋徽宗 [M]. 韩华，译. 桂林：广西师范大学出版社，2018.

［4］史为民. 元代社会生活史 [M]. 北京：中国社会科学出版社，1996.

［5］[德] 迪特·库恩. 儒家统治的时代：宋的转型 [M]. 李文锋，译. 北京：中信出版社，2016.

第 7 章　集大成者：敦朴、实用的回归

明初，开国皇帝朱元璋继承了中国传统的"重本轻末"的思想观点，来自贫民阶层的他，从小对下层民众饥寒交迫的生活耳濡目染，对此有着深刻而切实的记忆。对于器物的礼法制度来说，他反对奢侈而强调节俭，有着其自身的社会生活根源。所以，洪武年间所制定的器物用度、服饰、宫室等建造制度，除体现了上下尊卑的社会等级功能之外，都以实用、敦朴作为造物原则。

明朝初期的造物，以规范等级为目标，以使用功能为主，造物用物"重质轻文"，到明代的中晚期，强调物的悦目怡心，追求衣服必须衮衣绣裳，食物必须大烹五鼎，房屋必须雕梁绣栋，出行必须乘轻驱肥，所有的造物都追求曼妙奢华。明代造物风格的演变，就是从敦厚朴实到喜爱华美，从严密的等级规范到僭越逾礼，追求美丽崇尚奢华，并形成社会的消费主流与审美观趋向。而明代造物观的转变，一是与大明天子的生活经历及帝国皇权的兴衰沉浮有关；二是与明代匠户制度的改革有关，从轮班制到以银代役制度的执行（成化二十一年），这让工匠具备了从事精美工艺品制作的精力和时间，明中晚期更是发展到了工匠以艺博名，主流文化还对此表示了认可，并且在每个造物领域，都出现了一批造物名家，名匠的社会地位得到了空前的提高；三是与明代中晚期发达的商业贸易有关，这不仅为奢侈品的消费提供了金钱方面的支柱，还为此提供了销售的途径和场所。

到了中晚期的明代社会，逐渐衰弱的政治统治和愈发腐败的政府等多种因素导致了礼制规范的失序；而越来越繁盛的商业贸易不仅为奢侈品的消费奠定了一定的经济基础，还为美丽奢华的时尚用品的生产与销售提供了贸易的销售途径和场所。反之，社会的需求促进了商业贸易的进一步发展，该时期社会生活中的普遍现象变成了僭礼越制，同时，上至皇室贵族，下至平民百姓的物质追求变成了追求华美奢侈。而财富的积累、商业的发达，造就了如徽商、晋商、闽商等大量富商巨贾，也形成了明中晚期奢侈的消费风尚，财富拥有者开始通过炫富的手段来提高自己的社会地位。这种奢侈之风从房舍、服饰、舆盖，到文房清玩，体现在社会各个阶层和各个物质生活领域之中。

7.1 明代主要造物典籍

明代有关造物技术与造物思想的传统著作，按编纂的内容类型大致可以分为两类：其一，以记载器物的制作材料、工艺、技术、规范等为主，对以往的造物技术和经验做全面、系统总结的著作，如《天工开物》《考工记》《髹饰录》等；其二，以综合性的方式记载，涉及面广，造物技术和思想只是作为这里面的一个部分，如《长物志》《闲情偶寄》。

7.1.1 《天工开物》

《天工开物》由明末清初宋应星（1587—1661）所著，记载了明朝中叶以前中国古代的各项技术。《天工开物》是世界上第一部关于农业和手工业生产的综合性著作，也有人称它为"中国17世纪的工艺百科全书"。《天工开物》系统总结了各个生产领域的知识，全书收录了农业、手工业的综合内容，其中广泛涉及机械、砖瓦、陶瓷、硫黄、烛、纸、兵器、火药、纺织、染色、制盐、采煤等领域。《天工开物》一书生动详尽地描述了各种农作物和手工业原料的种类、产地、生产技术和工艺装备，以及一些生产组织经验，作者在书中阐述了人工造物要与自然相辅相成，顺应自然规律，才能满足人的物质需要和精神需求的造物思想观念。该书反映出明代末年出现资本主义萌芽时期的生产状况，并且造物思想为重观察、重实践、重科学、重实用技术，对于后代造物的研究具有非常高的科学价值。

7.1.2 《长物志》

《长物志》由明末名士文震亨著，书中崇尚清雅与自然，借品鉴长物而标举人格，是我国造园学和艺术设计学研究中的珍贵文献。本书分为花木、水石、禽鱼、衣饰、室庐、书画、几榻、器具、舟车、位置、蔬果、香茗十二类，围绕造园的材料和陈设等展开，涉及造园的每个细节之处独具匠心，讲述了明代文人士大夫的生活状况以及明代社会的政治经济与文化，是研究明代的百科全书，也是一本造园的专业著作。

《长物志》中的《衣饰志》《几榻志》《花木志》《室庐志》《器具志》《位置志》与园林设计、服装设计、产品设计有着密切的联系，展示了明末文人生活的物质环境。该书还非常注重造物艺术的实用性，探讨"实用"的设计价值，提倡"精而便，简而裁""随方制象，各有所宜"等造物理念。文震亨说："古有断纹者，有元螺钿者，其制自然古雅……近有大理石镶者，有退光朱黑漆，中刻竹树、以粉填者，有新螺钿者，非大雅器。"指出造物艺术要追求精简、纯朴的工艺，要巧借"天工"，把工巧材美结合起来。追求简洁的造型形态并不是以舍弃功能和装饰为代价的，优良的造物艺术具有的是天然去雕饰的功能、使用符合人的习惯，充分利用材料的性质、规律，让人们在器物的使用过程中体验到工巧的美感。

书中所倡导的"尚用""古朴""雅致""精良"等造物思想对当今设计仍有着参考价值。

7.1.3 《闲情偶寄》

《闲情偶寄》由明末清初美学家、理论家、戏剧家李渔所著。书中内容涉及花卉、园林、建筑、戏曲、歌舞、饮食、服饰、器玩、颐养等，共分八个部分。其中《居室部》的"房舍""山石""制度"等篇，对园林、建筑以及日常生活器物进行了论述，认为造物设计应以实用为主，同时还符合美学的标准。书中所包含的设计审美主张，是认识和了解我国古代设计思想和美学思想的重要来源。

7.1.4 《髹饰录》

《髹饰录》是明代隆庆年间，安徽新安黄成所著的一部漆工专著，全书分乾、坤两集，《乾集》讲制造方法、原料、工具及漆工的禁忌；《坤集》讲漆器分类及各个品种的形态。这本书不仅包含了制漆工具、技法、胎骨等的古代漆工艺，还集合了前人的精湛的髹漆工艺经验，是现存最早的一部漆器工艺的专著。书中提到"巧法造化、质则人身、文象阴阳"等哲学理念，指出要善于运用大自然中丰富的原材料，遵循自然法则的制器之道，并把生物自然中的形态作为装饰的纹样展现在人们的面前。作者不提倡华而不实，他在书中提到漆器的纹饰要遵循阴阳虚实的相生，遵从取法天地的造物纲领，按照顺序与法则制作。

《髹饰录》是明代中晚期装饰风和复古风弥漫的产物，是该时期理论研究注重实证的成果，它非常典型地反映了我国古代手工造物的独到思想、天人合一的哲学观，精致尚古的审美观以及敬业、敏求的工匠精神，这对我们了解古代漆器的发展有很深远的意义。

7.1.5 《园冶》

《园冶》是明末造园家计成在江苏仪征所著的以南方园林艺术创作为主的理论专著。全书论述了宅园、别墅营建的原理和具体手法。这本书以陶渊明、庄子等独善其身、云淡风轻的人物故事作为例证，表达了当时文人有心无力，只能借

助园林寻求内心安宁的慰藉的状态。其著名思想"虽由人作，宛自天开"和"巧与因借"都是影响后世造物的重要审美观点。比如造园从相地、立基、屋宇、门窗、装折、铺地、墙垣、选石、掇山、借景等来阐释，提出了先要充分认识自然地形，然后加以巧工，使人与自然风景融为一体的见解，并在造物理论中倡导天人合一的境界。这本书反映了中国古代造园的成就，总结了造园经验，是一部研究古代园林的重要著作。不仅如此，《园冶》还为后世的园林建造提供了理论框架和可供模仿的范本。同时，《园冶》采用以"骈四俪六"为其特征的骈体文，在文学上也有成就。

7.2 明代服饰与生活方式

7.2.1 明代的纺织业

明初因长期战乱，民多逃亡，城野空虚。明太祖朱元璋为了巩固政权，采取了一系列发展经济，缓和阶级矛盾的开明措施，如奖励垦荒、减轻赋税、推广棉麻种植等。据余继登《典故纪闻》（卷一）载："太祖时，曾下令，凡农民田五亩至十亩者，栽桑麻木绵各半亩。十亩以上倍之，其田多者率以是为差。有司亲临督劝，惰不如令者有罚。不种桑，使出绢一匹，不种麻及木绵，出麻布、绵布各一匹。"

该措施提高了社会生产力，扩大了市场，工商业人口也不断增加，从而促进了工业城市的不断形成，行业分工更加明显。以纺织业为例，当时国内出现了北京、南京、苏州、杭州、福州、嘉兴、松江等专业生产地。

明朝官府对丝织品很重视，设专门机构管理纺织业——都水清吏司。在清吏司下设有织染所，织染所有大使、副使，经营织染事业。为了满足皇帝及皇室贵族衣着的豪奢需求，内府监局在皇城之内还设立了许多庞大的工场。另外在南京设织染局，专门织造进宫各色绢布。南京的司礼监礼帛堂，专门织造祭祀用的神帛工场。金华织染局，专门织造亲王们的乐舞生、乐工衣服冠袍。

明代丝织品种类繁多，并出现许多新型的织纹花样，最盛行的是多彩纬线织花的妆花。妆花织法复杂，花纹精美，色彩富丽，是明代丝织工艺高度发展的代表作。明代的织金是从元代纳石失（又称织金锦，是波斯语 "Nasich" 的译音）发展而来的。此时织物加金已不仅限于锦，而且还出现了金线绒、织金妆花缎、织金妆花绢、织金妆花罗、织金妆花丝布等，相比元代时水平提高很多（图7-1）。

图7-1　绵羊太子织锦，明代

明代植棉遍及全国，棉纺织业也迅速发展起来。松江是棉织业的中心，此外，福建也盛产棉布，据《惠安县志·风俗》载，惠安"滨海业海，亦不废农业，自青山以往，又出细布……几遍天下"。《泉州府志》卷三载，泉州"府下七县，俱产棉布……多出于山畸地方"。可见江南一带、东南沿海到处都能纺纱织布。

明代棉纺织工具也大有改进，时人发明了四足木棉纺车轧花，较元代缲车生产效率提高三四倍。再加上松江府乌泥泾人黄道婆所传的棉织提花法，使提花织布的技艺得以改进，织出各色奇巧的花布。皇室御用衣袍，可以做到模仿绫绢的提花质感，富于新样式，衣袍上有龙凤、斗牛、麒麟、云花、斜纹、象眼等新式图案，纺织技巧已达到了很高的水平。

明代中后期官民男女服饰的质料与纹样也出现了很多种类。明代范濂在《云间据目钞》中这样说道："绫绢花样，初尚宋锦，后尚唐汉锦、晋锦。今皆用千钟粟、倭锦、芙蓉锦、大花锦，名四朵头，视汉唐诸锦，皆称厌物矣。罗，初尚暖罗、水围罗，今皆用湖罗、马尾罗、绮罗，而水围罗又下品矣。其他纱绸更易，不可胜记。"

明代的丝棉织品种类多姿多彩，品质高，满足了统治者对服饰材质的要求。帝王大臣穿的特种蟒服，官吏按品级穿的补服，以及贵妇人的云肩、霞帔，多是专工织绣，颜色华丽。这些服物以龙凤云水花草及各种鸟兽为主，构图设计十分复杂，充分表现出明代织工的高超技艺。夏季用的薄质纱罗，提花起绒更费工夫，很多部分还得加片金和拈金纺织。贵妇的衣裙刺绣，则多用金彩衣线平铺纱地上衲成，名叫"洒线绣"，费工很大。这类精工织造的丝织品，价格昂贵，广大劳动人民自然不能穿着，只能穿价廉质劣的粗麻布。明中期，还出现一种丝经棉纬的工艺，因经线用十分细的丝线，纬线则用极粗的棉线织就，这种布的图案为四合如意云纹，所以叫"丝布"或"云布"（图 7-2）。

图 7-2　云锦八宝龙纹，明代

查阅明代服饰资料可知，明代织物的纹饰有以下特征，①纹样种类繁多，主要有祥云纹、如意纹、龙凤纹和百花百兽等各种纹样。②人们将几种具有美好寓意或吉祥谐音的图案组合在一起，形成一种整体和谐的适合纹样，给予美好寓意和抒发情感。常见的有"福从天来""岁寒三友""富贵万年""丹凤朝阳""青鸾献寿""宜男多子""八吉祥"等。③明代服饰纹饰的使用，明早期有"服舍违式"禁例与严格的使用规范，中后期则出现僭礼行为。

7.2.2　明代衣冠服饰制

明初，太祖朱元璋建国初始就下令"复衣冠如唐制"，以恢复汉代礼制，重建明代社会制度。朱元璋依据汉人的习俗，上承周汉，下取唐宋，对全国官民百姓衣冠服饰的形制、质地、颜色、发式等都做了严格要求和规定。这套制度先后用了约三十年的时间完成。

在等级观念的指导下，洪武三年（1370 年）便初步制定出一套冠服制度，其内容包括皇帝冕服、常服，后妃礼服、常服，文武官员常服及士

庶巾服等。洪武十四年（1381 年），又下特诏，对农商衣着质料作了规定："农衣绸纱、绢、布。商贾止衣绢、布。农家有一人为商贾者，亦不得衣绸纱。"（《明史·舆服志》）这种规定从政治上说是遵循两汉以来"重农抑商"的政策，说明明代农民地位是高于商贾的。但事实上，绝大多数农民是穿不起那种价格昂贵的绸、纱、绢的，他们只能着麻棉布衣，有的穷苦至极，甚至衣不蔽体。而商人寄食于大都会和州县集镇上，实际生活水平都比较高，远比农民富裕，有条件穿得好些。虽然法令对他们的衣着质料有所限制，但是富商巨贾，照样是绫罗绸缎，满身细软。

洪武二十六年（1393 年），明太祖又对原定的冠服制度作了一次大规模的调整。从史志记载看，这次更改的范围比较广，明代的主要衣冠服饰制度都是在这次改革后确定下来的。这之后该制度在整个明代不曾有过大的变易，最多只在冠服的颜色和禁例诸方面作了某些补充规定或具体说明。例如，不许官民等服用蟒龙、飞鱼、斗牛图案，不许用玄色、黄色和紫色，不许私穿紫花罩甲等。[①] 万历神宗以后，以上服饰禁令有所松弛，服饰色彩与形式出现僭越行为。

1. 男子冠服制

冠帽：明代男子的首服，主要有乌纱帽、网巾、四方平定巾、纯阳巾、儒巾及六合一统帽、遮阳帽等形制。

乌纱帽：用乌纱制作的圆顶帽，是明代百官的常用冠帽。乌纱帽与"官"结缘始于明代，后人常把它作为官的象征，如被罢了官，便说成"丢了乌纱帽"。乌纱帽的形制与晚唐五代的幞头略同。王圻《续文献通考》云："洪武三年定，

---

① 孙素娟. 明代服饰词语研究 [D]. 苏州大学，2010.

凡常朝视事，以乌纱帽、团领衫、束带为公服。"乌纱帽两边展角，角长一尺二寸（图7-3）。皇帝常服，戴乌纱折上巾，其式样与乌纱帽略同，只是将左右两角折曲向上，竖于纱帽之后。这种冠帽的形制，在南薰殿旧藏的明代帝王像中（图7-4），都有具体反映。北京定陵出土的皇帝金冠也是这种形式。

图7-3 乌纱帽

图7-4 乌纱折上帽

梁冠：洪武二十六年（公元1393年）规定，百官凡参加大祀、庆成、正旦、冬至、圣节及颁诏、开读、进表、传制，均戴梁冠。[①]梁冠的品差，据《明史·舆服志》载："一品至九品，以冠上梁数为差。公冠八梁，加笼巾貂蝉，立笔五折，四柱，香草五段，前后玉蝉。侯七梁，笼巾貂蝉，立笔四折，四柱，香草四段，前后金蝉。伯七梁，笼巾貂蝉，立笔二折，四柱，香草二段，前后玳瑁蝉。俱插雉尾。驸马与侯同，不用

① 孙素娟. 明代服饰词语研究 [D]. 苏州大学，2010.

雉尾。一品，冠七梁，不用笼巾貂蝉……二品，六梁……三品，五梁……四品（图7-5），四梁……五品，三梁……六品、七品，二梁……八品、九品，一梁。"

图7-5 五梁冠，明代，孔府旧藏

金冠：金冠不是日常服着的冠帽，严格地说，是最高统治者享用的一种贵重工艺品。明代镶嵌细金工艺特别发达，尤其是首饰冠帽，镶金银技术已达到很高水平。明后期，除皇帝外，官僚用金冠也不少。金冠的冠身有如盔帽的形状，有的用细金编织而成，有的用金箔制造。外部的装饰，有的做成多层的莲瓣形，有的做成如意形，并在各层上满刻花纹，或者镶嵌宝石，左右可穿簪，尺寸都不太大，一般直径在十厘米左右（图7-6）。

四方平定巾：因巾子四角方整，又称方巾，一般用黑色纱罗制成。沈文《初政记》记载："洪武三年二月，命制四方平定巾，颁行天下。以四民所服四带巾未尽善，复制此，令士人吏民服之"。取"四方平定"之意，寓意"天下平定"（图7-7）。

这种巾帽多为官员和读书人所戴，平民百姓很少戴。到了明末，随着服装制度的演变，这种巾帽的形式也有很大的变化。清叶梦珠《阅世

图 7-6　乌纱翼善冠，明神宗

这顶万历皇帝随葬的金冠为翼善冠形式，通高 24 厘米，出土时放在他头侧的一个圆形盒子里。此冠用细竹丝编成六角形，绸络状纹作胎，髹黑漆，内衬红素绢，再以双层黑纱敷面，上面还装饰了两条金龙，作戏珠的姿态，造型非常生动活泼。金冠的重量很轻，但气势十足，制作精致，反映了明代手艺工人的高超技术和出色的艺术成就

图 7-7　四方平定巾，明代

穿道袍，戴平定四方巾，足穿云头履

编》卷八云："其便服，自职官大僚而下至于生员，俱戴四角方巾……其后巾式时改，或高或低，或方或扁，或仿晋唐，或从时制，总非士林莫敢服矣。"

六合一统帽：俗称瓜皮帽，用六片罗帛拼成，六合者，是以天地四方会合，寓意全国一统。其中"六合"为"天、地、东、西、南、北"。明陆深《豫章漫钞》记载："今人所戴小帽，以六瓣合缝，下缀以檐如筒。阎宪副闳谓予言：'亦太祖所制，若曰六合一统云尔。'"可见，明代六合帽富有深邃的政治与文化象征意义。

六合帽一般由普通男子搭配直裰或道袍穿着。小帽、青衣是明代仆役及普通百姓的正式装束。[1] 宦官、小商贩及市民平时多戴这种帽子。关于六合统一帽上的饰物，洪武六年（1373 年）有禁令："令庶人巾环不得用金玉、玛瑙、珊瑚、琥珀。未入流品者同。庶人帽，不得用顶，帽珠止许水晶、香木。"[2]（图 7-8）

图 7-8　六合统一帽，明代

网巾：是一种系束发髻的网罩，多以黑色细绳、马尾、棕丝编织而成。网巾除了用于约发以外，还是男子成年的标志。顾炎武在《日知录》卷二八引《内丘县志》云："万历初，童子发长犹总角，年二十余始戴网。天启间，则十五六便戴网，不使有总角之仪矣。"这种网巾一般是衬在冠帽之内，也可以直接露在外面。网巾的产生大约在洪武初年，其缘起，据说是与明太祖有关。

从明代的小说、木刻画、宫廷绘画等史料中，可以见到更加多样化的巾子，如唐巾、东坡巾、山谷巾、万字巾、折角巾、凌云巾等，有的是对前朝的继承与翻新，但明代新创的更多，如四方平定巾、儒巾、飘飘巾、老人巾、缣巾、阳明巾、金钱巾等。据说，同一款式的巾帽，在不同时期也不尽相同。如四方平定巾，洪武时高矮大小适中，其后，巾式时改，或高或低，或方或

① 崔荣荣，牛犁.明代以来汉族民间服饰变革与社会变迁（1836—1949 年）[M].武汉：武汉理工大学出版社，2016：33.

② 沈从文.中国古代服饰研究[M].上海：上海书店出版社，2011：550.

扁或仿晋唐，或从时制，到明末则变得十分高大，故民间有"头顶一个书橱"的形容。花样繁多、因时而异的明代帽巾，反映了明人在造物艺术方面的创造力十分活跃，从而也反映出明代服饰的宏富大气、不拘一格的时代风貌。

2. 衣着

皇帝常服

明代皇帝的常服，用黄色绫罗制成袍服，上绣龙纹、翟纹及十二章纹。在历代的龙纹袍服中，龙纹图案都有所变化，明代龙纹颇具时代特征。

明代皇帝身上的龙袍，按规制，在不同部位绣上不同形状的龙纹。如《明史·舆服志》云："永乐三年更定，冠以乌纱冒之，折角向上，其后名翼善冠。袍黄，盘领，窄袖，前后及两肩各织金盘龙一。"后妃和皇太子身上的龙纹也各有规制，后妃多绣云龙，皇太子多绣盘龙。

龙袍在明代并非只有皇帝穿，也出现过被皇帝赐龙袍的事，明崇祯三年，皇帝因女将军秦良玉收复永平、遵化等四城有功，感动之余，御赐官服两件，一件是蓝缎平金绣蟒袍，一件是平金绣蟒凤衫。袍式为立领、右衽，系蓝色缎地，除蟒纹外，还绣金彩云龙和立水纹（图7-9）。

职官朝服：明代男子的服装恢复了传统的特色，以袍衫为尚。职官朝服依然承袭古制用冠冕衣裳。文武官员凡遇大祀、庆成、冬至等重要礼节，不论职位高低，都要戴梁冠，穿赤罗衣裳（图7-10）。官员的品位以颜色、冠上的梁数、所持的笏板以及所佩的绶带作区分。

洪武二十六年定制的文武官员公服标准为：盘领右衽袍，用纻丝或纱罗绢制成，袖宽三尺。袍服的颜色和纹样，因品级的高低而异。一品至四品，绯袍；五品至七品，青袍；八品至九品，绿袍；未入流的杂职官，绿袍。公服上所绣的花纹：一品，大独科花，径五寸；二品，小独科花，径三寸；三品，散答花，无枝叶，径二寸；四品、五品，小杂花纹，径一寸五分；六品、七品，小杂花，径一寸；八品以下无纹。这种服饰，加上展翅梁冠、绶带、笏板，便成一套威仪庄重的官装。百官参加重大朝会都得各依规定服饰穿着。

图7-9 蓝罗盘金绣蟒袍，明代，山东博物馆藏

图7-10 赤罗朝服，明代，衣长118厘米，袖长93厘米，袖宽73厘米，裳长89厘米，山东博物馆藏

明代百官的官服中最高等级的是朝服，只有在最隆重的场合才可穿用，制式是上衣下裳：衣为交领右衽，裳为一围裙；衣、裳都以轻薄鲜艳的赤罗衣料制成，领、襟、袖、摆边缘以四寸宽的青罗边（图 7-11）。

图 7-11 白罗中单，明代，身长 118 厘米，腰宽 65 厘米，袖长 93 厘米，袖宽 69 厘米

官员常服：官员平日在本署衙门办理公务则穿常服。常服的规制是：头戴乌纱帽，身穿团领衫，腰际束带。洪武二十三年（1390 年）制定文武官员常服的长度：文官，白领至裔，去地一

寸，袖长过手，复回至肘，公、侯、驸马与文官同。武官去地五寸，袖长过手七寸。洪武二十四年（1391 年）再制定品官补子纹样，又规定品官常服的衣料，只能用杂色纻丝、绫罗、采绣。官吏衣服及帐幔，不许用玄、黄、紫三色，也不许织绣龙凤纹样，如有违犯禁令者，罪及染织工人。

以《明史·舆服志》及《明会要》卷二十四《舆服下》的记载，可将明代百官衣冠服饰制度整理成简表如下（表 7-1）。

据《明宫史》记载，明代宫中规矩，官僚穿衣必按四时节令，绫罗纻丝，替换有一定的时间要求。正月宫眷内臣必穿葫芦景补子及蟒衣；自岁暮正旦，"成头戴闹娥，或草虫蝴蝶"（象征迎春）；十五日上元元宵，皆穿灯景补子衣（又《明史》称三月清明穿千秋补子）。五月穿五毒艾虎补子蟒衣，七月七日穿鹊桥补子（又《明史》称八月中秋穿天仙，玉兔补子）。九月重阳，穿

表 7-1 明代百官衣冠服饰制度

品级	朝冠	带	绶	笏	公服颜色	补子绣纹	
						文官	武官
一品	七梁	玉	云凤，四色	象牙	绯袍	仙鹤	狮子
二品	六梁	犀	同一品	象牙	绯袍	锦鸡	狮子
三品	五梁	金花	云钑鹤	象牙	绯袍	孔雀	虎豹
四品	四梁	素花	同三品	象牙	绯袍	云雁	虎豹
五品	三梁	银钑花	盘雕	象牙	青袍	白鹇	熊罴
六品	二梁	素银	练鹊，三色	槐木	青袍	鹭鸶	彪
七品	二梁	素银	同六品	槐木	青袍	鸂鶒	彪
八品	一梁	乌角	鸂、鶒，二色	槐木	绿袍	黄鹂	犀牛
九品	一梁	乌角	同八品	槐木	绿袍	鹌鹑	海马
未入流	/	/	/	/	与八品以下同	练鹊	/

（注：所谓未入流，是指那些不能列入九品以内的官员，诸如典史、驿丞之类。）

菊花补子蟒衣。十一月穿阳生补子蟒衣。

士人服饰：明代士人服饰也称为直裰，也作"直掇"（图7-12），交领大袖，衣长过膝，无摆，领有边缘，两侧开衩。直裰早在宋代已经出现，一般以素布为之，对襟大袖，衣缘四周镶有黑边，最初多用作僧人和道士之服。如宋朝人赵彦卫《云麓漫钞》谓："古之中衣，即今僧寺行者直掇。"

明代直裰形制较宋时有所变化，除僧道使用外，举人、贡生、监生等儒士生员亦服用之。明初，朱元璋规定了僧道及士人服饰的质料及尺寸，如"生员衫，用玉色布绢为之，宽袖皂缘，皂条软巾垂带。凡举人监者，不变所服。"到明中期直裰的质料已出现僭越现象。

图7-12 直裰，明代

杂役服饰：明代在衙门供职的皂隶杂役冠服于洪武三年（1370年）规定：头戴圆顶巾，其形制，前高后低，左右各垂一束黑色流苏，也有插一根鸟羽作为装饰的。巾以黑色布帛制成，俗称皂隶巾。身着盘领衫，初期都用黑色。洪武四年（1371年）定："皂隶公使人，皂盘领衫，平顶巾，白褡褴，带锡牌。"十四年（1381年）改皂衣为淡青，脚穿皮札鞜。二十五年（1392年）定："皂隶伴当，不许着靴，止用皮札鞜。"

在皇室宫殿当差的侍者，还有佩抹布的制度。抹布是一种以素绫或纻丝制成的方巾，凡在暖殿、御药房管柜子或在御司房管库、管弓箭的执事，经过特许，均得佩挂。地位更低的捕快，则头戴平顶帽，身穿淡青衣，外罩一件红布背甲，腰扎青丝束带。

平民男子衣着：明代的服饰上采周汉，下取唐宋，集历代华夏服饰之大成，崇古而不泥古，长于创新流变。故形制之繁杂、纹彩之斑斓，质料之多样，裁制之精巧都大大超过了以往各代明代男子的日常服饰。明代庶民男子的日常服饰，洪武年间规定："戴四方平定巾，杂色盘领衣，穿皮扎"。但在结婚之时，法令规定允许借九品服。男女衣服一律不得私用金绣、锦绮、纻丝、绫罗，只许用绸、绢、素纱。市井富民有时也着纱绸绫罗，但颜色只用青、黑两色，不敢标新立异，只是在领上用白绫或白绢护之，以示区别于皂隶，巾环不得用金玉、玛瑙、珊瑚、琥珀。帽不得用顶，帽珠只许用水晶、香木。洪武二十三年（1390年）定："耆民衣制，袖长过手，复回不及肘三寸；庶人衣长去地五寸，袖长过手六寸，袖桩广一尺"。但从实际情况看，这些规定并不能实行，平民百姓的服饰，都是因一时的好尚而随意变化，时而上长下短，时而下长上短。顾炎武《日知录》卷二八引《太康县志》云："国初时，衣衫褶前七后八。弘治间，上长下短，褶多。正德初，上短，下长三分之一，士夫多中停。冠则平顶高尺余，士夫不减八九寸。嘉靖初，服上长下短似弘治时。市井少年帽尖长，俗云边鼓帽。"

至洪武末年，民间服饰已悄悄地"巧制新样"，此后男装便日渐丰富起来。查诸史籍，明代二百多年间，男子服式变化繁多。其中流行最为普遍的有十几种，如直缀、罩甲、衫、褡护、裤褶、程子衣、裤、褂、裙、衫等。

这些服饰的款式、色彩、面料都随着社会风俗的变迁而多有变异。如直缀，明初，庶民大多遵守政府规定穿青布直身，但后来，许多人都不是用布，而是用绢、绸等华丽面料来裁制，颜色也由单的青色转而出现了沉香色、元色、酱色、玉色、淡蓝等，款式变得愈来愈长，尤其是衣袖非常肥阔。以至于民间谚语这样形容："绵绸直缀盖在脚面上""二可怪，两只衣袖象布袋。"

罩甲，本是骑马仪卫穿用的黄色短衫，正德以后衣身变长，不仅诸军步卒服用，市井小民也仿其制，用素花棉布裁制者颇多，富贵人家或以绸缎为之，下摆还常加饰丝穗，遂使罩甲成为广为流行的"时世妆"。

3. 鞋履

明代官员脚下穿靴，或穿云头履（俗称朝鞋）。儒士生员多穿元包双脸鞋。庶民百姓不许穿靴，只许穿睛鞂，也可穿札翁。江南农民则穿蒲草鞋。只有北方苦寒地带许穿牛皮直缝靴。但到明代末年，这些规定又不能实行了。

明代妇女沿袭前代旧俗，大多崇尚缠足。她们所穿的鞋，称为"弓鞋"。这种鞋以樟木作高底。如果是木放在外面的，称为外高底，又有杏叶、莲子、荷花等名称；如果是木放在里边的，一般称为里高底。这种鞋至清末民国初还有人穿着。清刘銮《五石瓠》云："士大夫历官南北者，归而变其内，竞习弓鞋。"老年妇女则多穿平底鞋，名叫"底而香"。

4. 女子冠服

凤冠：明代贵族妇女参加大典礼时必戴凤冠。凤冠是一种用金丝网为胎，上点缀凤凰，并挂有珠宝流苏的礼冠。明代凤冠有两种形制，一种是后妃所服，冠上除缀有凤凰外，还有龙、翠等装饰。另一种是命妇所戴的彩冠，上面不缀龙凤，仅缀珠翟、花钗，但习惯上也称之为凤冠。明代的凤冠，依法令规定，要受封妇女才能服着。但到了明末，一切制度都混乱了，富家妇女也都凭其所好而随意服用了。

发式：明代妇女的发式虽不及宋代多样，但也有本朝的许多特色。据史志记载，明初女髻变化不大，基本还是宋元时的式样。嘉靖以后，变化较多，妇女将发髻梳成扁圆形状，并在发髻的顶部饰以宝石制成的花朵，时称"桃心髻"。以后又将头髻梳高，以金银丝挽结，远远望去，如男子头戴纱帽，头上也有珠翠点缀。如顾炎武在《日知录》中谈到，嘉靖时妇女"髻高如官帽，皆铁丝胎，高六七寸"。嘉靖以后，发型名目越来越多，式样也由扁圆趋于长圆，有桃尖顶髻、鹅胆心髻诸名称。也有模仿汉代坠马髻的，梳时将发朝上卷起，挽成一个大髻，垂于脑后，这种髻式屡见于明代画家的仕女图中（图 7-13）。

图 7-13　明代妇女服装与头饰

发饰：明代妇女发髻上的装饰，见于史籍的有花簪、二龙戏珠金簪、金玉梅花、金绞丝灯笼簪、西番莲梢髻、犀玉大簪、点翠卷荷、珠翠鬓边花以及金累丝镶嵌青红宝石珍珠长春花头面等。云南呈贡王家营出土的金花簪，系一朵盛开的牡丹，花瓣与叶都是用薄金片制成，花心部位镶有一枚红宝石（图7-14）。江西南城出土的金鬓花，正面是一朵飘曳的云彩，云朵中镶着红、绿宝石。

图7-14　镶宝石金花簪，明代，高11.5厘米，底径11厘米，重320克，1963年，云南呈贡王家营沐氏家族墓出土，南京博物院藏

明代妇女的发饰还有一种金银簪钗。这类首饰中最有代表性的就是凤钗。凤钗始用于何时难以确定，现在仅就出土的实物考察，明代以累丝为特点的凤钗（图7-15）制作工艺已经达到相当高的水平了。这种凤钗，先后在北京西郊董四墓村、兰州西郊上西园和江西南城等地都有出土，而且都是宫廷所造，有的印有纪年。凤的形状大同小异。

图7-15　凤形金簪，明永乐二十二年，长22.5厘米，重70克，明益端王墓出土，江西省博物馆藏

凤簪除凤头用金片成形，全身采用累丝制成，金凤脚踏朵云，昂首挺胸，尾羽向上翻卷。簪脚上分别錾刻"银作局永乐贰十贰拾月内成造玖色金贰两外焊贰分"二十字。

明代的年轻汉族妇女还有戴头箍的风尚。头箍是从原来的包头发展而来的。它最初以棕丝做成，结成网状，罩住头发。罩的人渐多以后，又出现了纱头箍和熟罗头箍。头箍的形式，初期尚阔，后来又流行窄小，即使在大热天，仍然有人戴这种头箍。这种头箍的作用，已不限于束发，而变成了一种装饰。头箍发展到最后，便只留下一条窄边，系扎在眉额之上。

从考古资料来看，笄、簪、钗等为头饰在不同民族甚为普遍。明嘉靖《贵州图经》卷一一记："东苗之夷"是"妇人盘髻，贯以长簪。"《南海百咏》亦云，南方俚僚"好铸铜……子首饰，尽戴银钗，取钗击鼓。"湖南怀化通道侗族姑娘常将长辫挽两个发髻，插上长约五六寸的银响。镇宁县玉京一带的布依族姑娘，婚前发髻插长簪，结婚生育后即取下长簪，发髻末端改戴银碗。明末清初壮族老年妇女喜欢在发髻插上一根银制的簪子，一为美观；二为固定发髻。同时，笄、簪、钗等首饰物还成为婚否、成年的象征，有更加丰富的社会文化意义。

5. 妇女服装

明代妇女的服装，主要有衫、袄、霞帔、褙子、比甲及裙子等。衣服的基本式样，大多仿肩唐宋，一般都为右衽，恢复了汉族的习惯。

皇后常服，洪武四年（1371年）定：真红大衫霞帔、红罗长裙、红褙子，衣用织金龙凤纹，加绣饰。皇妃、皇嫔，着真红大袖衣、霞帔、红罗裙、褙子，衣用织金及绣凤纹，不用云龙纹。

命妇的服装，依其品级不同，各有严格的规定。一般分为礼服与常服两部分。礼服是命妇朝见皇后，礼见舅姑、丈夫及参加祭祀时的服饰，包括凤冠、霞帔、大袖衫及褙子几个部分。命妇礼服、常服所用的霞帔，颜色一般有规定。普通妇女的礼服，最初只能穿紫色粗布，不许用金绣。袍衫只能用紫、绿、桃红等浅淡颜色，不许用大红、鸦青及黄色。

褙子到明代已被广泛使用。它的基本形式大体和宋代相同，一般有两种式样：一种是合领、对襟、大袖，为贵族妇女的礼服；另一种，直领、对襟、小袖，为普通妇女的便服。此外，又有一种，其形制有如比甲。比甲是一种无袖无领的对襟马甲，其式样较后来的马甲为长。据说创制于元代，最初是皇帝的服饰，后来逐渐普及到民间，变成一般妇女的服饰。资料显示，元代妇女穿比甲的不太多，直到明代中叶，才形成一种风气，为大多数青年妇女的时髦穿着。

明代妇女的裙装因其世代盛行、常变常新而被誉为"月季花"，服饰风尚的变化往往首先从女裙开始。明代的女裙姿彩纷呈、出奇更新，近三百年中究竟有多少种式样实在难以计数。仅就大体而言，从质料上分有绫裙、绵裙、罗裙、绢裙、绸裙、丝裙、纱裙、布裙、麻裙、葛裙等；从工艺上分有画裙、插绣裙、堆纱裙、蹙金裙、细褶裙、合欢裙、凤尾裙等；从色泽上分有茜裙、郁金裙、绿裙、桃裙、紫裙、间色裙、月华裙、青裙、蓝裙、素白裙等，除了诏令严禁的明黄鸦青和朱红外，裙色尽可随意。

明代女裙的颜色，初尚浅淡，虽有纹饰，但并不明显。至崇祯初年，裙子多用素白，即使施绣，也仅在裙幅下边一、二寸地方，绣以花边，作为压脚。上衣的长短与裙的比例变化无定，也

没有一定的规则。妇女裙褶、裙幅的多少，也是变化无定的。裙幅初用六幅，这是遵循古仪，即所谓"裙拖六幅湘江水"。到了明代末年，裙幅始用八幅，腰间细褶数十。裙上的纹样，也更讲究。据说有一种浅色画裙，名叫月华裙，裙幅共有十幅，腰间每褶各用一色，轻描淡绘，色极清雅，风动色如月华，因此得名。此外，还有用绸缎剪成大小规则的条子，每条绣以花鸟图纹，另在两边镶以金线，称凤尾裙；又有一种，以整缎折以细道，称为"百褶裙"。

明代妇女非常注重裙子的长短宽窄以及与上衣的搭配，追求时尚，讲究美观，其千变万化令人目不暇接。弘治年间流行上短下长，衣衫仅掩裙腰，富者用罗缎纱绢，两袖布满金绣，裙则用金彩膝，长垂至足；正德年间，上衣渐大，裙褶渐多；嘉靖初衣衫已长至膝下，去地仅五寸，袖阔四尺余，仅露裙二、三寸。同时还流行插绣、堆纱和画裙；万历末年又流行大红地绣绿花裙；至崇祯时，裙色转而趋向淡雅，专用素白纱绢裁制，只在下摆一、二寸处刺绣精致花边作压脚；崇祯末年又流行细褶长裙，追求一种动如水纹的韵致。万历时期的顾起元曾经这样描述南京妇女的装扮："留都妇女衣饰，在三十年前犹十年一变。迩年以来，不及二、三岁，而首髻之大小高低，衣袂之宽狭修短，花钿之样式，渲染之颜色，鬓发之饰，履綦之工，无不变易"。这说明江南城镇妇女衣饰的流行周期很短，乃至"二、三年一变"，这种现象在以因循守旧为特征的封建社会里是极为罕见的，可见明代民间服饰的生命力之旺盛。

明朝十分重视整顿和恢复服饰制度。在洪武元年重新规定了服饰制度。明代的服饰面貌仪态端庄、气度宏美，成为中国近世纪服饰艺术的

典范，因此，明朝的服饰形制之繁杂，纹彩之斑斓，质料之多样，裁制之精巧都超过了以往各代，明朝成为中国历代服饰登峰造极之黄金期。

7.3 明代建筑与生活方式

7.3.1 叠山理水：明代园林建筑

明代中期，农业经济逐渐恢复，商品经济的萌芽以及手工业部门出现的社会分工为园林的发展提供了物质基础。明代园林设计不仅继承了园林传统的"水景"特色，还在其基础上进一步发展了"叠石"，使有限变无限，在园林空间内营造出险峰、山洞，创造出层峦叠翠的景象，具有"洞天福地"一般的境界。这时诞生了我国古代最早、最为完整的园林艺术理论专著《园冶》，是明代计成所著，这本书总结了历代造物艺术，对中国古代园林艺术的发展起到了重要作用。

叠山理水的园林建造原则一般包括：选址、借景、造意。

1. 选址

选址是建造园林的第一步，也最为重要，选址的好坏直接影响到园林建造的成功或失败。《兴造论》中提出"故凡造作，必先相地立基，然后定其间进，量其广狭，随曲合方，是在主者，能妙于得体合宜，未可拘率。"根据计成的园林建造理论，园林建造首先要观察地势、确定地基，园林设计者更要发挥在整个园林建造过程中的关键作用。在中国传统文化中，无论是房屋、还是园林的建筑选址，在规划的时候十分注重"风水"，甚至进行占卜，都体现了对选址的重视。

2. 借景

借景顾名思义，借他景为自己所用，即利用了园林内外的自然空间形态来组织园林内部的元素的组合关系，这种匠心独运的建造原则充分挖掘了原本的自然条件，不仅可以对自然环境进行最大程度的保留，而且能减少人工努力，使人文意境和自然景致达到最大的融合。让游园人在"有限"之中体验着"无限"，使园林空间的"有限性"与宇宙天地的"无限性"发生联动。陈植在《园冶注释》中说："借者：园虽别内外，得景则无拘远近，晴峦耸秀，绀宇凌空；极目所至，俗则屏之，嘉则收之，不分町疃，尽为烟景。"[①]

3. 造意

造意是园林建筑的"生命"，作为园林造物艺术，造意是设计者追求"虽由人作，宛自天开"的造物境界，是"天人合一"思想在明代园林建筑中人文精神的"物化"。园林意境的塑造离不开"假山"与"水"。《园冶》中论述了园林叠山的创作原则："岩、峦、洞、穴之莫穷，涧、壑、坡、矶之俨是；信足疑无别境，举头自有深情……深意画图，余情丘壑；未山先麓，自然地势之嶙嶒；构土成冈，不在石形之巧拙……有真为假，作假成真。"假山虽为假山，但并非真的假山，而是人为建造的真山、真水，要使人有"咫尺山林"的境界，因此，假山必然要依山体而建。假山虽为假山，但实际上它包含了自然之山的精神，假的山水中有真的境界，这就是中国古人的造物境界。这种造物的境界得益于造园艺术家胸中的意象与想象，同时再配以他们出神入化的造园技艺，使艺术家胸中万物通过人工的方

---

① 陈植. 园冶注释 [M]. 北京：中国建筑工业出版社，2004：47.

式呈现出来，假山非假山，赋予了自然之山的形态和意蕴，同时也体现了艺术家胸中的丘壑，使人有浑然天成之感。对水体进行改造也是造园者一大创造，为了增加水体本身的层次感，艺术家将水体进行空间上的分割，水体丰富的层次增强了审美感受和审美遐思，使人在审美体验中产生无尽思绪。郭熙在《林泉高致》中说："水欲远，尽出之则不远，掩映断其脉，则远矣"[①]，园林中的水在亭、台、楼、阁等建筑以及花、草、树等植物的映照下，有尽之水生生不息，与景融为一体，水流不尽、无尽之景、生命不息。

7.3.2　明代建筑形制文化

明初的洪武年间，为"辨上下，定民志"，对于亲王宫殿、公主府第、官民房屋在形制、尺度、结构、用材、装饰纹饰、色彩等各个方面都做了身份等级的严格规定。据《明会典》记载：王城要"王宫门地高三尺二寸五分"，"正门、前后殿、四门、城楼饰以青绿点金"，"正门以红漆、金涂、铜钉"。后来又规定，"亲王宫殿门庑及城门楼，皆覆以青色琉璃瓦"。甚至连门的名称也有具体标准："四城门：南曰端礼，北曰广智，东曰体仁，西曰遵义。"[②]

明初对于官民房屋的等级规范，体现在三个方面：一是对于"百官第宅"，禁止使用与皇权相关的"古帝后、圣贤人物及日月、龙凤、麒麟、犀象之形"，[③]以保持皇权的神圣性；二是官员任期满后，其宅第形制可与在任时同；三是房

屋等级的子孙继承制，子孙可以居住于已去世的祖父、父亲的宅第内。[④]在洪武二十六年（1393年）做了更为详细的规定，对于一品到五品官员房舍的规模分别作出规定：一品与二品官，厅堂五间，九架；三品至五品，厅堂五间，七架；此外，对于房屋结构、屋脊用瓦、装饰色彩又都有具体规定；平民住宅不超过三间，五架，不准使用斗拱，不准用彩色装饰。[⑤]色彩以黄为最尊，其下依次为：赤、绿、青、蓝、黑、灰。宫殿用金、黄、赤色调，民舍只能用黑、灰、白为墙面及屋顶色调。彩画题材以龙凤为最贵，其次是锦缎几何纹样；花卉、风景只可用于次要的庭园建筑。

明初至中叶，是明代经济的恢复时期，这一时期，江南是全国的经济中心，但是当时的官宦士大夫或富人生活都较为简朴。直至明中叶以前，居室住宅建筑在装饰和空间方面都没有过度华丽，大都很朴素，即使是富人家也都是"多谨礼法，居室不敢淫"，因此，此时房屋矮小，房屋矮小，厅堂多在后面。而对于仕宦家，也是"所居室间，同于白屋"。根据当时的社会推断，稍有钱财的中产之家有可能会被拣选为粮长役之类的苦差事，所以大家都不敢声张，社会简朴、朴素。这种社会风尚在嘉靖中叶以后发生了变化，嘉靖中叶以后的江南城市，弥漫起了建筑豪华园林的风气。《五杂俎》记载："缙绅喜治第宅，亦是一蔽。……及其官罢年衰，囊橐满盈，然后穷极土木，广侈华丽，以明得志。"[⑥]这种现

① 陈植 . 园冶注释 [M]. 北京：中国建筑工业出版社，2004：58.

② 中国建筑工业出版社编 . 礼制建筑 [M]. 北京：中国建筑工业出版社，2010：34.

③ 许嘉璐 . 二十四史全释 . 明史 . 舆服志 [M]. 上海：汉语大辞典出版社，2004：1299.

④ 许嘉璐 . 二十四史全释 . 明史 . 舆服志 [M]. 上海：汉语大辞典出版社，2004：1299.

⑤ 许嘉璐 . 二十四史全释 . 明史 . 舆服志 [M]. 上海：汉语大辞典出版社，2004：1299.

⑥ ［明］谢肇淛 .《五杂俎》卷 3《地部一》[M]. 上海：上海书店出版社，2009：75.

象是络绅为了显示自己的成就而形成的，但是相习成风之后，却成为彼此争胜的竞赛。

明中晚期，在竞华争奢时尚之风的影响下，官民宅邸打破礼制规范，出现高堂广厦、峻壁巍墙、雕梁画栋，由俭入奢的景象。明代顾起元在《客座赘语》中谈道："至于百姓有三间客厅费千金者，金碧辉煌，高耸过倍，往往重檐兽脊如官衙然，园囿僭拟公侯。下至勾阑之中，亦多画屋矣。"①（图7-16）连普通老百姓都受到了这种奢靡的风习感染，即使没有扩建住宅，也会用昂贵的花费打造内部客厅。

图7-16　城隍庙玄鉴楼　飞檐，山西榆次，明代

玄鉴楼通高17米，是一座重檐歇山顶的二层楼阁式建筑。它始建于明正德十年（1515年），屡经改建扩建，1999年被世界历史文化遗址保护评为全球最精美的100处古建筑之一

7.3.3　明代宫殿营造与布局特点

北京故宫的平面局部形成于明代，清代重修，严格按照对称的格局设计，建筑与空间的组合呈现出威严的氛围，将封建社会的君权抬高到无以复加的地步。故宫的这种极端严肃的布置形式，是中国封建社会君主专制制度的典型产物，是明清两代遗留下的保存完好的宏大规模的建筑群。

故宫的建筑尺度集中体现了中国封建社会的等级典型制度，从尺度表现上说，主要是屋顶形式，其次是建筑的开间数，最高为九间，以下依次为七、五、三间各级。除太和殿以外，其他建筑的屋顶制度与开间等都依次递减，装饰题材也有所不同。故宫的主要建筑体量大，次要建筑则依据等级尺度逐渐降低，目的是为突显主体建筑的宏伟与气势。但是，故宫各殿仍显出变化对比，高低错落，起伏开阖，这是匠师手法高超，善于安排的结果。太和殿代表着当时的最高等级，在规模和体量上也是最大的，体现在建筑设计规划上则是采用了重檐庑殿的屋顶、三层白石台基、十一间面阔等，屋顶上的装饰以及斗拱的出跳数也最多。

从色彩来说，故宫建筑群以原色为基本色调，视觉对比感极为强烈，而在广大北京城的灰色调的衬托下，又将这种强烈的视觉对比感再次提升，显得十分鲜明突出。红色的墙、柱和装修，黄色琉璃瓦，是皇宫建筑专有的色彩。故宫的配色展示出造物者对于鲜明色彩的运用以及色彩之间对比、调和的技巧。房屋的主体部分、朝阳面等区域一般以暖色为主，尤其是朱红色。而房檐、背阳地方则一般使用冷色调。装饰绘画也同样遵循这条原则。这样的色彩使用原则，使得建筑的冷暖形成鲜明对比，强化冷与暖给人的体验感受。可见，中国古代造物者在建筑设计中，非常重视色彩的使用，也极为善于使用色彩来传达观念。

就规划布局而言，故宫的中轴线还与北京市的中轴线相一致，进一步显现出故宫在城市中的显赫地位。在中轴线上，建筑及其附属的部分也都严格按照轴线呈对称的布局，而主轴两侧次要

---

① ［明］顾起元.《客座赘语》卷5《化俗未易》[M]. 南京：江苏凤凰出版社，2005：170.

轴线上的建筑，会依据情况而灵活地运用对称的布局方式。对称的布局使得各组建筑串接在同一轴线上，形成统一而又主次分明的整体。

中国对中轴线布局极为重视，尤其是代表最高统治阶层的宫殿建筑组群，无论是制作技术还是艺术意味都体现出最高水平。政治变革在宫殿建筑以及宗庙建筑中表现尤为明显。古代城市建筑群都是围绕宫殿而建成的，连同整个城市的布局规划考虑在内。从周秦到唐宋、明清的宫城建筑无不如此（图 7-17）。

图 7-17　北京故宫

依据中轴线对称的布局方式是"居中为尊"思想的结果，把封建君权抬高到无以复加的地步，这种充满森严等级制度的布局，是中国封建社会君主专制制度下的产物。

古代宅院建筑的平面布局可以概括为多层次、均衡对称。从建筑空间的变化中能够体会到不同建筑部分的等级以及使用者的身份和地位。从现存的古代建筑以及古代文献的记载看，中国古代建筑规划在平面布局上有鲜明的特征与规律，即无论是宫殿、庙宇还是住宅、院落，它们的基本形式都是由若干个单体建筑和墙围绕而成，建筑内部相互连通。如庭院设计中，前院与后院本质上是相互连通的，人要到达后院则需要通过前院，其中暗含了中国封建社会的"长幼有序，内外有别"的思想伦理观念。

明代建筑基本采用了组群的布局与形式且力求做到整体均衡、对称。其时，建筑沿中轴线进行分布与设计，依据建筑和使用者等级的高低，重要的建筑布局在中轴线之上，次要的建筑则排布在其左右。北京四合院（图 7-18）是最能体现这一组群布局原则的典型实例。以北京的四合院中的三进院布局为例，因受"风水"说的影响，大门不开在轴线上，而开在八卦的"巽"位或"乾"位上。所以路北住宅的大门开在住宅的东南角上，路南住宅的大门开在住宅的西北角上。大门内外设影壁。进门为第一进院，坐南朝北的房称南房，作外客厅和杂用。在中轴线上开二门，通常做成华丽的垂花门穿斗式，二门以内为第二进院，即主要的院子，坐北朝南的北房为正房，是全宅中最高大、质量最好的，供家长起居、会客和举行仪礼之用。正房一般为三开间，两侧各有一或二间较为低小的耳房，通常作卧室用。正房前左右对峙的东西厢房，通常供晚辈居住或作为饭厅、书房用。东厢房的耳房常作厨房用，从垂花门到各房有廊互相连通。从东耳房夹道进后院——第三进院，这排房称后罩房，供老年妇女居住和存放东西用。

图 7-18　北京的四合院

这种布局的产生与中国封建社会的宗法和

礼教制度密切相关，它根据封建的宗法和等级观念，使尊卑、长幼、男女、主仆之间在住房上也体现出明显的差别。

7.4　明代交通工具与生活方式

关于交通，中国古时就有"南船北马"的说法，根据郑和下西洋能够知道，明朝制造的船质量和体积都达到了一定程度，造船技术已经十分发达，且在世界范围内处于领先地位。明代科学著作《天工开物》中记载有关于舟车的内容："人群分而物异产，来往懋迁以成宇宙。若各居而老死，何藉有群类哉？人有贵而必出，行畏周行；物有贱而必须，坐穷负贩。四海之内，南资舟而北资车……"。可见，明代人们主要用车、船这两种工具来运输和交易，而南方多船运，北方多车运，不仅促进了经济繁荣，也使得京都繁华起来，由此可见舟船对于人民的重要地位。

从舟的名称、形制以及作用来说，"凡舟古名百千，今名亦百千，或以形名（如海鳅、江鳊、山梭之类）或以量名，（载物之数）或以质名，（各色木料）不可殚述。游海滨者得见洋船，居江湄者得见漕舫。若局趣山国之中，老死平原之地，所见者一叶扁舟、截流乱筏而已。"（《天工开物》），说明舟船在不同地区，功能不同，名称也就不同，有供应京师生活物资的漕舫；有在长江口以北运米的海船，大的叫遮洋浅船，小的叫钻风船（即海鳅）；有在长江、汉水上行驶的官府用来运载税银的"课船"，根据"课船"的航线不同，可分为三吴浪船、东浙西安船、福建清流船、四川八橹船、黄河满篷梢与秦船（摆

子船）、广东黑楼船和盐船等，不同地区的船，所运载的物资和人员不同，木材与形制也有所区别，最明显的是在船上工作的船夫的生活形态与合作方式不同，"其何国何岛合用何向，针指示昭然，恐非人力所祖。舵工一群主佐，直是识力造到死生浑忘地，非鼓勇之谓也。"船上的一群舵工集体配合，一起开船，竟浑然忘掉了生死之事，并非鼓起一时勇气就能做到的。

明代人将宋人的轿子称作"肩舆"，就技术而言，明代的轿子较之宋人有所改良，不仅空间加大，而且装饰精美，为便于行走或防止发生意外，轿夫不直接肩扛轿杆，而是在轿杆中间系一绳襻，并穿一抬杠，轿夫只需手把轿杆，肩扛抬杠，合步行走即可。

明初，洪武年间主要的出行工具是车与马，并非轿子。但车轿的出行依然有固定的制度，其中尤以"舆盖制度"最为严格。"舆盖制度"规定的区别主要在纹饰与使用规格等级方面。等级中还有一条重要原则就是"上可以兼下，下不可以僭上"。（《大明会典》）可见，舆盖是社会等级制度的体现。

南方城市的道路多是铺石路面，再加上气候潮湿，很容易造成人仰马翻的意外。而且南方马少，无论是买马或雇马都所费不赀，所以雇轿子反而方便。陆容（1436—1494）在《菽园杂记》中就说到，作为一种交通工具的轿子所具有的优点："南中亦有无驴马雇觅处。纵有之，山岭陡峻局促处，非马驴所能行。两人肩一轿，便捷之甚，此又当从民便，不可以执一论也"。[1]另外，谢肇淛（1567—1624）在《五杂俎》（卷十四·事部二）中还谈到雇轿与雇马的成本问

① ［明］陆容．菽园杂记 [M]．北京：中华书局，1985：132．

题，"盖乘马不惟雇马，且雇控马持杌者，反费于肩舆，不但劳逸之殊已也。"万历年间浙江张应俞编写的《江湖奇闻杜骗新书》，就记载抬轿与其他货品的物价，马价：一匹好马价四十两银子。（《假马脱缎》）抬轿价：福建陆路一百二十里，抬轿价一钱六分，有时还可降至一钱二分或一钱四分。（《诈以寻柄要轿夫》）①

明代雇轿夫如此方便，而且价格如此低廉，与明代后期的劳动力市场有密切联系。明代中期，商品经济的发展，带动城市化趋势日益增长，城市成为潜力雄厚的消费市场。这一方面为城市发展带来大量劳动力；另一方面，城市也变成绅商富民的居住地。由于商人的推波助澜，城市逐渐形成一种奢靡的社会之风。在这种消费观念的带动下，晚明旅游风气大盛，轿子便成为游山玩水的重要交通工具。

轿子对于生活的影响也受到学者的关注，《明代社会生活史》中就曾较为详细地写过"行旅交通"的细节，并单列一章，详细解释明代时期轿子的样式种类和实际使用情形等，并在文中将轿子分为帝王轿、官轿、平民轿三种类型。

官轿，根据官员品级及身份的差异规定轿子的装饰、颜色与质材；而平民轿的颜色只能用黑油，形制上只能用齐头平顶以及素色的"皂幔"，禁止用石头装饰。洪武六年时发布新规定，禁止用红漆轿子，五品以上的官员可用青幔，平民中唯有妇女与老疾可以乘轿。可见，最初划分身份等级的标准是依照乘坐交通工具的装饰、形制与颜色，但并未严格限定庶民不得乘轿，后来又严格地把庶民乘轿的范围规定得更狭隘。

到了景帝时期又有了更新的制度，明显地以官品作为乘轿的标准，来划分官员的身份等级。明初还设计了一套官员相遇于途，避道以示礼敬的规则。据《会典》记载系洪武二十年（1387年）所定，原则上凡小官于途中遇见高官，若是高三品以上者需引马回避；遇高二品需引马侧立；遇高一品则趋右让道而行。文臣对公侯驸马也要特别礼遇，凡一、二品官遇见公侯驸马，需引马侧立；三品以下官遇见公侯驸马，则需引马回避。庶民于道遇见官员也有相关礼规："凡街市军民人等，买卖及乘坐驴马出入者，遥见公侯驸马一品官以下，至四品官过往，即便下马让道。"官员渐渐由骑马改乘轿子之后，这套礼仪也适用，故小官道遇大官也需下轿避道。另外，各地官员经过宗室王府之大门前，也须下轿以表敬意。

景泰年间规定官三品以下是不能乘轿的，但是到了明中叶以后有了很大的变化。当乘轿制度化后，乘轿不但成为官员身份等级的指标，同时也变成了一种政治权力的象征。

南方地形气候的限制，轿子技术的改进，明末劳动力过剩，城市化与商业化带来的消费潜力以及旅游风气的兴盛等因素，都带动了明代中期以后流行乘轿的风尚，然而单从外部原因并不足以完全解释，因为乘轿不只是生理性需求的满足，还是一种文化性的消费，与当时的政治、社会与文化脉络相关联。当明初生产力尚未恢复，经济发展尚未繁荣之时，保障少数地位群体特权的乘轿制度还可以维持。到明代中叶经济复苏与繁荣之后，人们的欲望也被激起，轿子不只是一种交通工具，在社会身份、政治权力与政治文化影响下，轿子文化已发展出许多象征意义。

随着明代中晚期社会文化与经济水平的发展，"舆盖制度"逐渐消失，民众与官员一样可

① 陈学文.明清时期商业书及商人书之研究 [M].台北：洪叶文化公司出版社，1997：229.

乘轿，同时轿子的样式也有所变化，轿也不再是尊贵身份的代表而变为民众们喜欢的时髦的出行方式。

可见，交通工具作为一种器物，具有器物的基本属性，不仅带有实用目的，且具有一定的表征性，不同的器具能够体现阶级地位与身份的差异，器物的变化也同样与社会阶级和社会结构的变化息息相关。

7.5 明代日常器用与生活方式

造物与用物在明初与中晚期发生了巨大变化，明初造物与用物等级森严、敦实朴质，明中晚期则表现出僭礼越制、奢侈华美的造物与用物特征，这种由敦朴到奢华的物质文化诉求转向与明代的文化背景及工艺技术发展紧密相关。明初太祖制定的近乎严苛的礼法制度以尊卑贵贱为目标，规范着人们的生活用器，而一旦政治统治走向松弛，人的生命意识开始觉醒，并且随着物质财富的积累，以及工艺日趋成熟，就会打破礼法制约，在服饰、建筑等各个生活领域形成僭奢的造物与用物风潮，这一现象完全符合历史习俗风尚的演化规律。

明代的手工艺已经全面走向成熟。这一成熟的工艺状态主要表现在造物门类、造物形态、造物工具、造物技艺四个方面：一是明代工艺造物门类齐全；二是每一门类中的工艺造物形态多样，品质高中低档分档细致；三是造物工具整体而言已达到封建王朝时期手工造物功能使用的最佳状态；四是不论陶瓷烧制技艺，还是纸、墨制作工艺，晚明时期各项技艺操作都已趋于成熟。

7.5.1 笺纸与工艺墨

文房清玩经唐、宋、元的发展，明初已吸引大批富有子弟关注，洪武二十年刊刻的《格古要论》（曹昭撰写）中提到"见近世纵垮子弟，习清事者必有之，惜其心虽爱，而目未之识"，说明了明代士人执着于文房清玩的风潮。既具实用性又可玩赏的文房用品，作为文房雅玩的必备之物，在明代达到鼎盛期。

文人在选用之时的喜好，一方面表现了那个时代的文人阶层特有的审美情趣和生活样态，另一方面也促进了明代文房造物艺术在数量质量方面的提升。这一时期比较著名的文人用品有湖笔、徽墨、宣纸、歙砚。

明代文房用物由来已久，在长期的发展过程中形成以下两点特征。一是尺度的"以小见大"。作为案头清供之物，要避免大而拙笨的形态，强调以小见长，小器大样，一般尺度保持在"大不盈尺，小不盈寸"的状态。二是用料考究，工艺精致，求雅避俗，以别于世俗化商品。[1] 用料考究并非都使用贵重材料，而是追求恰当材质的选用，以美材工巧做保证，追求赏心悦目的审美效果。从笺纸与工艺墨两个品类，可以看出明代文人的雅玩从尚质轻文到文质并重的演变过程。

笺纸由于制作原料不同，分为精、粗两种。"精者极其洁白，供书文、印文、柬启用；粗者为火纸、包裹纸。"[2] 笺纸属于宣纸的一种，明代宣德年间的"贡笺"闻名全国。《天工开物·杀青》中记载"闽省独专其盛"[3]。考古专家肖发标

---

① 李雪艳.《天工开物》的明代工艺文化——造物的历史人类学研究 [D]. 南京艺术学院，2012.

② ［明］宋应星. 天工开物. 自序 [M]. 扬州：广陵书社，2002：147–148.

③ ［明］宋应星. 天工开物. 自序 [M]. 扬州：广陵书社，2002：148.

（1967—）认为，在明清时期，宣纸是专指"西山官局"在宣德年间造的宣德纸，并不是清末以后安徽宣城泾县造的宣城纸，宣纸源自铜源峡。明朝早期在江西南昌府的西山"置官局造纸"——"西山官局"造的皇家御用纸，被称为"宣德纸"，简称"宣纸"。

我国古代有关造纸的文献在宋代后初现端倪，宋苏易简的《纸谱》、元代费著的《纸笺谱》等著作中对于造纸工艺大多简略概述，不够系统。明嘉靖王宗沐的《江西大志·楮书》与崇祯宋应星的《天工开物·杀青篇》，被学界公认为详细记录我国古代造纸技艺的著作。

明代纸品众多，最负盛名的有江西西山的连七纸、观音纸，铅山的奏本纸，江西临川的小笺纸，常山的榜纸，浙江上虞的大笺纸等。宫廷用纸有洒金五色粉笺、洒金笺、五色大帘纸、松江潭笺等。江西铅山生产的笺纸被广信府所辖，名盛价高，又称"奏本纸"，屠隆在《纸笺》中评曰："有奏本纸，出江西铅山"①。该纸尺幅虽小，但做工精致华美，被誉为宣纸中最为贵重者。

笺纸种类繁多，根据使用功能不同，可以分为诗笺、信笺。富贵人家通常使用官笺及官笺染红而成的吉笺。文人士大夫为标榜自己雅洁的追求，常自制笺纸。②可见，笺纸实为文人雅士求雅避俗之物，其功能已不局限于书写，更多的是表达对审美趣味的追求，标榜的是文人的一种生活姿态。

墨的诞生源自早期器物装饰与文字书写的需要，但从自然材料的直接选择与运用，到点火发烟、合胶制取，经历了漫长的历史时期。《天工开物》中记载："凡墨烧烟凝质而为之。取桐油、清油、猪油烟为者，居十之一，取松烟为者，居十之九。凡造贵重墨者，国朝推重徽郡人"③，由此可知，制墨的复杂过程以及明朝最为贵重的墨为安徽徽州府制的徽墨。《天工开物》中还详细记载了，制墨的油料选材、取材、鉴墨的问题，还提醒爱墨人士，关于墨的知识，可以查阅《墨经》《墨谱》。

除了制墨的客观技术，明代制墨业的兴盛、技艺的创新与文人墨客的推动有关。明代有许多制墨名家自己就擅长"舞文弄墨"，许多嗜墨的文人甚至会自己设计并参与制墨。明代制墨，从装潢到墨色，皆求一个美字，其一斤黄金难易一两程墨的历史，使人不得不承认明代名墨实为文人精雅表象下的奢侈的清玩追求。④与前代相比较，明清时期的制墨领域有以下几个特点：以油烟墨为主流，点烟用油原料扩展，既包括植物油，也包括动物油；配方、选料精益求精；名匠辈出；强调墨的装饰性，重形轻质，凸显工艺墨的审美价值；墨的商品性特征较为突出。

7.5.2　丝绸织造工艺

明代丝织技术有明显的提高，从养蚕、缫丝到纺织及纺机工具，皆有新的改进。对蚕种的选择，蚕病的防治，桑叶的培植，育蚕的工艺，结茧缫丝的方法与工具，都有规定的程序和改进之处。同时改良了桑树，使之多叶而株矮，采叶多而省工。一件丝织品的完成，如果从成茧后开始

① 李雪艳.《天工开物》的明代工艺文化——造物的历史人类学研究 [D]. 南京艺术学院，2012.
② 李雪艳.《天工开物》的明代工艺文化——造物的历史人类学研究 [D]. 南京艺术学院，2012.

③ ［明］宋应星. 天工开物. 自序 [M]. 扬州：广陵书社，2002：190.
④ 李雪艳.《天工开物》的明代工艺文化——造物的历史人类学研究 [D]. 南京艺术学院，2012.

算起，要经过缫丝、调丝、络丝、牵经、治纬和开织等多项工序。明代中后期这些工序在工具或操作技术上都有不同程度的提高。缫丝工序普遍地采用了足踏二人缫车，这种缫车是在元代足踏缫车的构造基础上进行改进的，一人一日可缫丝30两，大大提高了工效。而随着织机的变革演进，花本也相应地发生变化，进一步促进了织机的变革。花本的制作，称为"挑花结本"，技术难度很高，尤其是妆花花本的制作技艺，是织造工艺水平非常高的一种提花丝织工艺。

明代的妆花在宋元时期的挖梭提花技艺基础上发展而来，妆花织物的特点是采用挖梭法，即过管法，用于局部地方提花，不提花的纹纬均被抛浮在织物背面。[①]这种织法可以灵活调换纹纬，金彩并用，既丰富了织物色彩的变化，又增添了纹饰的华丽多样性。"妆花缎""妆花绸""妆花绢""妆花纱""妆花罗""妆花丝布""妆花改机""妆花绒"等，受到各个阶层的喜爱。另外，从元代演进而来的金锦被称为"金宝地"，从织造的工艺手法来看，是"妆花"与"织金"相结合的产物。其色彩、纹饰、织造技艺，都反映了我国传统丝织工艺的高超水平。明清时期，无论"妆花"还是"织金"，均为宫廷中的高级御用贡品，非一般身份的官民所用。

明代晚期丝织技艺能够达到如此高的历史高度，与桑树种植、蚕的养殖、茧的生成、丝的抽取与处理、织造的技艺、织机的改进等各个工艺环节都有着密切的关系。

明代江南纺织业的发展部分也要归功于消费需求面的扩大，明代江南地区的棉纺织与丝织业的生产规模小，但到了晚明有相当程度的扩大，

而且在生产技术方面也有进步。如在生产工具方面，棉纺织业在明末出现了仅需一人操作轧花用的"太仓车"；丝织业的织机中最重要的改进是"花机"，到明末一改过去平身式为斜身式的花机，不但提高生产质量，产量也大大增加。在生产工艺方面，棉布质量明显地提高，明末崇祯年间松江府所产棉布，精细如绸缎的飞花布，被称为"赛绵绸"。此外，棉布的染色技术也有提高，如苏州棉布发明青白线相间的"棋花布"与印染花纹的"药斑布"。就染色技术而言，明中后期江南丝织品染色业呈现出空前的繁荣，丝绸色彩达120种以上，其中不少是明末才出现的。可见随着晚明时期奢侈的消费需求与流行时尚的追求，江南丝绸业开发出许多琳琅满目、美妙绝伦的新品种。而江南的纺织技术也传播到其他地区，如福建福州织锦的技术就是由江南传入。

7.5.3 砖瓦烧制工艺

"居设厅事，高广倍式"，晚明建筑奢侈之风盛行，明代建筑的建造工艺也相应发展。尽管与此相关的记载内容不够详细、缺乏体系。但在《天工开物》一书中，有关于明代中晚期建筑的所使用砖瓦的烧制工艺却进行了十分详细的整理记录，主要集中在《陶诞卷》砖瓦条中。明代的砖瓦烧制工艺依托奢侈的建筑风格做出改变，通过对砖瓦烧制技艺的改进以及对琉璃瓦的烧制工艺创新为晚明日趋奢华的房屋庭院建造提供基础的建筑材料支持。晚明时期被大大提高的砖瓦烧制速度和质量甚至直接促进了元朝时期以土制墙的建造工艺的改变。不仅如此，发展成熟的琉璃瓦烧制工艺使得晚明的皇家庭院和庙宇建筑都呈现出色彩斑斓的绚烂外貌。

《天工开物》通过各种不同的要素将明代砖

---

① 张宏源 . 谈妆化织物与挂经织物 [J]. 故宫博物院院刊，1988（4）.

瓦进行了详细的分类。砖主要是按照建造实际的要求，例如对于位置和结构功能的需要，将砖分为四种：墙砖、方馒砖、楦板砖、刀砖。另外，为了迎合市场的要求，根据普通居民和政府实际购买力的差距，将砖分为居民建房用砖和政府筑城用砖。同时根据价格升序依次为方馒砖、刀砖、墙砖、楦板砖。瓦由于独特的琉璃瓦的存在，呈现出更加丰富的分类情况。例如，依据造型的不同分为平瓦、筒瓦等；按照结构功能的不同分为沟瓦、板瓦、小青瓦（又名蝴蝶瓦）、脊瓦、仰合瓦、瓦当、滴水瓦等；按照是否有施釉这一道工序分为无釉瓦与施釉瓦；依据封建等级的高低分为民用普通瓦片与皇家用的高档琉璃瓦。其中，由于入窑烧制的次数不同，所需的花销不同，相应的市价也出现巨大的差距，无釉瓦因此大多用于民间建筑的工程需要，即民用瓦，而施釉瓦则等同于高档琉璃瓦，仅用于宫殿房顶的建造使用。

砖瓦的制作工艺复杂，主要有四大工序：选泥和练泥、打墩、成型、入窑烧制。根据《天工开物》记载，从最初的原料选择到最后的烧制环节都有详细的要求和严格的标准。砖瓦烧制成品的高低等级从最初的泥料加工时便起着至关重要的决定作用。首先是在选泥和练泥环节，晚明砖瓦的制造对于泥料的选择要求并不苛刻，无论是民用普通砖瓦还是皇室专用细料金砖，原始的泥料基本相同。主要是在练泥的环节中，受不同的目标消费群体影响，泥料的炼制工序繁简情况出现了两极分化。相对于民用砖瓦普通的练泥工艺，皇室用砖瓦所需的原始泥料首先要进行自然的日晒去除泥料中的水分，后进行椎、舂、磨三轮碾磨缩小泥料的颗粒体积，再进行反复的筛选和三次澄滤留下最细腻的泥料。第二次晾晒之

后依然要经过稀和踩练的工序再度提高泥料的品质，最后才能练成细料金砖所需的最终原料。其后的三道工序也同样如此，需要大量的时间和反复的工序来确保皇室所用砖瓦的高品质。另外在入窑烧制环节，相对于制作简单的民用砖瓦，皇室用砖瓦更易破损。极低的烧成率也是其价格高昂的原因之一。

民用砖瓦和皇室用砖瓦无论在工艺上，还是在品质上都有着巨大的差异。两者无不彰显着其所有者的身份与社会地位。明代砖瓦可以说是明代尊卑有序、等级森然的社会现状的缩影。这种根深蒂固的等级观念存在在各种物品之上，并不断得以强化。无论是房屋建材、砖瓦陶瓷，抑或婴瓮、瓷器等日用器皿，明代大多器物的存在使贵者显其贵，卑者显其卑。

7.5.4　陶瓷工艺

明代的瓷器相对于其他时期的瓷器，有着注重生活化的独特审美情趣。尤其是在对青花的用料和对画工品质的选择上。明代瓷器胎色洁白细腻，所绘青花色调大多深沉典雅，题材多为花卉瑞兽、人物故事情节等。颜色层次丰富多样，或深，或浅，或浓，或淡。明代青花瓷经过长达二百多年的发展，在永乐和宣德年间达到最高峰。初期的明代青花瓷，仍带有元代枢府窑青花的特征，粗犷厚重，胎体较厚重，器型硕大浑圆。后来经过不断的严格选料，考究制作，开拓创新，使得明代青花瓷形成新的风貌，开始向清秀圆润的造型转变，并影响了永乐与宣武时期的瓷器发展走向（图 7-19）。但除江西景德镇为专供皇室所用瓷器的官窑“御器厂”，也称“御窑厂”外，民窑生产的青花瓷仍以元代青花特征为甚。

图 7-19 青花一把莲纹大盘，明永乐，辽宁博物馆藏

敞口，弧形壁，浅圈足，形制规整。胎骨细腻，白釉肥润。盘心绘莲花、莲蓬、慈姑、浮萍等水生植物，以绶带束在一起，故有"一把莲"之称，"清廉"之寓意。通常外圈饰缠枝四季花卉纹，内口沿绘波浪纹一周，构图疏朗有致，笔法流畅有力，青花发色典雅

永乐二十年间，明代国力强盛，该时期的青花瓷色彩浓厚青翠、纹饰庄重沉稳。青花使用独特的青色钴料——苏麻离青绘制。苏麻离青，又名苏泥勃青。为郑和下西洋从伊斯兰地区所带，在一定的温度下烧制会出现"锡光"的特性。对于苏麻离青最早的记录出现在《窥天外乘》一书中，原文为"永乐、宣德间内府烧造，迄今为贵。其时以鬃眼甜白为常，以苏麻离青为饰，以鲜红为宝"（图 7-20）。

永乐时期的青花瓷造型以优美典雅为盛，符合传统汉族人的审美风气，造型圆润、色彩清秀。在继承了明代传统器物的形式之外，还吸收创新了外来器物的特殊元素。永乐青花瓷不仅造型独特新奇，装饰图案也十分丰富，中西结合，形式多样。常见的装饰图案为各种花卉植物、传统的吉祥几何纹样和瑞兽八宝等图案组合搭配使用，构图层次分明，饱满生动（图 7-21、图 7-22）。

图 7-20 甜白扁腹绶带葫芦瓶，明永乐，苏州博物馆藏

葫芦瓶，又称"抱月瓶"或"宝月瓶"。造型似扁葫芦，颈部有对称双系，腹圆若满月。最早由明代洪武御窑烧制，于永乐、宣德时期发展达到鼎盛，明末逐渐败落消失。清代康雍乾三朝官窑皆有烧制，器形略加变化，因常常作为皇亲国戚骑马出行时随身携带的用具，改称为"马挂瓶"

图 7-21 青花桃纹小碗，明永乐

图 7-22 青花花卉纹豆，明永乐，中国国家博物馆藏

明代永乐时期出现了一种青花压手杯，因胎厚体重，重心在杯的底部，口沿微微外撇，手握杯时，正压合于手的虎口处，给人以稳重贴合之感，故有"压手杯"之称。《通典》亦云："永乐压手杯坦折腰、沙足滑底，以把之，口正压手，故名。"

宣德时期的青花瓷器烧制已经相当成熟，从造型、釉色、纹饰、规模、数量等各方面看，可以说是进入了明代的黄金时期，这就促进了青花瓷的大力发展，在景德镇的御窑厂所产出的青花依然是这个时代的精品。宣德青花瓷形制多样，瓶的种类繁多，如梅瓶、贯耳瓶、玉壶春瓶、四方倭角瓶等（图 7-23）。明代陶瓷在装饰上十分重视技巧性，不再喜欢用唐宋时期的刻画、印花、划花的方法，主要以画花为主，装饰简洁大方，素雅明快，保持了陶瓷釉面光洁亮丽。

图 7-23　青花人物纹四方倭角瓶，明宣德

四方倭角瓶，明宣德年间景德镇窑烧制的一种瓶式，仅有青花器。器呈唇式微侈口，直颈两侧贴塑兽耳，八棱锤形大腹，深圈足外撇，内台阶式底。清代雍正官窑青花四方倭角瓶尺寸较大，做工很好，乾隆时期仿品颈侧兽耳较小，底足较矮

明代陶瓷五彩缤纷，工序繁杂，技艺精绝，宋应星在《天工开物·陶埏》中说："共计一坯工力，过手七十二方克成器，其中细微节目尚不能尽也"[1]。尤其，明中后期陶车镟刀代替元代竹刀镟坯，并用铁刀随转随削，既提高工效，又能增加瓷器内外的光平度。在施釉方法上，宋元多为刷釉蘸釉，刷釉是使用毛笔拓釉，弊端施釉不均；而蘸釉是将瓷坯往釉缸中浸蘸，这样釉汁往往不能到底足，以致一半有釉，一半无釉，而且如果瓷坯形体过大，也易于损坏或失形。明代发明了吹釉法，这样可使器物里外的釉都上得很均匀，又不致损坏瓷坯，这是施釉技术的新成就（图 7-24）。

图 7-24　青花罗汉图葫芦瓶，明崇祯

葫芦瓶，形似葫芦的瓶式，自唐以来，因其谐音"福禄"为民间所喜爱，遂成为传统器形，及至明代嘉靖时，因皇帝好黄老之道，此器尤为盛行并多有变化

而与宋元相比，明代的瓷器窑身加大，说明掌握火候的技术有所进步。明代以前无法烧制大型瓷器，如大鱼缸入窑即裂，不能烧成，屡次试验都未成功，明代工匠便成功地找到了烧制大器的技巧。明代工匠还在做坯和造型上进行了多方探索，创制了薄胎的蛋皮钟杯等许多精巧作品，

① ［明］宋应星. 天工开物·陶埏 [M]. 成都：四川美术出版社，2019：102.

其他如玲珑、镂空之器在明中叶也大为流行。

明代瓷器的装饰手法，在继承前代优良传统的基础上有所发扬。明代前期以单色釉瓷的制作为主，但比宋元制品要艳丽得多，明代单色釉瓷器色彩趋向鲜艳，有夺目的鲜红、宝石红，明快柔嫩的黄釉、翠青釉，鲜艳的孔雀蓝、孔雀绿釉等。明初永乐年间创造的半脱胎甜白瓷器，上质细腻，胎骨薄如蛋壳，釉色纯白，晶莹光亮，能映见手纹，是一种极其精巧的产品，显示了白瓷制造技术的进步（图7-25）。

图7-25　釉里红牡丹纹玉壶春瓶，明洪武，观复博物馆藏

又称玉壶赏瓶，形状以唐朝寺庙内的净水瓶为原型，该瓶在宋朝便有烧制，并被历代沿袭，流行地区广泛。明初该壶型依然盛行。造型特征为撇口、细颈、垂腹、圈足

明代中期以后，釉下青花与釉上彩相结合，形成独特的色彩装饰新成就。加彩的方法也多种多样，成化年间取得高度成就的"斗彩"（图7-26），是先在釉下用细线描好青花图样，入窑烧制，然后再在釉上就青料勾画的轮廓，或点少许彩色，或用多种彩釉覆盖填染再入炉烘烤而成的。由于釉上和釉下的色料互相争妍媲美，所以称为"斗彩"。成化斗彩质釉精良，在明后期就相当名贵。而万历前后出现的"五彩"，成为陶瓷技术的又一新发展。

五彩的彩绘方法与斗彩基本相同，不过不止以釉下青花与多种釉上彩结合，也不仅是勾画轮廓，多数还绘成完整或部分图案，甚至不用青花作为线描，而以褐黑色勾描轮廓代替青花，或直接在釉上加彩绘，颜色进一步转向浓艳，多以矾红、绿、黄、紫等色交互配置，其主要着色剂是铜、铁、钴、锰等金属盐类。将这些物质溶合于瓷釉中，在烧制时，由于火焰性质不同，呈现出各种不同的颜色。

图7-26　斗彩鸡缸杯，明成化，台北故宫博物院藏

斗彩鸡缸杯为饮酒器，侈口、浅腹、卧足，器足底心有开片。如《成窑鸡缸歌注》所记载："成窑酒杯，种类甚多，皆描画精工，点色深浅，瓷质莹洁而坚。鸡缸、上画牡丹，下有子母鸡，跃跃欲动。"故名。此杯深受帝王和文人雅士的喜爱。据《陶说》载："成窑以五彩为最，酒杯以鸡缸为最，神宗时尚食御前，成杯一双，值钱十万。"

7.5.5　漆器工艺

在中国辉煌的漆器史上，明代（1368—1644）是漆工艺发展的黄金时期。隆庆年间（1567—1572），著名漆工黄大成所著《髹饰录》中，依据漆器的制造方法和工艺特点把漆器的品种划分为14大类，101种，并系统总结出制造过程中应注意的事项。由于明代各个历史时期政治、经济、文化的发展变化，漆器工艺亦形成不同的艺术风格。根据不同时代的艺术特征，可概括地分为三个时期，即早期，洪武至宣德（1368至1435年）；中期，正统至正德（1436至1521

年）；晚期，嘉靖至崇祯（1522—1644 年）。这三个时期的艺术风格各具特点，但艺术风格的形成与演变不同于改朝换代般截然分开，它始终是个渐变的过程，纵横之间总是互相衔接和相互影响。

明代早期漆器在继承宋、元传统工艺的基础上，有了飞跃性的发展，皇家的大量需求刺激了漆器的发展。经过明初约三十年的经济复苏之后，至成祖永乐时期（1403—1424），经济上已呈现出欣欣向荣的景象。在此基础上，漆器工艺得到了迅速发展。自永乐十九年（1421 年）由南京迁都北京之后，皇家的御用监在原南京生产漆器的基础上，又在北京皇城内的果园厂建立了御用的漆器生产工场，并从全国征调漆工高手，在果园厂内生产大量的雕漆和填漆，以满足皇室的大量需求。明人高濂在《遵生八笺》中说道："果园厂制，漆朱三十六遍为足，时用锡胎木胎，雕以细金者多，然底用黑漆，针刻大明永乐年制款文，似过宋元，宣德时制同永乐，而红则鲜妍过之。"[①] 明永乐帝时期，宫廷自用或者用于外赐的各种漆器大多出自内府监的制作。这些漆器的设计制造有着各种各样的要求与规定，对官民所用器物的规范与严惩则是明初等第制度被严格推行的明证。[②] 以果园厂为中心的官营漆器工场已经形成高档漆器产品的设计、生产与流通体系，并在明代的漆器工艺市场上占据着主导性地位。与此同时，在全国各地，也形成了若干以高档漆器设计、生产为主的设计中心，如地处江南地区的新安派、位于边地的云南大理派等高档漆器生产地。

明早期的漆器制品，多以花卉、龙凤、山水人物等为题材内容，画面处理时常用比较规范而又夸张的手法表现自然界的各种景象。不同题材的处理方法各具特色。花卉题材的作品，擅长表现枝繁叶茂的大型花朵，在一朵或数朵盛开的硕大花头四周衬托着含苞欲放的小花蕾，画面饱满富丽。在雕漆类作品中这个特点表现得更加突出，许多作品均以黄漆为地色，一般不刻锦纹地，上压朱漆雕刻各种大朵花卉。山水人物图案，多采用三种不同形式的锦纹，表现自然界中不同的空间。水纹，由流畅曲折的锦纹组成，似波涛滚滚，抑或清波荡漾，具有不停流动之感。花鸟龙螭等题材的作品多采取夸张的富有浪漫色彩的形式表现。孔雀牡丹是最常见的图案。其他如填漆制品，漆光蕴亮，色调沉稳，填色饱满，很难看出填色的痕迹。螺钿镶嵌漆器中采用薄钿片的制品（俗称软螺嵌），已普遍流行，这类作品多用黑漆或朱漆裸地，选用钿片自身五光十色的天然色调，制成各种精细花纹，再拼贴于漆地上组成完整的图案，色彩光怪陆离，富于变化。

明宣德以后，社会经济逐渐衰退，漆器工艺的发展受到影响，官府漆器作坊一度陷于停顿状态。此时的文人雅士十分青睐具有永宣时代年款的漆器。遗留的漆器中刻有这个时期年款的作品极为罕见。款识最多见于永乐、宣德、嘉靖、万历四朝。然而，明人刘侗在其《帝京景物略》中说："宣庙青宫时，剔红等制，原经裁定，立后，厂器终不逮前。工匠被罪，因私购内藏盘合，款而进之。故宣款皆永乐器也"[③]（图 7-27、图 7-28）。

① ［明］高濂. 遵生八笺 [M]. 成都：巴蜀书社，1992：554-558.

② 何振纪. 明代宫廷漆器的生产组织与管理 [J]. 设计艺术研究，2014（5）.

③ 陈丽华. 中国古代漆器款式风格的演变及其对漆器辨伪的重要意义 [J]. 故宫博物院院刊，2004（6）.

通过传世的部分作品，可以看出这时的艺术风格已从早期简练大方的特点逐渐趋于纤巧细腻。花卉题材的作品变化多样，早期那种整株的大朵花卉减少，代之而起的是折枝花卉和灵巧别致的小朵花，如石榴、桃花、杏花、海棠等花卉。

图7-27 剔红花鸟纹菱口大盘，明初，高6厘米，直径47厘米，日本德川美术馆、根津美术馆藏

此盘为菱花形，浅腹圈足。底部髹黑漆，内外壁为朱漆。盘采用了双层纹饰的工艺手法，盘外壁满雕花卉纹，盘内雕刻以盛开的花朵，枝繁叶茂，两只凤凰舞于其间，姿态优美，布满花卉的盘心。虽无锦地，如此硕大之漆盘，自宣德年后便鲜见

图7-28 剔红降龙罗汉香盒，高2厘米，直径6.5厘米

此盒为扁圆形，规整小巧，造型风格具有鲜明的时代特点。香盒内髹黑色漆，细腻匀净。盒外通体髹朱漆，漆层敦厚，盒盖顶面高浮雕降龙罗汉。盒周侧刻于折回纹，线条道劲有力，画面布局合理有序，疏密得当，人物刻画生动

明中期，官府手工业中的雕漆、填漆和描金漆器生产量很大，宫廷内使用的漆制家具、陈设用品、生活中的实用器物等讲究成双成套，工艺十分精致。"住坐军匠"杨埙，是一位集军籍、工匠身份于一身的漆器工艺家。他善作描金漆器，尤其精于将传统的金箔、螺钿等装饰工艺，与当时国内高档消费市场上流行的日本莳绘漆器的优良工艺相结合，形成独具一格的"杨倭漆"。

题材内容上少量保持传统的自然景物，而更主要的则是突出宗教迷信和为统治者歌功颂德的题材。描金漆器制造很精美，有屏风、书柜、箱柜等大型家具类（图7-29、图7-30）；也有日常用的盒、盘等器物。器形变化很多，有银锭式、方胜式、海棠式、梅花式、慈姑叶式以及鱼形等式样。这类描金漆器，多采用黑漆为地，亦有用朱漆为地者，漆面上描绘各种花纹，十分细腻。有的作品采用泥金的技法，更加金光灿烂。填漆戗金漆器，仍保持传统的制造方法，技术有了很大提高。填色较前期丰富，轮廓线内的金色光泽灿烂夺目。

图7-29 黑漆描金穿莲瑞狮戏球图方角立柜，明万历

嘉靖以降，随着商品经济的发展，民间漆器的需要数量增多，促进了漆器的生产范围扩大，

并形成许多具有鲜明地方特色的制品。如山西地区，福建莆田、广东潮州、浙江东阳地区，江西吉安，福建福州、浙江宁波，其他如江苏扬州、苏州等地区，制造雕漆、镶嵌漆器等，均相当精致。

图 7-30　剔犀如意纹官皮箱，明嘉靖，长 25.7 厘米，宽 22 厘米，高 28.5 厘米

箱内外通体髹黑漆，以剔犀工艺装饰如意云纹，顶面中心为如意云头纹回旋组成的四瓣轮花，余部背面、两侧面、对开门处均以如意云纹组成的海棠形为饰，盖侧面及近足处均以香草纹装饰。箱背面刻款"丁未张凡娃造"六字单行楷款，字体清秀规整，苍劲中飘秀逸，并予以填金

明式小体积类家具中设计尤其巧妙的要数此类官皮箱，它形体不大，但结构复杂，是从宋代镜箱演变而来的一种体量较小制作较精美的小型皮箱。古时用来盛放梳妆用具、家居实用器物等以后用来盛装贵重物品或者是文房用具。由于携带方便，常用于官员巡视出游之用，故匠师俗称"官皮箱"

嘉靖四十一年（公元 1562 年）题准"以银代役法"为匠役松绑后，各地的漆器产业反而得到促进，不少御用漆器的定制开始下派到地方，由有资质的漆艺制造中心所承制。这种情况一直延续至清代。位于苏州的官府漆器作坊与宫中漆作的制作标准相同、风格一致。这些供应御用的漆器制作不但征役大量手艺非凡的民间漆工，而且用料大多不惜成本，力求精益求精。此时，官方与民间的漆艺制作出现融洽趋势，各地的漆器制造中心业已成形，数量庞大的漆工群体构筑起民间漆业的巨型基础。

总之，明初所订立的礼制规范一直作用于宫廷漆器的生产组织与管理，果园厂的建立使明代漆器于永乐之时成为黄金时期。宣德以后，果园厂的衰落却表明漆器在宫廷奢侈品中的位置并不稳定，皇帝的喜好也对宫中的漆器生产兴盛与否有着直接的影响。皇帝的影响在后来嘉、万朝宫廷漆器的再盛之中又得到印证，此后的宫廷漆器设计生产则逐渐变得亦步亦趋，变得呆板而缺乏生气，其生产组织与管理则日渐积重难返，每况愈下。直至进入晚明时代，伴随着商品经济的继续发展，民间漆器制造的水准已然超越日趋衰微的宫廷漆作。

7.5.6　明式家具

明式古典家具与其他历史器物一样，历经产生、发展、鼎盛与衰落的过程。明式家具的繁荣主要依赖于区域经济的繁荣、社会的相对稳定，这是显性因素，除此之外，还有一些隐性因素。例如，苏州地区乃至整个江南地区的水运交通能力强大，为家具原料、家具成品的运输、分销提供了优质交通；文人阶层不仅是使用者还是设计参与者，在整个明式家具生产链中主动参与，是非常优质的消费者；另外，实力强大的匠帮以及内部专业分工，精打细算的成本控制，均奠定了优质制造者的地位，这些因素都是成就明式家具历史地位的客观因素。

明清史学专家傅衣凌（1911—1988）先生曾指出，嘉靖前后在江南地区出现的农贾兼业、专业乡村、社会分工等商业现象造就了比历史以往更多的富户，大部分仍是封建地主阶级，其中包括士大夫（"吴人以织业为主，即士大夫家多以纺织求利……以故富庶"①）也有一部分是从事手工业经营而致富者，以及买贱卖贵的商人大致这三类型。② 这三大类型的富户依托逐步发展起来的商业市场成为能够拥有珍贵硬木家具的使用者，而在这群人当中，能够从"海外贸易"中获利者则更是明式家具的拥有者和推广者。

家具被推崇，往往与家具使用者的生活方式紧密相连。源起于魏晋时期的"贵舒意"生活观发展到明代依然被许多文人所奉行。"贵舒意"源自《世说新语·识鉴》，该书记载"张季鹰辟齐王东曹掾，在洛，见秋风起，因思吴中菰菜羹、鲈鱼脍，曰：'人生贵得适意尔，何能羁宦数千里以要名爵？'遂命驾便归。俄而齐王败，时人皆谓见机"③。"贵舒意"偏向于自我生命价值观，以寻求符合心意欲求的自足感。明代文人中信奉佛教禅宗者较多，禅宗提倡静心、主张自悟。静坐一室，独自品茶，亦不失情趣。明代文学家徐渭追寻"饮茶宜凉台静室，明窗曲几，僧寮道院，松风竹月，晏坐竹吟，清谈把卷"的情趣境地，心境的追求离不开室内景观的布置，家具的样式与文人的把玩一样要符合"心意"。

明式家具是在承袭宋元家具的基础上，在社会具体发展语境中，形成了自己的独特风格，技术与艺术达到中国家具史的顶峰。朝代更迭会在一定程度上影响社会生活，主要集中在社会生产力的发展推动了经济生活并产生一定变化。明式家具按形态可分为承具（包括桌案几类）、坐具（包括椅杌榻类）、卧具类、架类、箱橱柜类五大

① ［明］于慎行.谷山笔尘（卷四）[M].北京：中华书局，1994.

② 傅衣凌.明代江南市民经济试探 [M].上海：上海人民出版社，1957：24.

③ ［南朝梁］刘义庆.世说新语 [M].北京：作家出版社，2016：213-220.

类型。

1. 承具（桌案几类）

中国传统家具发展史上的承具演变较为复杂，于先秦时期完成了从器座向家具类型的过渡。

（1）桌类：明式家具中的桌类品种较丰富，可分为方桌、半桌、条桌。方桌是中国古代家居应用最广的桌案，又名"八仙桌"，长宽尺寸在 1 米至 1.5 米，可容纳八人或六人使用，故此得名。从存世作品来看，标准方桌分为一腿三牙式、束腰马蹄足罗锅枨式、束腰马蹄足霸王枨式、无束腰直腿足攒牙式、罗锅枨裹直腿式为最基本的造型形制。半桌，也叫"接桌"，意在八仙桌不够坐时，用来接上的桌子。其形制与方桌相似，束腰、马蹄腿、直牙条、罗锅枨皆是标准半桌的构件元素，由于体积较小，也有腿间不施枨的半桌存世。从明代士大夫生活习惯出发，站在使用功能的角度，又可将桌类分为：食桌、书桌、画桌、琴桌、棋桌、梳妆桌。

（2）案类：在明式家具词汇中，四腿足安在四角的，称"桌"，而腿足从四角内缩安装的，则称"案"。"案"分为平头案和翘头案两大类，均有大有小。若结合拼板与腿足的榫卯方式又可分成：夹头榫平头案、夹头榫翘头案、插肩榫平头案、插肩榫翘头案四类。插肩榫条案以小型或中型居多，造型轻巧，长面宽度都在 1 米以内，多以酒案、灵活搬动的祭祀案为主。夹头榫条案以中型或大型居多，造型多变，案面有平头与翘头之分，腿足有直腿横枨不带托子与花纹挡板带托子之分。根据时人使用案类的具体用法，又细分为食案、承案、画案、供案四类不同功能案。

（3）几类：大量明代图像中时常可以看到不同功用的几，功能大致可分为两类，即室内外

祭祀和盆景陈设。用于祭祀的几被称为"香几"，其功用在于"富贵之家，或置厅堂，上陈炉鼎，焚兰温寮；或置中庭，夜色将阑，仕女就之祈神乞巧。道宫佛殿，也设香几，焚香之外，兼放法器"，另一种使用方式为盆景或花瓶等其他陈设器物的承具，则称作"花几"。

2. 坐具

（1）圈椅：椅背形状圆如圈，以楔钉桦五接或三接而成，扶手出头，椅盘下设券口牙子，脚足外圆内方，是圈椅的基本形式。圈椅历经唐、宋、元三代变迁，至明代皆有较完善的形制。从苏州地区明器出土数量和插图刻本的描绘来看，较之其他坐具显得非常少，可见在明代，苏作圈椅并非主流家具（图7-31）。

图 7-31　黑大漆圈椅，15 至 16 世纪，宽 60 厘米，深 48 厘米，高 95 厘米，万乾堂藏

此圈椅制式高古，结体扎实稳健，造型沉穆劲挺，线脚简洁流畅，工艺古拙洒脱，粗犷而不失细腻。圈椅靠背板攒框镶心，上部雕镂空云朵状，在其内部或雕如意形云头开光，或雕双叶瓣状图饰，或仅镂空而无其他雕饰；中部浮雕形态各异的麒麟纹，并在其上下挖海棠纹，内嵌象骨刻胡椒眼纹饰；下部卷叶牙纹壸门亮脚。椅柱两侧饰边牙条。座面软屉，素刀牙板下设顶牙牚，此为少见之式

（2）官帽椅：官帽椅因搭脑两端超出腿足上截，形成"官帽"之式，且有扶手，称之为官

帽椅，古代官帽均为前低后高，明显地分成两部分。若将椅子与官帽对比，尤其从椅子的侧面看，扶手如帽子的前部，椅背如帽子的后部。

官帽椅分"四出头官帽椅"和"南官帽椅"两种。

①四出头官帽椅（有扶手）和灯挂椅（无扶手）：如果扶手超出"鹅脖"上截，就称为"四出头官帽椅"。从古代资料以及收藏品来看，明代也有许多不设联帮棍的四出头官帽椅。官帽椅在出土明器和插图刻本中均有大量反映，可见这一器型在明代生活中的重要性。北方地区多用"四出头官帽椅"，尤其是"京官"，在天子脚下，升迁的机会更高，又因"四出头"与"仕出头"谐音，因此就用了四出头形制，称为四出头官帽椅（图7-32）。

图 7-32　朱红漆四出头官帽椅，16 至 17 世纪，宽 57 厘米，深 46 厘米，高 109 厘米，存真堂藏

此椅属四出头官帽椅中的平切式，整器各部件虽出材纤细，实际用料极大，后腿和扶手的曲度都达到了木材应力的极限，但由于各节点合理的分布，有效分配了外力，使得此椅在追求座面以上容量感的同时，极富弹性，与徽宗之瘦金体有殊途同归之妙，加之披灰施朱漆的工艺，使此椅更显得端庄秀丽

如果官帽椅没有扶手结构，只是靠背椅形态，被称为"灯挂式"，出自民间对搭脑两端超出腿足上截的部分的形象描绘。灯挂椅的历史由来已久，从五代时期就已经出现，是人们生活中常用的家具，也是明代最为普及的椅子样式，属于明式八大椅之一。灯挂椅是介于扶手椅和凳子之间的一款椅子，因似南方挂在灶壁上用以承托油灯灯盏的竹制灯挂而得名。它的造型挺拔清秀，搭脑两端挑出，板面光素无雕饰；背靠板根据人腰部的线条设计，一般为"S"形，也有"C"形，装饰非常简洁。不管是皇室贵胄、文人雅士还是寻常百姓，家里都放有几张灯挂椅"镇宅"。

②南官帽椅（有扶手）和一统碑椅（无扶手）：在宋代，南方多为流放贬谪之地，被贬斥于此的官员很难起复，多数是闷闷不乐地在当地直到卸任或死亡。由此形成一种共识：在北方任职的官员仕途上将会有更好的发展，在南方任职的官员升迁希望渺茫。所以，南方地区此类形制的椅子多不出头，谐音"难出头"，称为南官帽椅。

南官帽椅和一统碑椅的搭脑两端不超出腿足上截，两者的最大区别在于有无扶手。唐宋的扶手椅在扶手下几乎都没有安置联帮棍。潘惠墓出土明器搭脑两头挖窝，与靠背立柱凸榫相吻，北京匠师称这种闷角榫结合方式为"挖烟袋锅"。北方称"南官帽椅"，苏州民间习惯称"文椅"，它与一统碑椅最大的差异在于有无扶手（图7-33-1、图7-33-2）。

从出土明器和历史图像得出，明代椅型除了交椅之外，腿足造型基本保持相似形制：四方（圆）腿足间有券口结构加固，腿间直枨近地。靠背与扶手起到对背部、手臂的支撑作用，形成

图7-33-1 槐木黑漆南官帽椅，17世纪，宽59厘米，深45厘米，高100厘米，听雪堂藏

该官帽椅为晋地坐具，其形制与装饰符号在这张椅具上得到了贯彻与放大。威：威仪，指庄严的容止；福：古称富贵寿考等齐备为福。斟用"坐威坐福"这个词来定义谓为恰当

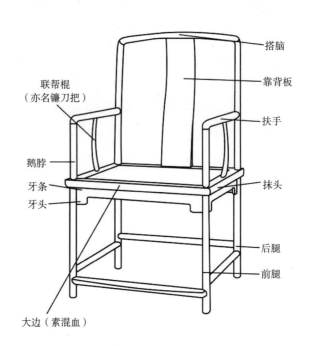

图7-33-2 南官帽椅结构图，荣树云绘制

三围之势，与圈背形成的整体弧形之势功能效果一样。官帽椅和灯挂椅、南官帽椅和一统碑椅形制，其后腿与靠背立柱已达到一木连做的结构程

度，而圈椅上部与椅面的结合点仅三处，其承重性与稳固性不及其他椅型。从明后期至清中期，圈椅的圈背结构进行了借鉴性的改良，加强了上下部件的结合。椅面不仅攒边拼板，而且出现竹编软屉新材料，以适应江南炎热气候，竹材作为因地制宜的材料，也用于椅器，其造型与木制椅造型一致，可见椅类已形成较固定形制。

（3）其他：明代坐具除了椅之外，如几、凳、榻也因其使用功能不一，其形态也各不相同。

凳类一般狭长，在明代较为常见，常与条案组合，故造型与案造型保持一致，常见夹头榫结构。《长物志》记载："亦用狭边镶者为雅，以川柏为心，以乌木镶之，最古。不则竟用杂木，黑漆者亦可用"[1]。

榻，虽然榻类提供躺卧功能，但多供临时躺卧，弥补了其他坐具舒适度的问题。正如文氏所说"古人制几榻，虽长短广狭不齐，置之斋室，必古雅可爱，又坐卧依凭，无不便适"[2]，即坐卧两用。床之低而小者为榻，在造型和体量上，榻类是介于椅类与床类之间的过渡造型，因而具有其特殊性。明代屠隆所著《起居器服笺》记载："榻，高一尺二寸，长七尺有奇，横如长之半周，设木格，中实湘竹，置之高齐可作午睡梦寐中，如在潇湘洞庭之野。有大理石镶者或花楠者或退光黑漆中刻竹以粉填之，俨如石塌者佳"，尺寸与《长物志》中记载一致。

明代之前，床与榻基本为坐卧使用，且习惯上以床榻并称。宋元之际史学家胡三省在其著作

① ［明］文震亨. 长物志 [M]. 北京：金城出版社，2010：206.

② ［明］文震亨. 长物志 [M]. 北京：金城出版社，2010：196.

《资治通鉴·汉献帝建安五年》对"合榻对饮"中之榻有注解："榻，床也。有坐榻，有卧榻"。直至万历年间王圻、王思义父子汇编的《三才图会》中才有"榻"的正解。由此可得知明万历之前，人们对床榻无细分，明万历前后人们逐渐将床与榻在表意与图像上区分开来（图7-34）。

图 7-34　槐木凉榻，天启五年（公元 1625 年），长204 厘米，宽 81 厘米，高 49 厘米，可乐马古典家具博物馆藏

此造型极简约，四条腿近乎垂直立于床屉之下，两侧无任何其他支撑或牙板装饰。在所有明式家具中，此结构较少见，唯有床屉边沿上下方各有一条装饰线，说明匠师有保持一种简约之美，此榻为明代书斋小憩之用

3. 卧具类

卧具类单指床，"床"字最早见于甲骨文，《诗》之《小雅·斯干》记载有"乃生男子，载寝之床"，《北山》"或息偃在床，或不已于行"。文中所指的床，均为卧床之属。至汉代《说文》解释"床"为"安身之坐者"，《释名》解释为"人所坐卧曰床。床，装也。所以自装载也。"可见自汉起，卧具床中分化出一类以"坐"为主的床，或称为"尊位"。

床与榻在席地而坐的时代，是有分工的。床体较大，可为坐具，也为卧具；塌体较小，只用于坐具。魏晋南北朝以后，榻体增大，床与榻同样担负着坐卧两种功能，因而也就难以截然分清了。习惯上认为：床不仅长，而且宽，主要为卧具。榻身窄而长，可坐可卧。床与榻在形制上有着极大的相似，在榫卯结构上亦是相似。床体下

部与榻始终保持历史形态的一致，东晋顾恺之《女史箴图》中的床造型下部特征与当时盛行一时的壶门榻的造型基本一致，只是床身上柱间设的围子更像是折屏。直至南宋《韩熙载夜宴图》中呈现的床，仍然是像画屏一样的矮围子，帐幔皆在床体外面，起到了实用而美观的作用。两类虽形制无大异，但陈设的场合决定了不同的功能，《北齐校书图》《韩熙载夜宴图》等绘画作品均能反映这两类床的不同功用。

《鲁班经》记载有大床式和凉床式，类似于今日所说的拔步床、架子床。拔步床，又叫八步床，是中国传统家具中体型最大的一种床，于明清时期流行。拔步床在《鲁班经·匠家境》中被分别列为"大床"和"凉床"两类，其实是拔步床的繁简两种形式。拔步床的独特之处是在架子床外增加了一间"小木屋"。拔步床有四柱与六柱床之分，在明代的图像中均有出现（图7-35、图7-36）。

图7-35 楠木罗汉床，17世纪，长222厘米，宽125厘米，高101厘米，海旭古代家具藏

该床腿三弯外卷灵芝流畅有力，牙板雕卷草纹华丽婉转，三围屏皆独板素雅大方，整床雅致舒展，不俗不艳，亮丽华美，属于床榻中的佳品，体现了明末清初古家具的时代风格以及主流审美取向

图7-36 四柱架子床，17世纪，长220厘米，宽130厘米，高204厘米，刘克威藏

此床由柏木制成，框架结构运用合理，床座大边采用立棉，坚实敦厚，马蹄足短粗有力，收放有致，床架立柱与围板及横楣通灵剔透，绦环板起圆皮条线丰满圆润，诸多优秀的工艺使此床具有了朴素无华，浑厚疏朗的气质

4. 架类

明代生活中出现的架类可分为衣架和脸盆架两大类。衣架和脸盆架常在卧房空间中使用，与起居卧具相组合，承担悬挂衣物、布巾之功用，缺一不可。从大量出土明器中可以看出，衣架和脸盆架标准造型基本稳定：由立柱与横枨构架而成，依靠底座墩子起稳固作用，装饰细节稍有变化。脸盆架造型完全从使用功能出发，由支撑圆形面盆的底部支架和悬挂布巾的上部支架两部分组成，两部分合二为一。底部支架有六腿与四腿之分，进而决定高腿双杆与高腿独杆之别，但也有单独六腿支架与落地窄衣架的组合方式（图7-37）。

5. 箱橱柜类

明代称为箱橱柜的家具都是各种收纳型家具。橱柜形态有两种。其一，体量不大，仅两扇门的框架结构，有无门杆之区分；其二，上部有隔层，下部有两扇门的框架结构，上层隔板可放书籍、器物。书架或储物架的形制均采用越大越

图 7-37　朱漆矿彩衣搭，13 至 14 世纪，长 63 厘米，宽 170 厘米，高 146 厘米，存真藏

此衣搭框架粗壮，剑脊棱肥厚有力，与镶嵌其中线条流畅富于弹性的壸门牙板形成了鲜明的对比关系，雕饰平刻起阴线，简洁富于动感，鼓形底座与弓形站牙张力十足，这些造型特点与装饰手法与宋元制器风格相得益彰，是研究高古风格家具的重要实物资料

好的形式，但纵深有限，以一册书或一只箱的宽度为宜，符合功能要求。橱、架多为书籍收纳之用，箱的功能更多。《长物志》中记载："以置古玉重器或晋唐小卷为宜"，或"置卷轴、香药、杂玩，斋中宜多蓄以备用"[1]，箱的形态一般为顶部掀盖式，这顶部盖型式样也多见这三种：盝顶式、平顶式、弧顶式（图 7-38-1、图 7-38-2）。

图 7-38-1　朱红漆雕填戗金衣箱，14 世纪，长 87 厘米，宽 56 厘米，高 61 厘米，李增藏

---

[1]　[明]文震亨. 长物志 [M]. 扬州：金城出版社，2010：211.

图 7-38-2　朱红漆雕填戗金衣箱局部细节

此箱形制：顶盖为圆弧形，底座打洼起线，制式独特。箱体以杉木作胎，外披麻灰饰朱红漆，通体饰盘龙、缠枝莲、朵云纹等图案，线脚内戗金以突显其纹饰，图纹生动而形象。盘龙姿态张扬跋扈、雄浑凛冽，乃为明龙典型之态。缠枝莲弯旋曲转，叶脉纹络精美逼真，云头飘浮之态仿若空中之真卷云飘落于其上。仅存铜饰件鎏金高浮雕五爪龙，其工艺之精湛、做工之讲究迄今为止并不多见

此箱周体雕、填、戗金，极具富贵之气，以其独特的造型和漆色质感、断纹的开片状态以及雕填五爪云龙的纹饰判断，此箱应为明早期皇家御用之器

本章小结

农耕社会时期的中国，即使改朝换代，其社会结构、社会制度、阶级形态、家族关系等仍然保持较严苛的等级制度，而以个人为中心的价值观，常被文人视为个人境界。从宋代至明代的社会发展进程中，文人强调个人价值的意愿越发强烈，从强调合天意到注重合人意，其中有明代理学的推动作用，从文人到大众都转而追求更合适的生活方式，即追求功能性需求的同时兼具追求精神需求。显然，新的个人价值观还未强大到推翻传统价值观的程度，于是在晚明时代，这两种价值观并存于社会关系中，在家具器物上的反射也未见冲突，对外可以依赖于经济条件因素反映

出等级尊严，对内可以依赖于对生活方式的真实需求反映出客观实用性。由此，也影响苏州地区以富庶文人为主的消费行为。

造型行为与制造行为可共称为生产行为，其中造型行为因为明代苏地文人的趣味创新而变得尤其特别，这是地域文化现象中特殊因素造成的与其他地域文化的不同，同时也与苏地优秀的匠作行为结合，产生了对传统意识积累的新的挑战，也因此带动当地制造行为的更迭。在这三种行为当中，文人与工匠的作用平分秋色，文人既是消费行为的主力，也参与了部分造型行为。可见在明式家具生成过程中，文人的意愿与参与程度非常重要，这是明代社会具体到苏州地区文人的一大特色，与明以前任何古典时期的情况大为不同。物质内容是这一"技术文化"体系最终呈现的表象，体现在原料、工具以及工艺方法当中，换而言之正是这一体系中"技术"部分的核心，这一技术的物质内容可以从历史的技术积累中获得，但技术的进步又恰恰是在新的经济生活环境中产生的。新的消费意识和行为影响了造型与制造的方向，势必会在原料和加工工具方面产生新意，当材料和加工工具发生变化时，依赖于材料和工具的加工工艺的方法也就因此产生了新的面貌。

明式家具精致、实际耐用，其工具与材料的相辅相成，以及充满智慧的传统榫卯构造，以及家具的造型形态结构部件的力学关系，已经变得更加科学。同时其工序合理，都建立在尊重材料、工具的基础之上。

思考题

1. 结合实例略论明代造物思想。

2. 简述明代园林建筑的造物思想。

3. 论述晚明造物艺术的经世致用造物观——以《天工开物》为例。

4. 简述明代漆器造物艺术与社会制度的关系。

5. 论述明代造物艺术与生活方式的内在联系。

延伸阅读与参考书目

［1］［清］阮元. 十三经注疏（影印本）[M]. 北京：中华书局，1980.

［2］［明］宋应星. 天工开物 [M]. 成都：四川美术出版社，2019.

［3］陈植. 长物志校注 [M]. 南京：江苏科学技术出版社，1984.

［4］王海连. 闲情偶寄图说 [M]. 济南：山东画报出版社，2003.

［5］高丰. 中国器物艺术论 [M]. 济南：山东教育出版社，2011.

［6］邵琦，李良瑾，陆伟，等. 中国古代设计思想史略 [M]. 上海：上海书店出版社，2009.

［7］周锡保. 中国古代服饰史 [M]. 北京：中央编译出版社，2011.

［8］柯律格，包华石，等. 山水之境——中国文化中的风景园林 [M]. 北京：生活·读书·新知三联书店，2015.

第 8 章　转型前夜：复古、交流与碰撞

清代（1644—1911）是中国 2000 多年封建社会的最后一个帝国，也是中国传统封建社会向近代社会的转型期。一般历史分期以 1840 年为界：此前为中国封建社会收官阶段，此后则为向近代社会转型期。整个清代的造物文化，体现出前工业化时代手工技艺的发展形态，处于古今中外碰撞、交流、融合的时代环境中。

8.1　文化交流、碰撞下的造物特征

要把握清代的造物文化，我们需要注意四个要点：一、清代是中国传统文化的集成阶段，造物文化呈现出复古甚至泥古的趋势；二、明末清初工商经济的繁荣，进一步带来造物文化的繁盛；三、清代多民族融合，满、汉文化在交融中深刻影响造物，特别是服饰表现尤为突出；四、清代虽然闭关锁国，但中外文化的交流、碰撞，仍然给传统造物带来极大冲击。

8.1.1　传统文化集成，造物复古风盛

清代对传统文化集成的一大表现，是康熙年间《古籍图书集成》、乾隆年间《四库全书》两部百科全书的编纂。清代统治阶层虽然来自北方少数民族，却大力吸收中华传统文化，把儒学特别是宋明理学定为士人必须尊奉的官方哲学，并进一步完善了八股取士的科举制。这些做法，都服从和服务于清代的文化专制，康熙、雍正、乾隆三朝的"文字狱"，文网之密，搜求之细，惩办之酷，为历代所少见，让知识分子噤若寒蝉，带来的后果是大批文人躲入故纸堆，"避席畏闻文字狱，著书都为稻粱谋"。但以颜元、惠栋等为代表的清代朴学，在客观上起到了传承传统学术文化的作用。另外，清初黄宗羲、顾炎武、王夫之引领的启蒙思潮和实学精神，在清代也有持续影响，一直影响到后来向近代社会的转型。

在这样的时代环境下，清代前期的造物文化踵事增华。和文学、艺术一样，当时的造物文化存在复古、仿古、泥古倾向，而且是全面的复古。最典型的是瓷器，此前历朝历代的瓷器均有独创和独到之处，清代的瓷器以景德镇为代表，却以遍仿历代名品、追求包罗万象为自己的风貌，如《清稗类钞》所说"袭历朝之形式，无所不仿，且亦一一皆得尽似"。清代瓷器在釉色、器型、图案方面集古代瓷器之大成，如"康熙五彩"是在明代多彩瓷"大明五彩"基础上借鉴唐三彩的色彩而得，因仿古之惟妙惟肖，又被称为

"古彩"（图8-1）。^①清人蓝浦的《景德镇陶录》总结说："仿肖古名窑，诸器无不媲美；仿各种名釉，无不巧合……厂窑至此，集大成矣。"

图8-1　仿宣德款象耳洒金铜炉，清代，天津博物馆藏

中国传统造物发展到清代，已是门类齐全、分工精细，工艺技术也形成了明晰的规范。清代统治者如康熙、雍正、乾隆亲自参与造物艺术的指导和修改，在他们倡导下，手工艺人在创作过程中愈加追求技艺上的精巧与熟练，各类物品的结构与造型日趋精致，而附着其上的装饰则趋于繁缛，图案注重写实的绘画性。

体现清代复古潮流的，还有当时人对古董、文物和藏书的热情。清代很多城市都兴起了古董文物市场，以京师的琉璃厂最具代表性。当时很多人对文物非常有热情，古砚、古钱、古彝器、古字画、古瓷器、古乐器、古碑石，都不乏收集者。清代人藏书之热，也远远超过了前代，并且以收藏宋元刻本为时尚。当时家藏千册已很平常，很多藏书家都藏书数万册，并大多建有书库、书楼，比较有名的如钱谦益的绛云楼、王士禛的池北书库、惠栋的百岁堂，等等。

在浓重的复古风气之下，也有反传统的潮流，如李渔、郑板桥、袁枚等职业文人在诗词、戏曲、书画、园林等方面体现出更多平民色彩和明代以来个性解放的近代化潮流。这是一个不以当时统治者意志为转移的时代潮流，最代表这个时代的文艺形式——小说戏曲，描绘的正是世俗人情的风习图画。

8.1.2　工商经济发展，形成专业市镇

明代后期，江南地区工商业发达，市镇繁荣，当时人普遍追名逐利，明代人何良俊在其《四友斋丛说》中说："昔日逐末之人尚少，今去农而改业为工商者，三倍于前矣"，工商经济和市民社会的发展，出现了资本主义的萌芽。明末清初虽然战乱频仍，但经济和社会却快速恢复，到18世纪晚期，中国人口已经增长到约3亿人。清代开国之初，采取了顺应工商业发展的措施，康熙三年下令"班匠银"摊入田亩征收，"匠籍"制度逐渐消亡。匠籍废除后，民间手工业得到了空前发展，如李泽厚《美的历程》所言："明清工艺由于与较大规模的商品生产（如出口外洋）和手工艺直接相联，随着社会中市场商品经济不断发展，它们有所发展"^②。

手工业的发展和城市经济发展如影随形。清代的城市体系延续明代，苏州取代杭州成为前期工商业最发达的城市和宋代坊市制度崩溃后又一传统政治型城市蜕变为传统工商业型城市的典型代表，当时一位游历过苏州的法国人称苏州是"高级趣味的工艺和风靡全国的风尚的策源地"^③。乾隆二十四年（1759年），清代苏州画家徐扬创作的写实画卷《盛世滋生图》（图8-2），就如同

① 王小舒.清代文学与审美文化[J].山东大学学报，2003（06）.

② 李泽厚.美学三书[M].合肥：安徽文艺出版社，1999：205.

③ 冯天瑜，邵学海.万古江河：中国文化巡礼[M].长沙：湖北美术出版社，2010：273.

图 8-2　盛世滋生图（局部），清代，辽宁省博物馆藏

宋代《清明上河图》对汴梁的刻画一样，非常直观而细致地展示了当年苏州城市商业繁华的盛况：画面里有熙来攘往的各色人物 12000 多人，各色房屋建筑 2140 余栋，河道中的官船、货船、客船、杂货船、画船、木排竹筏等约 400 条，街道店肆林立，市招高扬……足见苏州作为丝绸纺织和手工艺品生产中心的地位。①

　　当时在江南地区还形成了各种专业市镇，声名最著的是号称天下"四大名镇"的景德镇、朱仙镇、佛山镇和汉口镇。景德镇成为代表明清陶瓷业最高水平的专业市镇，四方客商趋之若鹜。汉口镇也人烟数十里，商贾数千家，成为商船往来、货物云集的九州名镇。

　　这一时期艺术的商品化也获得空前发展。杜朴、文以诚所著的《中国艺术与文化》中认为，

这种趋势表现在几个方面：一是具有广泛经济影响力的大规模（批量）艺术和手工艺产业，建立在工艺和设计技巧滋长的基础上；二是与富有的商人群体的出现有关，他们的审美标准和艺术品位在造物文化中起到越来越重要的作用；三是财富分布更广，使得艺术和手工艺品的市场更大，对艺术品和消费指南出版物的需求也在增加，一个典型例子是 17 世纪初期辑录的《程氏墨苑》，兼具了广告或销售目录与流行图案手册的价值；四是文人书画等精英艺术越来越多地介入市场而且商品化。②

8.1.3　民族空前融合，满族文化主导

　　作为中国封建社会第二个少数民族统治的多民族统一国家，清王朝非常注重维护其民族特

① 唐力行. 繁华与转型：清代苏州的变迁脉络 [N]. 苏州日报，2019-12-10（A16）.

② ［美］杜朴，文以诚. 中国艺术与文化 [M]. 张欣，译. 北京：世界图书出版公司，2011：310.

性，强制推行"剃发易服"的制度，虽然一度因遭遇汉族士人、百姓的强烈抵制实行了民间所谓"十从十不从""男从女不从"的变通之策，但最终还是非常彻底地对从文武官员到士农工商等各个阶层的服饰、礼仪做出了严格而详细的规定，使得满族文化在有清一代得到极大的推广。

同时，清代作为多民族融合发展的时期，统治者实施"满汉结合""满汉一体""满汉交融"的民族文化融合政策，加上在统一多民族的社会中各族人民通过各种渠道、途径、方式在漫长的历史时期内相互交往、彼此学习，逐渐形成了文化风俗的多样一体化格局。总体来看，在服饰、发型上，汉族有"满化"的特征；而在饮食、住行、礼仪等方面，满族则有"汉化"的趋势。[1]

另外值得注意的是，太平天国运动时期，在《奉天讨胡檄布四方谕》中提出"中国要有中国之形象……中国有中国之衣冠"，在官民服饰礼仪风尚方面进行了极大的变革，在一定阶段、区域和人群中产生了影响。

8.1.4　中外交流碰撞，造物面临冲击

16 世纪以后，以耶稣会士为媒介，西方的天文、地理、数学、物理、艺术等在明末清初大量输入，18 世纪中国的绘画、建筑、戏剧、诗歌、陶瓷、丝绸及典章文物等也大举传入欧洲并在当地风靡一时，法国汉学家亨利·柯蒂埃（Henri Cordier，1849—1925）在其名著《18 世纪法国视野里的中国》中就提道："在 17 世纪末，拥有自己的'特利亚农宫'（指瓷宫）成为一种风尚，就像在 18 世纪下半期有一只中国蝴蝶一

样让人骄傲"[2]。但令人可惜的是，西洋学术虽曾在明清之际掀起一阵波澜，却没有给中国社会生活、生产方式带来变革，不久就湮没无闻了。[3]清初实行的"迁海令"、"一口通商"（仅限广州）以及闭关锁国政策，都严重妨碍了中外经贸关系的健康发展，禁锢了中外文化之间的交流，使中国在世界从陆地时代向海洋时代转折的关键时期，错失了跻身国际政治经济新秩序的机遇。

但中西文化的交流、碰撞、融合却是不可逆的时代趋势，尤其是瓷器等工艺品的外销，更是加剧了这种碰撞。在 18 世纪后期的乾隆年间，欧洲元素在清代的宫廷建筑、瓷器和绘画中极为普遍，来自欧洲市场的定制化生产以图纸和模型指导生产，使得外销瓷产品出现了中式、欧式和混合式并存的风格，这一时期欧洲样式的纹章、基督教场景等在中国外销瓷中频繁出现[4]（图 8-3）。

图 8-3　欧洲人物图案画瓶（乾隆年间造），清代，台北故宫博物院藏

---

① 林永匡，袁立泽 . 中国风俗通史 · 清代卷 [M]. 上海：上海文艺出版社，2001：20-22.

② [法] 亨利·柯蒂埃 .18 世纪法国视野里的中国 [M]. 唐玉清，译 . 上海：上海书店出版社，2010：34.

③ 冯天瑜，邵学海 . 万古江河：中国文化巡礼 [M]. 长沙：湖北美术出版社，2010：268-271.

④ [美] 杜朴，文以诚 . 中国艺术与文化 [M]. 张欣，译 . 北京：世界图书出版公司，2011：334.

清代造物处于古今中外碰撞、交流、会通之际，一些优秀的手工艺人在总结行业经验的基础上，撰写出专门的工艺专著，由文人记录的各种工艺以及与之有关的著作也相继产生，如朱琰的《陶说》，程哲的《窑器说》，蓝浦、郑廷桂的《景德镇陶录》，梁同书的《笔史》，张燕昌的《羽扇谱》，周嘉胄的《装潢志》，沈寿口述、张謇记录的《雪宦绣谱》等。

在中西碰撞、交汇中，传统造物艺术受到前所未有的冲击。生活于 19 世纪中叶的薛福成（1838—1894）是清代洋务运动的主要领导者之一，有出任英、法、比、德外交官的经历。在文章《振百工说》里，他批评了中国传统社会"轻农工商而专重士，又惟以攻时文贴括者，为已尽士之能事"的弊端，提出"工商立国""工实居商之先"，所以要"振百工"，即大力发展工业和手工业。这一提议在当时虽然未能成功实行，但也产生了积极影响。

8.2　清代服饰与生活方式

作为少数民族建立的统一政权，清代的服饰制度体现出更强烈的政治色彩。满族及其先民女真族，在历史上先后两次建立封建政权：一是 1115 年女真领袖完颜阿骨打建立金国，与宋代并存，享国 119 年；二是 1616 年女真首领努尔哈赤建立后金，皇太极于 1635 年改族号为满洲，1636 年改国号为大清。清朝统治者认为"女真汉化"是金衰亡的主要原因，因此高度重视发展本民族文化，视"国语骑射"为立国之本，将

满、汉两种文字作为清代官方文字，更强行推广"剃发易服"的服饰制度。

8.2.1　严格的服饰制度

在我国服饰发展史上，清代服饰的制度性特征最为显著。1621 年，努尔哈赤初定官服制度。顺治九年（1652 年）颁布钦定《服色肩舆条例》，宣布废除明代的冠冕衣裳制度，建立以满族八旗服饰为基础的服饰制度。至乾隆三十二年（1767 年），清朝先后修订服饰制度四十余次。[①]本时期服饰制度整体体现出以下特点：

第一，所规定的服饰系列最为齐全，如皇帝的服饰在不同季节、时间、场合及环境如何穿着均有明确规定，按场合可分朝服、吉服、常服、行服等，按季节则可分为冬服、夏服、雨服等。

第二，服饰规制的繁缛程度最为具体，不仅规定了冠饰、袍服、足饰等主要服饰，对于佩戴饰物如朝珠、采帨、金约、领约、簪饰、耳饰、带饰及坐褥等都做了明确规定，甚至对穿朝珠用的丝绦颜色都做出了具体要求。

第三，涉及人员最为广泛，不仅皇室、官员等有具体规定，甚至对耆老、商人、兵民、仆人、优人、僧、道、尼等人群的服饰也做了严格规定，体现出了严格而周备的等级制度特征。

清朝入关之后，统治者强制推行"剃发易服"政策，虽因汉族人民的强烈抵制实行了所谓"十从十不从""男从女不从"的变通办法，但满族服饰文化仍占据主流地位，并体现出浓郁的民族融合色彩。

---

① 朱华.清代满族服饰文化特征探析 [J].辽东学院学报，2020（03）.

8.2.2 男子服饰

1. 皇帝服饰

清代皇帝的服饰包括冠裳、饰物、甲胄等。皇帝的冠制，分朝冠、吉服冠、常服冠、行冠和玉冠，均分冬、夏两种，其突出特点是废除了汉族冠冕制度，改为具有满族特色的朝冠，夏季朝冠上饰有"金佛"，具有浓厚的佛教色彩。皇帝袍服为龙袍，沿袭了汉族传统龙蟒图案，最明显的特征是十二章纹，即日、月、星、山、龙、华虫、宗彝、火、粉米、黼、黻、藻。此外，在皇帝服饰的颜色上，以明黄色为专属色，规定只有帝系和后系方可使用，皇子贝勒及以下均不得使用（图 8-4）。

图 8-4 乾隆皇帝朝服像，清代，北京故宫博物院藏

2. 官员服饰

清代的文武百官服饰主要样式为长袍、马褂、马蹄袖箭衣、紧袜、长筒靴，军政人员戴的纬帽有暖帽、凉帽之分。官员的蟒袍有青色和蓝色两种，根据蟒数可区别文武官员的级别，三品以上的为五爪九蟒，四至六品的为四爪八蟒，七品以下的为四爪五蟒。补子也是清朝官员服饰中最能反映等级制度的身份标识之一，直接绣在补褂上，前胸和后背各缀一片，一品至九品各个品级官员根据其对应的动物纹样相区分。文官补服图案多为禽鸟，从一品到九品一般依次为鹤、锦鸡、孔雀、雁、白鹇、鹭鸶、鸂鶒、鹌鹑、练雀；武官补服图案多为兽类，从一品至九品依次为麒麟、狮、豹、虎、熊、彪、犀牛、鹌鹑（如文八品）、海马。另外，"顶戴花翎"是清代宫廷显示满族贵族身份的权利象征，清初期的顶戴花翎并不是官员品级的划分，而是一种荣誉象征，后期才逐渐将其运用为区分等级地位的手段之一。

由佛珠演化而来的朝珠成为清代从君到臣所穿朝服的重要组成部分，据《清史稿·舆服二》载："凡朝珠，王公以下，文职五品、武职四品以上及翰詹、科道、侍卫，公主、福晋以下，五品官命妇以上均得用"。朝珠由 108 颗珍珠或宝石等贵重材料制成，取佛教"百八烦恼"之意，并饰有佛头、佛头塔、佛嘴等部件，佛教色彩十分浓郁，不仅体现了清代统治者以佛教为国教，而且也凝结着满族与藏族的友好关系。[①]

3. 士庶服饰

举人、贡生、监生、生员谓之士，其他人等为庶人。其服饰虽自成体系，但与文、武官员有相通之处。清代的民间服饰突出体现在"改冠易服"，即俗话说的"剃发易服"。自清代统治者入关后，大规模面向全国范围推出"衣冠须遵本朝制度"的明令政策，规定汉族男子衣冠务必遵循清朝制度，其外在特征要与满族男子的穿着相一致。百姓男服主要有袍、褂、袄、衫和宽裆长裤

---

① 朱华. 清代满族服饰文化特征探析 [J]. 辽东学院学报，2020（03）.

等，上装多为袖筒身，用纽扣系衣襟。

清代男子服饰给人印象最深刻的是"长袍马褂"。马褂有长袖、短袖、宽袖、窄袖、对襟、大襟、琵琶襟等数种，一般人在穿着时多穿在长衣袍衫之外。它长及于脐，较外褂要短一些，颜色多为宝蓝、天青、库灰，料子一般为铁线纱、呢、缎等，也有用大红色的。其样式更是多样，有黄马褂、对襟马褂、长马褂等。

民间的衫和袍，清初流行长的，顺治末减短到膝盖，后来又加长到脚踝上。一直到同治、光绪年间，袍子还大多比较宽大，清末甲午（1894）、庚子（1900）年后，则变为极紧的腰身、窄袖的式样。另，清代民间服饰还流行小帽，俗名"西瓜皮帽"，春冬多用缎料制作，夏秋多用实地纱制作。据说这种小帽创于明太祖时期，取六合一统之意，清代沿用成习。

8.2.3 妇女服饰

因有"男降女不降"的说法，清初汉族妇女的服装基本保留了明代样式，乾隆之后才逐渐吸收一些满族女装要素，但仍以宽大飘逸为特色。常见的上衣有兜肚、小袄、大袄、坎肩、披风以及云肩等，下裳有凤尾裙、鱼鳞裙等长裙，所用面料以丝、棉质地为主，服饰面料的装饰既有印染工艺，也有刺绣。到乾隆、嘉庆之后，满、汉女装相互影响、相互借鉴，风格逐渐融为一体。

清代满族女子服饰与其他各朝代、各民族都大有不同，独具风采。入关初期，旗女服饰继承前期女真族服饰简约而实用的特点，至清中叶，其服饰趋于繁琐而精致，服饰样式也有很大变化，体现出满汉一体的特点。从杨柳青木版年画的仕女游春图中也能看出这种融合趋势（图8-5）。

图 8-5 仕女游春，清代

1. 旗袍

和汉族一直流行的"上衣下裳"形制不同，清代满族妇女都以"连裳"为常服，而且最初都着窄袖长袍。康乾之后，满、汉之间妇女服饰相互效仿，旗女着装开始追求衣袖宽大，为此乾隆、嘉庆父子都先后明令申斥"衣袖宽广逾度""此风断不可长"，甚至威胁将逾度穿衣女子的父兄"指名参奏治罪"，但到后来此风愈演愈烈，出现了"大半旗装改汉装，宫袍截作短衣裳"的情况，汉族的达官贵妇、商贾妻女也竞相穿着"旗袍"以示显赫与时髦，满汉服饰进一步合流。

满族妇女的这种开衩长袍，袖子为形如马蹄的"马蹄袖"，马蹄袖本是服装的一个配饰，但在满族社会礼仪中，晚辈见长辈或下级见上级行礼时，放下马蹄袖成了礼仪的一部分，叫作"放哇哈"。满族妇女也喜欢在长袍上加罩一件坎肩，也称马甲、背心，形制有对襟、一字襟、琵琶襟、大襟及斜直下襟等，且有装领子和不装领子之别，衣领高低随时变化，清末崇尚高领。

随着清朝经济的稳定发展，清代上层社会对服饰美的炫耀攀比之风愈演愈烈，旗袍的镶滚彩绣就是最具代表性的体现。这种工艺是在旗袍的边缘处，如领口、前襟、衣襟下摆等边缘处采取绣、滚、盘、镶、嵌等技术加以修饰，工艺也由最初的"三镶五滚"逐渐发展为"十八镶滚"，以至于覆盖了大部分衣服底料。流风所及，当时的平民服饰也追求色彩绚丽，喜欢在服饰上镶嵌各种彩牙儿，普遍采用刺绣等工艺增加服饰美感。这种旗装，后来就演化为满、汉妇女均喜欢的"旗袍"，成为中华民族服饰创新史上一个杰出代表。

2. 花盆底鞋

满族妇女崇尚"天足"，所以穿的鞋也和汉族女子不同，一般穿高底鞋，鞋底为马蹄底（又称花盆底），多为一、二寸，甚至有增高到四、五寸的。鞋底上宽下圆，形状如一花盆，故俗称"花盆底"。到了清代后期，高底鞋流行开来，成为与旗袍、手帕相配的标志性配饰。特别是宫廷女子更以高底鞋为尚，身着一身旗袍，加上"大拉翅"、高底鞋、手帕等配饰的衬托，走路时姿态优美，很是惹人注目。

3. 发式与发饰

满族妇女喜欢梳"两把头""一字头""如意头"等发型，并配上发饰。这种发型是在头顶后左、右横梳两个平髻，像一个如意横在头顶后，所以又叫"如意头"。同时，看上去像横写的"一"字，所以也叫"一字头"。后来，慈禧太后喜欢梳创新的"大拉翅"发型，发髻式样比以往高大，满族妇女争相效仿。满族妇女有"辫发盘髻"的传统，且发饰因老、中、幼年龄不同而有明显差别，这也成为区分满族妇女婚否的标志，未婚女子"髻发中分，绾上"，额前"齐眉穗"；已婚女子发式为"绾髻"且"开脸"等。

发饰方面，清代民间妇女用得比较多的有三种：一是鲜花类饰物，插在发髻间或者鬓角上，多选择茉莉、素馨、蕙兰、夜来香、野蔷薇等；二是象生花饰物，如清代苏州流行用通草、绒绢等制作象生花，类似鲜花且可久戴；三是金银、玉石制作的饰物，如各类发簪，慈禧太后喜欢戴赤金"卐"字簪，普通民间妇女则多购买形类花朵、禽鸟、秋叶之状的各类发簪。

8.2.4 高度发展的丝织业

清代服饰的发展，基于不断发展的丝织业和纺织业。

这一时期丝织业依然高度发达，江浙地区从南宋以来的丝织中心地位更加凸显，产量、工艺水平均高居全国之冠，最负盛名的丝绸品类多出自江宁、苏州一带，并形成了极富地域特色的品类。

1. 云锦

特指清代以来江宁（今南京）生产的华美丝绸，因富丽豪华、花纹绚烂而通称"云锦"，一般紧密厚重、纹样饱满、色彩浓重、图案端庄，喜欢用金线，风格偏于豪放。具体品类包括库缎、库锦和妆花，库缎通常是本色提花缎，也有妆金的；库锦通常在缎地上以金银线织花；妆花最为华美，是云锦的代表，其中的金宝地在满金地上织出金线轮廓的彩色图案，尤为华贵。

2. 宋锦

特指苏州织锦，因主流产品以宋代裱褙锦为楷模得名，图案多仿宋代，纹样秀丽，配色和谐，风格古雅。具体品类有重锦、细锦、匣锦之分。其中，重锦厚重精致，常加织金线，色彩丰富，多用于挂轴和铺垫陈设；细锦织造略疏，厚薄适中，题材丰富，布局多样，多用于装裱和衣物；匣锦织造较粗，图案多为小型花卉，配色素雅，专门用来装裱一般书画匣囊。

3. 地方名绣

在其他地域也涌现出一批有地域特色的名绣，如所谓"四大名绣"——苏、粤、湘、皖。此外，京绣、鲁绣、汴绣、瓯绣也各具特色，负有盛名。清代丝绸的装饰，仍以写实的花卉题材为主导，几何纹样应用也很广。乾隆时代，官府缂丝极为繁盛，或以名家书画为粉本，或表达对佛祖的虔敬，乾隆皇帝的书画也常常成为缂丝的题材，各种吉祥图案在这一时期越发流行，传递着喜气洋洋的氛围，却不免有浅薄和庸俗之嫌。

晚清以后，自动化的欧美铁织机传入，令传统的花色、图案发生大的变化。这时也更广泛地采用西洋画透视、明暗等表现手法，追逐仿真写生，让丝绸装饰不免沦为绘画的附庸。

值得注意的是，自元代以来中国的植棉纺织就日盛一日，清代棉布的产量更远胜丝绸。在江南农村，织布已经成为主要的家庭副业，专业作坊也为数众多。棉布的装饰一般采用印染方式，蓝印花布最为常见，其工艺、图案因地方不同而异，但整体追求清新大方、朴素适用的路线。

8.3　清代建筑与生活起居

清代的建筑，尤其是宫廷建筑，更多的是在明代基础上修补扩建，园林建筑是这一时代的突出特色，各地民居也以多样性体现出一定时代特色。

李斗（1949—1817）的《扬州画舫录》成书于乾隆年间，共十八卷，内容包括城池水系沿革、山川园林、寺观庙坛、市肆文物、风物掌故，兼采论学名篇、诗词楹联以至营造法式等。第十七卷中《工段营造录》专记乾隆年间扬州建筑工程技术成就，内容包含平地盘、画图样、平基土作、华表做法、亭做法、大木做法、折料做法、斗科做法、木直法、砖瓦石料做法、装修做法等多种建筑做法。

姚承祖（1866—1938）的《营造法原》全书由 16 个章节和 5 个附录组成，是江南古建筑专业技艺的经典之作，被誉为"中国南方建筑之宝典"。作者姚承祖是近代"香山帮"建筑大师，被誉为"江南耆匠""一代宗师"。《营造法原》后由学者张至刚增编，更注重了对江南民间营造技艺的传承。后来此书在高校专业教学中当教材使用，标志着传统建筑已由工匠经验技术成功上升为现代科学理论。[①]

8.3.1　居住建筑

清代居住的建筑群体，包括宫殿建筑、官僚宅第、平民住宅等，其中既有木石结构，也有其他类型的结构。

1. 宫殿建筑

此类型中最典型的是故宫，即清代的紫禁城，整个宫殿建筑群占地面积 72 万平方米，南北长 960 米，东西长 760 米，呈长方形，是"最符合《周礼·考工记》王城规划的宫殿建筑的实物典型。"[②]整个建筑群前门为端门，正门为午门，北门叫神武门（明代称玄武门），在这条长

① 余同元，屈顺 . 清代江南造园技艺理论 [J]. 民艺，2020（01）：95-98.

② 单士元 . 从紫禁城到故宫：营建、艺术、史事 [M]，北京：北京出版社，2017：2.

近千米的中轴线上，排列着一系列骨干建筑：外朝是太和殿、中和殿、保和殿，统称三大殿，即皇宫中的"金銮宝殿"；内廷乾清宫、交泰殿、坤宁宫等三宫，东西有格局相同的东、西六宫，即俗称的"三宫六院"；内廷背面直通御花园，园内正中有钦安殿。从前朝到内廷，故宫以多种屋顶形式组成多座宫殿院落，殿顶有庑殿顶、歇山顶、四角攒尖顶、悬山顶、收山顶、硬山顶、盝顶、卷棚顶，有六角式、八角式、十二角式以及多角迭出式，还有单檐、重檐、三层檐等多种形式，形成了一幅起伏有致、变化多姿的建筑群落布局，长达近千米的建筑群最终以巍峨的景山为屏障，形成了有力的总结。出北宫门登上景山中峰，鸟瞰故宫全貌，真是千门万户，金碧辉煌，气象万千。

清代紫禁城，是中国古代"城"的最高建筑形式。紫禁之名，源于紫微星座，在传统文化中被认为是帝座。紫禁城是三重城墙包围下的"城中之城"，城墙高十米，上有"女儿墙"（又名宇墙），即加砌的矮墙。城的四周有四个角楼，均是九梁十八柱、七十二条脊的独特形式建筑。城墙四周围绕着护城河，用条石砌岸，称作"筒子河"。紫金城里的宫殿建筑群围绕中轴线构成一个完整的建筑体系，整体布局体现出君权、神权、族权、夫权集中统一于皇帝一身，皇帝成为封建权威的最高代表。

2. 官僚第宅

王府宅邸多为"一入侯门深似海"型的深宅大院，建筑多呈正方封闭型或品字形，多重院落，层层相套，如现存的恭王府，曾为乾隆年代权臣和珅的宅第。目前留存的清代官邸建筑，最具代表性的是官居文臣之首的"衍圣公"府邸——位于山东曲阜的"衍圣公"府及相关建筑群落，形成居住、祭祀、享堂"三位一体"的结构，即孔府、孔庙、孔林。孔府，宋代宝元年间（1038—1040）始建于曲阜旧城内，明代洪武十年（1377年）改建于县城卫庙之东，清代又扩建、增建若干建筑物，达到了今天留存的规模。清代孔府宅第拥有各式厅、堂、楼、阁463间，占地240多亩，共九进院落。前四进院落，大门至二门、大堂、二堂、三堂，为孔府"六厅"官衙，是管理、惩罚、刑治地方百姓及孔府佃户的地方。后五进院落，内宅门至前上房、前堂楼、后堂楼、后花园，是孔府亲眷的住宅。除这些主体建筑外，东西两旁还有御书楼、慕思堂、红萼轩、忠恕堂、一贯堂等建筑。

3. 各地民居

清代的民居，多遵循就地取材、因地制宜、经济适用、生活方便的原则，也特别相信《黄帝宅经》等风水原理和方位禁忌，整体风貌上有共性也有个性。共性是汉族民居多为土木院落式结构，个性是黄河中游多窑洞式住宅，当然清代民居南北地域之间差异比较大。在这里重点介绍北方的四合院和南方的院落住宅。

（1）北京四合院

北方民居以京师地区的四合院住宅为代表，其布局在封建宗法礼教的指导原则下，按照南北纵轴线对称来布置房屋和院落。根据居住者政治、经济、阶级地位的不同，四合院的大小、设置也有很大悬殊。清代内城和外城的四合院区别就很明显，外城"参仿南式庭院而屋低"，内城则门或三间或一间，二门以内必有听事，听事后又有三门，才到内眷所住之室俗称"上房"，往往"其巨者略如宫殿"。此外，还有一种供出租用的"三合院"，往往住着小商小贩、手工业者、车夫等社会阶层人员，因租住人员比较复杂，也称"大杂院"。北方民宅冬天大多采取"火地"或者"火炕"采暖的方式。

（2）徽派建筑

在安徽歙县和靠近安徽的江西地区，目前存留着相当数量的徽派明清民居，大多是当时的商人宅第，也是当年"徽商"发达的时代印记。这些民居都是典型的江南城镇庭院建筑，有面街的白灰粉刷的石墙或砖墙。为了安全和隐私，外墙开口通常仅限于门和单窗，采光和通风全靠开敞的一个或多个庭院（天井）。门口是装饰和显示身份的地方，多采用嵌入式门楼或牌坊，门罩通常装饰丰富的砖、石浅浮雕，多以吉祥植物、人物为主题。也有的比较朴素，用门绘代替浮雕。二楼的房间大多绕庭院（天井）而建，既有效利用了空间，也充分利用了光线。徽派民居内部多大量运用木雕，使其显得格外温馨、舒适。采用冬暖、夏凉的设施，也是南方民居的一个特点，李渔在《闲情偶寄》中记载了两项发明，一是冬天用的加热扶手椅，一是夏天用的瓷凉凳。

8.3.2　园林建筑

从秦汉时期发展到清代，园林艺术从粗犷到细致，造园技术日趋精湛。园林建筑在清代极为发达，包括皇家园林、私家园林、寺庙园林等。

1. 清代皇家园林

清代的皇家园林有西苑、南苑、圆明园、颐和园、绮春园、畅春园等多处，是清代帝后、王公贵胄休息、游乐和避暑的地方。圆明园被誉为"万园之园"，清乾隆帝六巡江浙，曾仿各处胜地建设"四十景"，意大利人郎世宁还设计并指导中国工匠建造了"西洋楼"，可惜这一切均已毁于八国联军战火，后人只能通过留存的铜版画想见当时的风貌（图 8-6）。与圆明园毗邻的颐和园，是以昆明湖、万寿山为基址，以杭州西湖为蓝本，汲取江南园林的设计手法而建成的一座大型山水园林，也是目前保存最完整的一座皇家行宫御苑，被誉为"皇家园林博物馆"。

图 8-6　圆明园建筑景观铜版画之一，清代，法国国家图书馆藏

承德避暑山庄呈现了清代皇家园林的另一种风貌，这里林木丰茂，丘陵连绵，保留着满族故土的很多特色，是清代皇室夏季离京围猎和避暑休闲的胜地。山庄内的建筑尺度恰当，一层或两层的楼阁错落于湖泊、花园和假山中。康熙时期避暑山庄已经初具规模，康熙皇帝选择园中佳景，以四字为名题写了"三十六景"。乾隆皇帝对避暑山庄进行了大规模扩建，并以三字为名又题了"三十六景"，合称避暑山庄七十二景。其中康熙题名的园林风景，成为一系列铜版画的题材，由意大利传教士根据有关这些风景的中国宫廷画作绘制，在 1724 年已经流传欧洲。这些版画记录的中国园林设计的不规则性、非对称性和蜿蜒曲折的路径，深刻影响了 18 世纪中期英国的中英混合式园林设计。[①]

2. 江南私家园林

清代，江南地区的经济、文化发展居于全国前列，私家园林发展进入了最繁荣的时期，此

① [美]杜朴，文以诚.中国艺术与文化[M].张欣，译.北京：世界图书出版公司，2011：328.

时名园辈出，如苏州的拙政园、绣谷园，金陵的随园、又来园，上海的张园、愚园，扬州的大虹园、洁园等均极一时之盛。1885 年起向游人开放的张园，是中国清朝末年上海最大的市民公共活动场所，被誉为"近代中国第一公共空间"，留存至今的传统年画上可见这段历史记忆（图 8-7）。文学作品中也对私家园林多有反映，如名著《红楼梦》中所描述的重要厅堂及生活场所，都体现了当时园林文化的独特特征。

图 8-7　海上第一名园，清代，上海图书馆藏

清代江南园林主人多为贵族士大夫，官场压抑，宦海浮沉，私家园林的出现成为文人士大夫们隐逸思想的现实载体。因此，园林通常采用"内向"的形式进行平面布局，平面布局一般多以水面和假山为主体，配合建筑和花卉点缀，形成一个内向且别具特色的江南庭院。如著名的苏州"拙政园"即是以水池为中点，展开四周和外围的建筑安排，形成一个较为私密、安全的框架结构。

多数江南私家园林的入口设置显现出较为狭窄、隐秘的特征，与园林内部广阔的空间形成鲜明对比，让人感觉豁然开朗、别有洞天，俨然进入《桃花源记》所描述的"世外桃源"。此外，江南园林多是以"水"为中心进行设计安排，合理地规划和设计山、水、建筑、植物等景观要

素，来增强园林整体的空间层次感，模拟自然山水，达到"虽由人作，宛自天开"的艺术境界。[①]

8.3.3　清代家具

家具、手工艺品和民居建筑共同塑造了清代人的物质环境和生活文化。清代的硬木家具在明代基础上继续发展，一方面在自身工艺上充分发挥了雕、嵌、描绘等手法，另一方面也因为当时与中亚、西方国家通商的加强，借鉴和吸收了外来文化艺术的长处，从而在结构、外形以及造法、工艺手段上都有了新的发展。具体来说，清代家具主要有京作（北京制作）、苏作（苏州制作）、广作（广州制作）为代表的三大流派，被称为清代家具的三大名作，它们在乾隆年间都实现了各自的风格化、系统化。[②]

1. 京作家具

京作家具，指在北京制作的清代家具，这里特指由宫廷造办处等制作的皇家家具，其木材主要是紫檀、黄花梨等上等木料，直接体现清代统治者审美趣味，由于统治者对于全国优质信息和工匠的掌握，在三作之中为集大成者，能够汇集苏作及广作的造型纹饰和制作工艺。因为在制作上不计成本，京作家具不吝使用各种珍贵的材料如金、玉、象牙等，这使其体现出华丽、高贵的特点。典型作品如清紫檀木嵌珐琅京式扶手椅（图 8-8），靠背用珐琅纹饰镶嵌，融合中、西艺术元素，尽显尊贵。在纹饰上，因为多为皇家使用，工匠多从皇宫收藏的三代古铜器和汉代石刻中吸取素材，纹饰图样多为龙子、兽纹、植物

---

① 陈孟学. 清代江南私家园林文化溯源及其造园艺术特征研究 [J]. 大众文艺，2020（03）.
② 孙冠楠. 清代三作家具的风格与特点研究 [J]. 家具与室内装饰，2020（01）：30-31.

等，根据家具的不同造型特点而施以各种不同状态的龙纹、涡纹、云纹、吉祥动植物等纹样。

图 8-8　紫檀木嵌珐琅京式扶手椅，清代，北京故宫博物院藏

2. 苏作家具

苏作家具，是在苏州、上海周边制作出来的家具，其历史悠久，形成于明代，多为文人才子设计，有很重的墨气，既简朴又富有整体性的装饰感。清代，苏作家具利用多种手法向繁复装饰方向发展，趋向富丽繁缛。但相比京作、广作家具，造型小巧、装饰简约仍是其主要特色，装饰题材以名人画稿为主，比如松、梅等，折枝花卉的纹样应用普遍，寓意吉祥话语。

3. 广作家具

广作家具在三作之中处于比较特殊的地位。因为交通条件便利，广作家具充满了融合的特质，开放且具有创新性，既吸取了传统的内陆文化和自身的岭南文化，也吸取了国外的巴洛克、洛可可艺术及新古典格调的造型与装饰纹样。通商及当地获取木材的便利性，使得广作家具用料较为大块并且多外国进口木料，尺寸较其他两作

来讲更大一些。装饰技法上，广作家具很好地融合了西式的大面积高浮雕及中式的描金嵌玉和榫卯，同时加入了更多非传统材料，如珐琅玻璃画和贝壳等，体现出奢华气派的特点（图 8-10）。装饰纹样上也吸收了大量外国纹样如西番莲、动物足、各种柱式。值得注意的是，广作家具中出现了皮质沙发，颠覆了传统坐具需要体现的礼节尊卑思想，更加人性化和现代化。①

图 8-9　苏式红木扶手椅，清代

图 8-10　酸枝木嵌螺钿花背椅，清代

① 周耀，王玥琪.清代家具三作（京作、苏作、广作）的风格特点[J].设计，2019，32（23）：108-109.

整体来看，早期"清三作"比起"明三作"更加偏重于实用和风骨；中后期虽然在制作技术上达到了一种巅峰状态，风格上却繁缛雕饰，趋向华而不实；清后期，三作均随着政治对民众的影响等原因，流于粗制滥造，清朝家具的繁荣后继无力，流为社会衰败的标志之一。

8.4　清代交通工具与出行方式

清代的经济、社会和文化繁荣，使得行旅交通较以往时代也更为繁盛。和服饰一样，清代统治者对帝后王公、文武官员的车乘规制、使用礼仪也有严格的规定。因为封建自然经济的"守土""安业"等思想影响，行旅依然是人生中一件大事，出行前的行神祭祀、卜行择吉，亲友的饯行与送别仍是不可免的风俗。

8.4.1　陆路交通与出行工具

清代，全国驿道网络化已经形成，以京师地区的驿道"皇华驿"为全国驿站总枢纽，向各地有几条主要陆路交通线路：

一是东路行旅路线。一条是经通州河驿等十个驿站连接关外东北的线路；另一条是从皇华驿至遵化石门驿，然后向东北出喜峰口连接蒙古地区的路线。

二是东北路行旅路线。即从京师皇华驿至热河，再由古北口外的鞍匠屯连接蒙古各站的路线。

三是北路行旅路线。一条自京师皇华驿至独石口，连接蒙古地区各站；另一条自京师皇华驿至张家口，然后连接蒙古地区各站。

四是南路行旅路线。一条从京师皇华驿至涿州涿郡驿，经雄县、河间、献县、德州等驿到山东省城济南府，然后通往江宁、安徽、江西、广东、浙江、江苏、福建；另一条从京师皇华驿至保定，经正定、栾城、邢台、安阳等驿到河南省城开封府，再通往湖北、湖南、广东、广西、云南、贵州等地；第三条从京师皇华驿经保定、正定或从居庸关外，通往山西省城太原府，然后自甘肃通达青海、新疆、西藏。

当时的陆路交通工具主要有皇室与官员的辇舆、平民的肩舆车轿、商人的马拉轿车等。

1. 辇舆

清代帝后陛殿、出巡、祭祀时，乘坐专门的车轿，统称龙车凤辇，并有盛大的仪卫。清代帝后、王公、官员的辇舆之演变沿革，《清史稿》有明确记载：一开始沿用明代旧制，有玉辂、大辂、大马辇、小马辇、香步辇，并称五辇。乾隆十三年（1748年）谕定乘用"五辂"，分别是金辂、象辂、革辂、本辂、玉辂；又定金、玉"二辇"；礼舆、轻步舆、步舆"三舆"，对从帝后、王公、百官直到庶民的车乘规制、等级、禁忌都做了规定。

乾隆以前，京官大多乘肩舆即坐轿子上朝；乾隆之后，开始易轿为车。当时官员坐的轿子，因轿的规制、轿夫的多少而有"四轿""八轿""显轿"之别。"显轿"也叫"明舆"，前后左右无遮挡，乘坐的官员需"朝衣朝冠，端拱而坐"。"八抬大轿"，清代京官没有乘坐的，在外做督抚、学政的官员可在重大典礼时乘坐，朝廷命妇遇到丈夫、儿子封典时可以乘坐。"四轿"乘坐的范围就比较普遍。有的封疆大吏为了显示地位显赫，会用几十名轿夫轮流值役，如乾隆时的文襄王福康安，连出师督阵都坐轿子，36名轿夫轮流值役，不抬轿子时骑马跟随。还有的在轿子中配置小童，提供装烟斟茶等服务，这样的轿子得 16 人才能抬得动。此外，官员长途跋涉，还会另乘"眠轿"，这种轿子比一般轿子深广，可以在上面睡觉。

清代后期易轿为车后，对车辆的形制、尺寸、车饰、夫役也根据乘坐者官职高低有详细规定。如车有方车、四尺长辕车、三尺八大鞍车、三尺六小鞍车之别。这里说的尺寸，以车厢为度，四尺长辕车用蓝色红障泥，俗称拖泥布，车厢多为旁开门，一般左右都有，也有带正门的，这种车一般乘坐者为"各部长官"。

2. 肩舆车轿

民间陆路交通工具，多为肩舆车轿等。清代前期，北方多用骡轿、小车或者骑乘（驴、马）。北方民间也有肩舆，徐珂《清稗类钞》记载泰山上的肩舆，和南方轿夫一前一后顺序而行不一样，是两人同时面向同一方向行走，"坐者为侧坐，而行者为横行"。南方的肩舆，形制和北方有很大不同，如湖南长沙民间多乘用"响轿"，机捩中加油，行动越快，响声越疾；广东一带流行"飞轿"，大而华，捷而稳，行动如飞；粤西盛行"八卦轿"，因为当地妇女天足，轿夫男女搭配，和乘客可形成卦象，等等。

3. 马拉轿车

马拉轿车，是在古代马车、轿子基础上融合演变而来，既保留了轿子的装饰豪华、乘坐舒适，又解决了长途旅行的运力问题，成为清代非常高效的一种交通工具。在晋中一带晋商活动集中的地方多次发现保存完好的马拉轿车，可见这种交通工具与商业活动有着比较密切的关联。在清代，马拉轿车进入民间得到普及和发展，在制作工艺和内外装饰上都很讲究，成为一些大户人

家身份的象征。

以祁县乔家大院收藏的清代马拉轿车为例：马拉轿车的轿车主体由车身、车轮和车轴三部分组成。车厢是轿车的主体部分，有木制弧形顶篷，顶部铺竹制席盖，用来防风、隔热。席盖外包一层布围，叫车围子，一般女眷用红色，男子用蓝色，冬天会用厚绒布保温，夏天用轻罗绸缎、外面罩油布防雨。在车厢的两边各设有方格窗口，可以向外瞭望。车厢前设门，门上垂有门帘。车厢铺设木板搭起的坐凳，上面放置藤垫，可容两至三人乘坐。马拉轿车在清代作为较为先进的交通工具，为商人的走南闯北提供了极大便利。

清代后期，除了两轮车（人力车）、马车外，上海、京师、天津等地陆续出现火车、电车、汽车、摩托车、脚踏车（自行车）等，陆路交通掀开了新的篇章。

8.4.2　水路交通与出行工具

清代的水路行旅路线，最主要的是从京师的皇华驿经过通州的潞河驿，沿大运河通往山东、江苏、安徽、浙江、江西、福建、湖北、湖南的路线。海运方面，除了由大沽向北、向南分别通往东北沿海、山东沿海、江浙沿海外，福建与台湾有航运线路，广州往南可通南洋一带。但因为清代实行"海禁"，海上交通贸易远不如前代之盛。

1. 官船

清代官员凡行水路，则弃轿、弃车而乘坐舟楫。清代的官船分为"座船"和"差船"两种。所谓"座船"，就是官府所蓄之船，专门为官员所乘坐，不载客，不运货，并用黄布为旗帜，悬挂在桅杆上，以和其他船区别，相应费用由官方

来出。所谓"差船"，也是官署所有，由官员差遣使用，也是不载客、不运货，用船旗标明是差船。

2. 民船

江南水乡多船家，以舟楫为业，或者捕鱼，或者航运，或者以船为家。其中，有专门用来捕捞用的"网船"，比一般的渔船要大；也有专供航运的船，如无锡的"无锡快"，往来于江苏的苏州、松江、常州、镇江、太仓和浙江的杭州、嘉兴、湖州之间；更有以船为家的"艒艒船"，于乡里有家的冬出春归，半年打鱼为生、半年从事田亩，没有家业的就终年漂泊于江湖之上。

在北方，舟楫是另一种类型。在黄河上摆渡的，多用平底船，如《清稗类钞》所言，"以巨木为之，一舟可坐五六十人，约两小时之久而登岸"。甘肃黄河段，还有用多块牛羊皮和木头、木板一起做成的牛羊皮船，当地还有专门运货的板船，帆樯不施，无楼无蓬，只有舱储藏百货。

3. 海船

中国的航海业和造船业曾经辉煌一时，直到 15 世纪末远洋海船仍领先世界，但明清时代实行禁海令和闭关锁国政策，顺治十二年（1655年）清廷还规定不许打造双樯大船，虽然此项规定后来开禁，但限制仍很多。所以到 1840 年前后，面对英国工业革命开启的世界航海业新篇章，中国的航海和造船业曾经的优势已经荡然无存。在海运方面，清代延续前代的航运条件，有沙船、福船、广船、鸟船等四大海船，但因为禁海，海运并不发达。

（1）沙船

古代近海运输的优秀船型，也叫作"防沙平底船"，唐宋时期已经成型，是北方海区航行的主要海船。

（2）福船

出现于宋代，因在福建沿海建造而得名，是福建、浙江沿海一带尖底海船的统称。其船舶结构是中国在造船方面的一大发明，上平如衡，下侧如刀，底尖上阔，首尖尾宽两头翘，能够提高船舶的抗沉性能，增加远航的安全性。

（3）广船

原系民船，明代因东南沿海抗倭需要，将东莞的"乌艚"、新会的"横江"两种大船增加战斗设施，改造成良好的战船，从而统称"广船"。其基本特点是头尖体长，上宽下窄，线型瘦尖底，梁拱小，甲板脊弧不高。船体的横向结构用紧密的"肋骨"和隔舱板构成，纵向强度依靠龙骨和大櫆维持，结构坚固，有较好的适航性能和续航能力。

（4）鸟船

浙江沿海一带的海船，其特点是船首形似鸟嘴。古代浙江人认为是鸟衔来稻谷种子，才造就了浙江的鱼米之乡，所以把船头做成鸟嘴状。由于船头鸟眼上方有条绿色眉，故它又得名"绿眉毛"。

这些不同的海船，适合在不同的海域行驶。包世臣《中衢一勺》卷第一（上卷）的《海运南漕议并序》中，以长江吴淞口为界分为南、北两洋，认为"南洋多矶岛，水深浪巨，非鸟船不行；北洋多沙碛，水浅礁硬，非沙船不行。"

8.5 清代日常器用与生活方式

作为中国封建社会最后一个重要历史阶段，清代也是我国多民族融合与发展的重要历史时期，餐饮上的"满汉全席"就极具典型意义。同时，这一时期来自西方的饮食、生活风尚，也逐渐为国人所接受。在清代后期，沿海的一些开埠口岸、市镇，陆续建起西餐馆，输入西餐、西式点心、饮料，并出版了介绍西方烹饪技术的《造洋饭书》。可以说，清代在物质文化和生活艺术方面是一个古今中外交汇的特殊时期，如何使得生活更方便、更舒适、更高效，也成为这一历史时期造物文化的重点。

8.5.1 瓷器的中国风

中国的制瓷水平，在明清达到了最高峰，清代尤其集前代之大成，通过全面复古对传统瓷器造物做了总结。景德镇成为瓷器生产的中心，1726 年被任命为景德镇官窑督陶官的唐英，花 3 年时间悉心研究土质、颜料、采矿和烧窑，与陶工同行同住，甚至亲自装饰瓷器。他在自己编纂的《陶冶图册》中说："景德镇袤延仅十余里，山环水绕，僻处一隅，以陶来四方商贩，民窑二、三百区，工匠人夫不下数十万，籍此食者甚众"，写出了当时官窑、民窑同时繁盛的情况。

唐英的《陶冶图册》以画面结合文字的形式对陶瓷生产步骤进行了说明。他还介绍了当时陶瓷生产的专业分工情况，如针对一大组餐具的装饰而做的分工："若非画款相同，必致参差互异。故画者只学画而不学染，染者只学染而不学画，所以一其手而不分其心。画者、染者各分类聚处一室，以成其画一之功"[1]（图 8-11）。

图 8-11 陶冶图册（局部），清代

1. 内销瓷

传统的制瓷工艺发展到清代，达到了历史最高水平，以景德镇为代表的官窑生产体系集聚了全国的能工巧匠，各类瓷器产品的品种、数量均达到了最高水平，各地民窑瓷器也是丰富多彩。清瓷生产最多的还是青花瓷，尤以康熙朝民窑出品为最典型，色彩清脆艳丽，图案层次分明，"独步本朝"。同时康熙时期的"康熙五彩"，在明五彩基础上兼采唐三彩制作工艺，以胎骨轻薄、釉色莹润而闻名（图 8-12）。

珐琅瓷器是皇室独享的高级产品，先在景德镇烧成瓷胎，再运到北京交付造办处用珐琅作釉彩烧成，新创了观音瓶、棒槌瓶、金钟杯、凤尾尊、马蹄尊等样式。雍正、乾隆年间的粉彩瓷器，色调温润，鲜艳整洁。乾隆时期还烧造了大量鼻烟壶、鸟食罐以及仿象牙、仿玉器、仿漆器的小型物件。

图 8-12 珊瑚红地五彩花卉纹碗，清代，上海博物馆藏

---

① [美] 伊沛霞. 剑桥插图中国史 [M]. 赵世瑜，赵世玲，张宏艳，等，译. 长沙：湖南人民出版社，2018：227.

这时的瓷器生产在仿古的同时，也因兼收并蓄而体现出自身特色：一方面要追求宫廷艺术的名贵和技术的考究，另一方面要迎合潮流和商人的品位，而国外的样式同样带来重要影响。仍以景德镇为例，面向国内、宫廷和国际市场的大规模瓷器生产同时进行，广泛分享技术和工匠资源，不过，因品味、材料、经费和生产组织上的差异，最终形成的是截然不同的器皿。

我们今天看到很多清代的珐琅瓷器，其造型图案既有传统的中国元素如八仙图盘、寿字盘、清供图碟等；也有很多西方元素如开光西洋人物图杯、西洋人物盖碗等（图 8-13）。

图 8-13 开光西洋人物图盖碗连碟，清代，香港中文大学文物馆藏

2. 外销瓷

瓷器是中国出口到欧洲的外销商品中数量最大的一种，因为是家居日用品且有大量装饰图案，也广泛被当地陶瓷生产模仿或转化到其他材质的器物。1615 年，荷兰东印度公司就向中国市场定制适应当地市场的瓷器，包括源自欧洲器型的啤酒杯、黄油盘等。他们从欧洲送来图纸和模具指导生产，欧洲样式的纹章、基督教的场景在中国定制陶瓷中出现。

后来，中式、欧式和中欧混合式外销瓷也大量出现。广州当地商人将进口色料绘在由景德镇运来的素烧白瓷胎上，以金线勾边，然后再入窑焙烧，烧成的瓷器风格华丽，远销国外，人称"广彩"（图 8-14）。

除了瓷器，这时候外销品还包括珐琅彩、丝绸、家具、漆器、象牙雕刻、金属器皿及大量绘画等。在这些商品中，还出现了只在欧洲被用作墙纸的绘有图画的纸张，很可能是中国卷轴和屏风画的变体。①

瓷器是最本土化的中国造物艺术。以瓷器为载体和媒介，充分发挥中国本土的造型设计元素，传递中国传统造物之美，更是瓷器造物艺术的特色所在。如《西厢记》的故事就是清代非常流行的装饰主题，不仅内销受人青睐，还深得海外市场认可，广泛出现在外销瓷器上。

图 8-14 《西厢记》故事图壶、加热器、座，清代，香港中文大学文物馆藏

8.5.2 文房清玩

清代文人因为统治者实行文化专制、大兴文字狱，不少人"凭栏一片风云气，来做神州袖手人"，把时间和精力更多地投入园林、家具、雕刻以及文房清玩中，以其雅致的趣味直接推动了这些领域造物的发展。清初学者李渔就是典型的代表，他在谈论居室的文字中说道："人之不能无屋，犹体之不能无衣。衣贵夏凉冬燠，房舍亦

① ［美］杜朴，文以诚 . 中国艺术与文化 [M]. 张欣，译 . 北京：世界图书出版公司，2011：318.

然……登贵人之堂，令人不寒而栗，虽势使之然，亦寥廓有以致之"。所以，如何让房舍之内温馨、舒适成为很多文人雅士着力的方向。像李渔就发明了冬天加热的扶手椅和夏天用的瓷凉枕，还设计了一种"便面窗"，是一个随四季晨昏变换景致的借景框。

清代中叶文坛领袖袁枚也四十岁不到就辞官不做，精心打理他在金陵（今南京）小仓山的随园，并形成了以"随"字为核心的造园理念："依山势地形，随其高，为置江楼；随其下，为置溪亭；随其夹涧，为之桥；随其湍流，为之舟；随其地之隆中而敬侧也，为缀峰岈；随其翡郁而旷也，为设宦窔"①。

在这种风气之下，清代人家居内部的装饰和奢侈品也日渐增多，其中也包括文人案头的用具与饰品——毛笔架、砚台、瓷质或玉质的笔洗、软石印章，以及各种古董珍玩。

如乾隆年间的紫檀博古图长方匣，外盒以紫檀木精细雕刻各种博古图为装饰，打开后可以看到紫檀木内屉，屉的上缘浅浮雕填金四季花，长边上有浅浮雕鹿、鹤等图案，有着鹿鹤同春的美好寓意（图 8-15）。

图 8-15　紫檀博古长方匣，清代，台北故宫博物院藏

1. 竹刻

宋代时随着文人士大夫的"清玩"之风而盛行的竹木牙雕工艺，在清代因为文人的指导和参与也迎来发展高峰，并在不同区域形成了不同流派。

金陵派的竹刻工艺主要流行于南京及周边地区，以简笔浅刻的风格和浓郁的文人气息著称于世。清代的金陵派竹刻在明代基础上踵事增华，名工潘西凤擅长利用竹材天然畸形，以简练刀法略加雕琢即可成器，作品格调文雅，郑板桥赞叹"试看潘郎精刻竹，胸无万卷待何如"。② 如广东民间工艺博物馆藏其作"竹根笔筒"，这一高 11.5 厘米的笔筒，利用竹根的天然特征，稍加雕刻便成造型奇特的形状。

嘉定派的竹刻则以精雕细镂、刻意求工为特色，其创始者朱鹤将书画艺术引入竹刻，开创了透雕、深雕等技法，所作笔筒、香筒、杯以及簪钗等物为世人所重，其子朱缨、孙朱稚征刀法更为丰富，时人称他们为"三朱"。康熙年间，封锡爵之弟封锡禄、封锡璋等人应召入内廷供奉，这三兄弟精于圆雕，又以人物见长，作品生动传神，当时号称"三鼎足"。乾隆年间，嘉定城内竹刻流派纷呈，作坊林立，极一时之盛。③

2. 象牙雕刻

象牙雕刻工艺一直为统治者所重，清代造办处设有为皇室制作象牙制品的作坊，当时雕刻工艺主要有广东和江南两派。广东工匠制作的多层透雕象牙球、楼阁、龙凤船和象牙席、牙丝团扇等牙雕作品工艺精美，多作为贡品进奉皇室。江

① ［清］袁枚.袁枚全集（第二册）[M].王英志，主编.南京：江苏古籍出版社，1993：204-205.

② 田勇.人才济济 灿烂辉煌——明清竹刻名家和他们的竹雕笔筒 [J]. 东方收藏，2017（05）.

③ 田勇.人才济济 灿烂辉煌——明清竹刻名家和他们的竹雕笔筒 [J]. 东方收藏，2017（05）.

南地区的象牙雕刻以扇骨、香熏、花插、笔筒等小件作品为多，题材丰富。

8.5.3 金属工艺与漆艺

以金、银、铜、铁、锡等金属为材料的工艺技术在明清时期已经完全成熟，各种传统金属工艺制品争奇斗艳，涌现出一大批名工巧匠。有着悠久历史的髹漆艺术亦有了新发展，这一时期官营作坊大量减少，民间工艺逐渐兴盛。

1.金银器

作为权势富贵的象征，清代金银器数量众多，尤其在宫廷中应用于生活各个方面。康熙五十四年，曾用460公斤金造双龙钮金编钟一套16件，音域之广、音律之精、工艺之美前所未有。嵌珠宝金瓯永固金杯（图8-16）是清代皇帝每年元旦举行开笔礼时候的专用酒杯，表达了封建帝王永保江山的愿望，其造型精美，采取了多种工艺，除杯体为金质外，还镶嵌大量珠宝，华美至极，是清代皇家金器工艺的代表作品。此外，这时期民间金银工艺作坊、店铺也大量制作各种金银首饰，以满足百姓的各种需要。

图8-16 嵌珠宝金瓯永固金杯，清代，北京故宫博物院藏

2.漆器

清代漆器工艺非常发达，相比以前的简洁造型，工艺上显得更加繁缛，色彩也追求艳丽。因是实用器物，各类漆器使用的胎骨除了传统的木胎、竹胎、纸胎、皮胎、瓷胎、紫砂胎外，还出现了金胎、铜胎、铅胎和锡胎等金属胎。北京漆器产品，广泛将雕漆工艺应用于家具、生活用品和陈设器具，或辅以镶嵌手法，将珠宝、金银、玻璃等镶嵌到漆器上，精美异常。扬州漆器历史悠久，其平磨螺钿、点螺和雕漆嵌玉、刻漆等是清代的著名工艺，主要用在家具和陈设器物上。其他如贵州的皮胎漆器、安徽的钿嵌堆、甘肃的雕填漆器、山西的推光漆器、山东的银丝漆等也各有特色。

3.玻璃

玻璃制品主要的产地有淄博、北京、广州、苏州等，尤以欧洲传教士主持的造办处玻璃厂水平最高，在乾隆时期达到极盛，能生产金星、缠丝和套色玻璃等，工艺精良，装饰华美。中国艺术玻璃从此可与西方抗衡。

整体看来，清代的工艺美术造物在造型上追求精巧，在装饰上趋于工丽，精良的技术使其在仿古上惟妙惟肖、在创新上也具备一定基础，风格则日益追求繁缛细密。代表清代鼎盛的康熙、雍正、乾隆时期，传统造物达到了最辉煌，乾隆时期更是顶峰，确立了华艳纤丽的整体风格。乾隆以后清朝国力江河日下，传统造物固守华艳纤丽一成不变，在时代的浪潮中被雨打风吹去，让人扼腕叹息。

本章小结

清代是中国最后一个封建王朝，也是古今中西交汇的转折时期。作为中国传统文化的集大成阶段，清代的传统造物，无论是瓷器制造，还是丝绸纺织，乃至金银器、漆器、家具等，也在民族融合、中西交汇的时代潮流中，以仿古的姿态，精细的技术，繁缛的工艺，纤丽的风格，实现了自己集大成式的总结演出。

复古是清代造物的时代特征。造物发展到清代，门类齐全，诸体皆备，工艺规范，技术精良，在清代统治者的喜好和文化专制主义的影响之下，以陶瓷为代表的传统造物遍仿历代名品、追求包罗万象，并以此建立了自己的时代风貌。

融合是清代造物的时代命题。多民族文化的融合发展，中西方艺术的交汇碰撞，为清代传统造物酝酿新变提供了契机，在这方面我们看到了融合的趋势，却遗憾没能达到理想的结果，在闭关锁国、固守本位中传统造物未能与时代同行。

陆机《文赋》曰："收百世之阙文，采千载之遗韵。谢朝华于已披，启夕秀於未振。观古今于须臾，抚四海于一瞬"。传统造物走过千万年历史，在清代实现了"为霞尚满天"的辉煌，也留下了"只是近黄昏"的遗憾。如何在古、今、中、外的交流、碰撞、融合中酝酿新的生机，依然是传统造物走向现代过程中一个值得去探索的命题。

思考题

1. 造成清代造物复古风气的因素有哪些？

2. 清代瓷器在守本与开新方面有哪些做法与探索，试分析其成、败原因。

3. 传统造物如何走向现代？

延伸阅读与参考书目

［1］林永匡，袁立泽.中国风俗通史·清代卷[M].上海：上海文艺出版社，2001.

［2］[美]杜朴，文以诚.中国艺术与文化[M].张欣，译.北京：世界图书出版公司，2011.

［3］单士元.从紫禁城到故宫：营建、艺术、史事[M].北京：北京出版社，2017.

［4］[法]亨利·柯蒂埃.18世纪法国视野里的中国[M].唐玉清，译.上海：上海书店出版社，2010.

后　记

在《传统造物与生活方式概论》这本著作的编写过程中，我们始终秉持着尊重历史、传承文化、启迪未来的宗旨，深入探索了中国古代传统造物艺术与生活方式的丰富内涵与独特魅力。本书不仅是对中国悠久历史的回顾，更是对中华民族智慧与创造力的颂扬。

传统造物，作为中华民族文化的重要组成部分，承载着古人的智慧、审美与哲学思想。从石器的粗犷质朴，到青铜的威严庄重，再到瓷器、丝绸等如艺术品般的精美绝伦，每一件传统造物都是特定历史时期社会风貌、生活习俗与审美追求的集中体现。本书通过系统梳理传统造物的发展历程，揭示了其背后的文化内涵与时代精神，为读者提供了一扇窥见古代中国生活方式的窗口。

在编写本书的过程中，我们充分参考了前人的研究成果，同时也进行了大量的田野调查与文献考证工作。我们力求在尊重历史事实的基础上，以全新的视角和方法来解读传统造物与生活方式的关系，为读者呈现出一个更加生动、立体的古代中国。同时，我们也意识到，传统并非一成不变，而是需要在继承中创新，在创新中发展。在梳理历史脉络的同时，期待本书能体现传统造物与生活方式在当代社会的价值与意义，为传统文化的传承与创新提供有益的参考。

我们要特别感谢清华大学出版社的大力支持和编辑的辛勤工作。正是有了你们的支持与鼓励，本书才得以顺利出版。我们深感责任之重，虽竭尽编者所能，仍难免存在不足之处。因此，我们诚挚地期待读者朋友及学术界的同仁能够不吝指正，帮助我们不断进步，完善本书。

编者

2024 年 10 月

教师服务

感谢您选用清华大学出版社的教材！为了更好地服务教学，我们为授课教师提供本书的教学辅助资源。请您扫码获取。

 教辅获取

本书教辅资源，授课教师扫码获取

建议教学大纲

配套 PPT 课件

 清华大学出版社

E-mail: tupfuwu@163.com
电话：010-83470317
地址：北京市海淀区双清路学研大厦 B 座 508

网址：http://www.tup.com.cn/
传真：8610-83470107
邮编：100084